は し が

おかげさまで，大学入試の「赤本」は，今年で創刊 70 周年を迎えました。

これまで，入試問題や資料をご提供いただいた大学関係者各位，掲載許可をいただいた著作権者の皆様，各科目の解答や対策の執筆にあたられた先生方，そして，赤本を使用してくださったすべての読者の皆様に，厚く御礼を申し上げます。

以下に，創刊初期の「赤本」のはしがきを引用します。これからも引き続き，受験生の目標の達成や，夢の実現を応援してまいります。

本書を活用して，入試本番では持てる力を存分に発揮されることを心より願っています。

編者しるす

＊　＊　＊

学問の塔にあこがれのまなざしをもって，それぞれの志望する大学の門をたたかんとしている受験生諸君！　人間として生まれてきた私たちは，自己の欲するままに，美しく，強く，そして何よりも人間らしく生きることをねがっている。しかし，一朝一夕にして，この純粋なのぞみが達せられることはない。私たちの行く手には，絶えずさまざまな試練がまちかまえている。この試練を克服していくところに，私たちのねがう真に人間的な世界がはじめて開かれてくるのである。

人生最初の最大の試練として，諸君の眼前に大学入試がある。この大学入試は，精神的にも身体的にも，大きな苦痛を感ぜしめるであろう。あるスポーツに熟達するには，たゆみなき，はげしい練習を積み重ねることが必要であるように，私たちは，計画的・持続的な努力を払うことによって，この試練を克服し，次の一歩を踏みだすことができる。厳しい試練を経たのちに，はじめて満足すべき成果を獲得できるのである。

本書は最近の入学試験の問題に，それぞれ解答を付し，さらに問題をふかく分析することによって，その大学独特の傾向や対策をさぐろうとした。本書を一般の参考書とあわせて使用し，まとはずれのない，効果的な受験勉強をされるよう期待したい。

（昭和 35 年版「赤本」はしがきより）

挑む人の、いちばんの味方

赤本創刊70周年

1954 年に大学入試の過去問題集を刊行してから 70 年。赤本は大学に入りたいと思う受験生を応援しつづけてきました。これからも，苦しいとき落ち込むときにそばで支える存在でいたいと思います。

そして，勉強をすること，自分で道を決めること，努力が実ること，これらの喜びを読者の皆さんが感じることができるよう，伴走をつづけます。

そもそも赤本とは…

受験生のための大学入試の過去問題集！

70年の歴史を誇る赤本は，500点を超える刊行点数で全都道府県の370大学以上を網羅しており，過去問の代名詞として受験生の必須アイテムとなっています。

…………… なぜ受験に過去問が必要なのか？ ……………

大学入試は大学によって問題形式や頻出分野が大きく異なるからです。

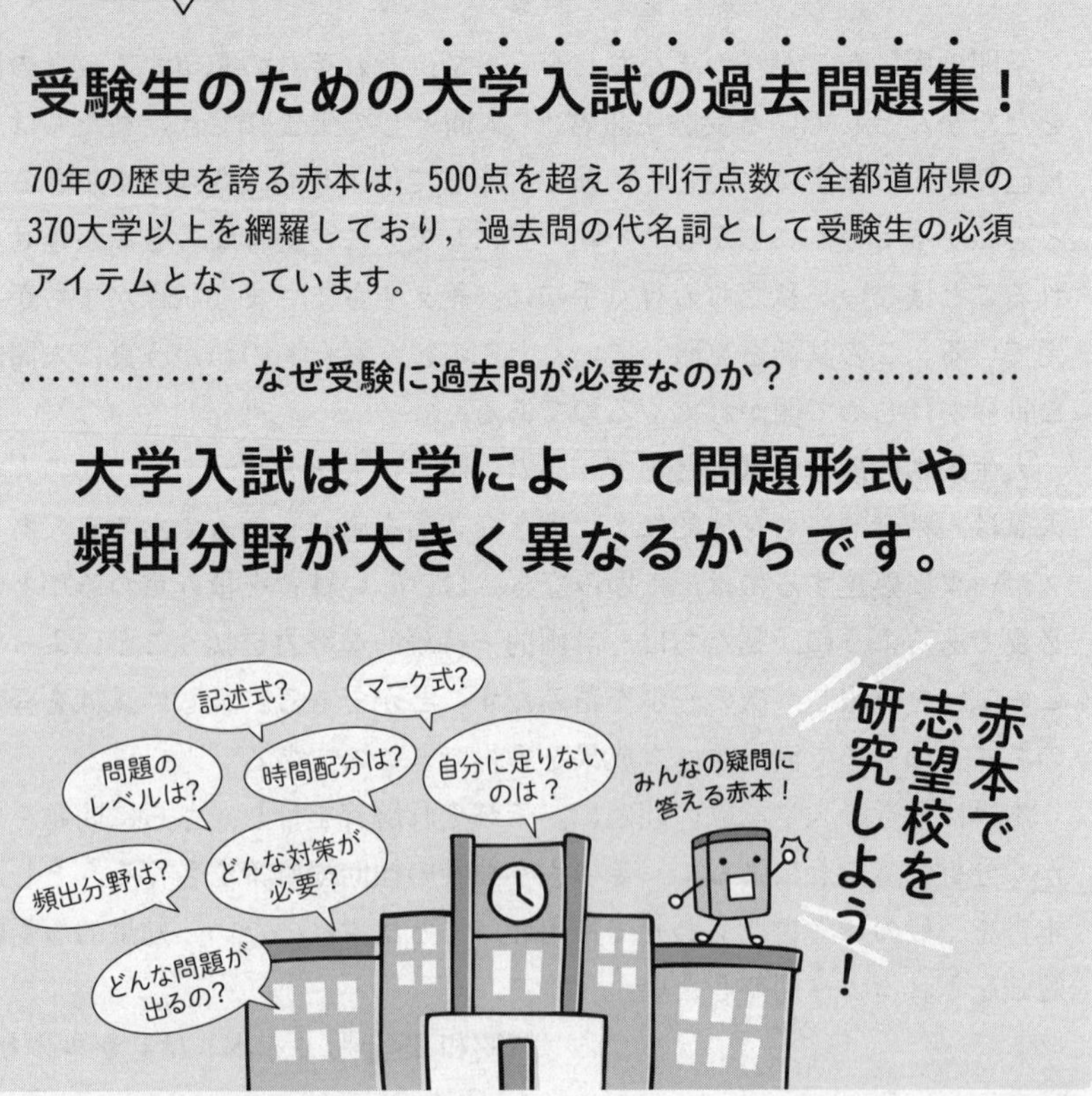

赤本の掲載内容

傾向と対策

これまでの出題内容から，問題の「**傾向**」を分析し，来年度の入試に向けて具体的な「**対策**」の方法を紹介しています。

問題編・解答編

- 年度ごとに問題とその解答を掲載しています。
- 「**問題編**」ではその年度の試験概要を確認したうえで，実際に出題された過去問に取り組むことができます。
- 「**解答編**」には高校・予備校の先生方による解答が載っています。

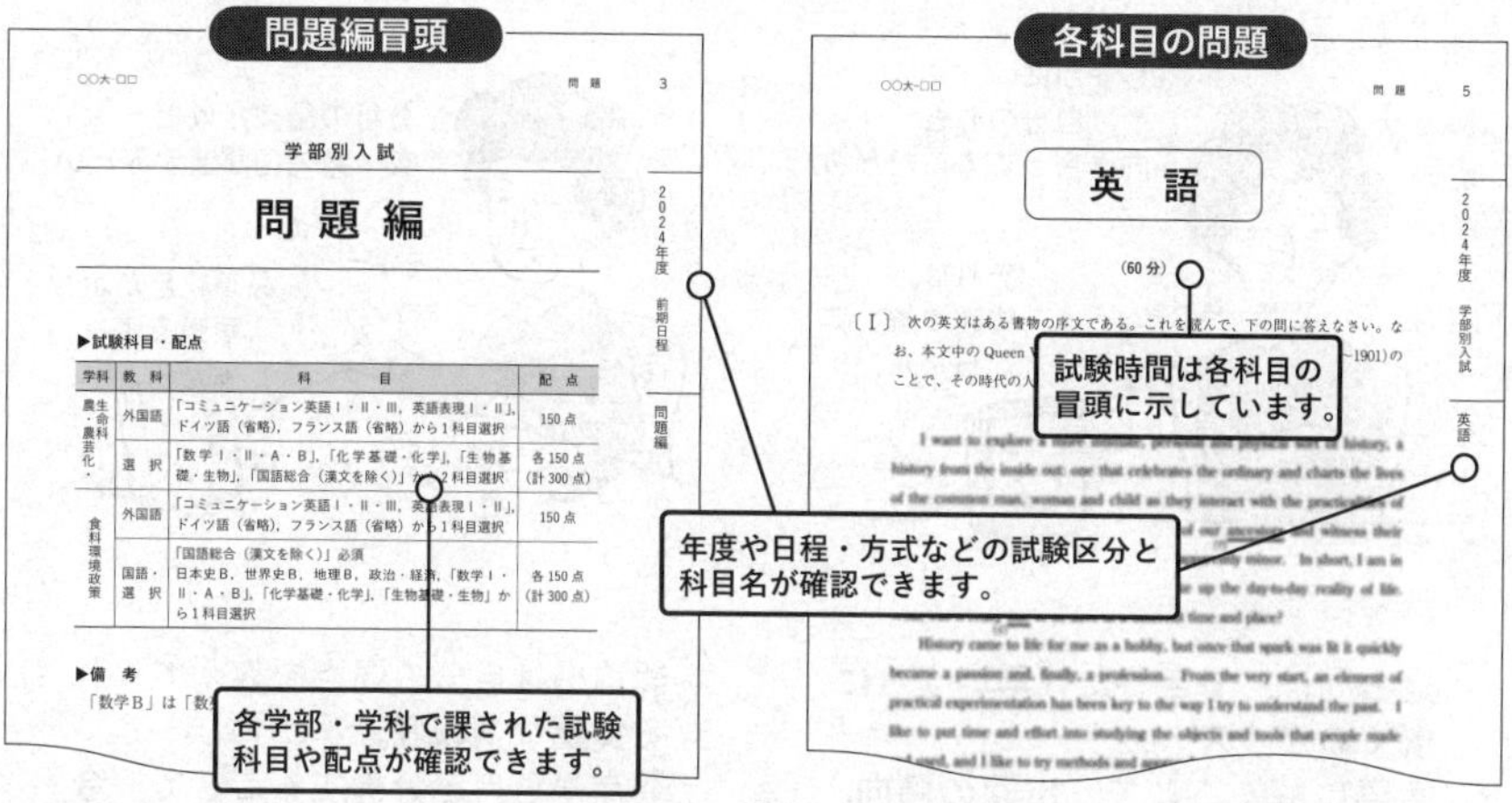

他にも，大学の基本情報や，先輩受験生の合格体験記，在学生からのメッセージなどが載っていることがあります。

掲載内容について

著作権上の理由やその他編集上の都合により問題や解答の一部を割愛している場合があります。

なお，指定校推薦入試，社会人入試，編入学試験，帰国生入試などの特別入試，英語以外の外国語科目，商業・工業科目は，原則として掲載しておりません。また試験科目は変更される場合がありますので，あらかじめご了承ください。

受験勉強は

過去問に始まり，

STEP 1　なにはともあれ

まずは解いてみる

しずかに…
今，自分の心と
向き合ってるんだから
ムーン
それは
問題を解いて
からだホン!

過去問は，**できるだけ早いうちに解く**のがオススメ！
実際に解くことで，**出題の傾向，問題のレベル，今の自分の実力**がつかめます。

STEP 2　じっくり具体的に

弱点を分析する

分析の結果だけど
英・数・国が苦手みたい
スリー
必須科目だホン
頑張るホン

間違いは自分の弱点を教えてくれる**貴重な情報源**。
弱点から自己分析することで，**今の自分に足りない力や苦手な分野**が見えてくるはず！

合格者があかす 赤本の使い方

傾向と対策を熟読
（Fさん／国立大合格）
大学の出題傾向を調べるために，赤本に載っている「傾向と対策」を熟読しました。

繰り返し解く
（Tさん／国立大合格）
１周目は問題のレベル確認，２周目は苦手や頻出分野の確認に，３周目は合格点を目指して，と過去問は繰り返し解くことが大切です。

過去問に終わる。

STEP 3

志望校にあわせて

苦手分野の重点対策

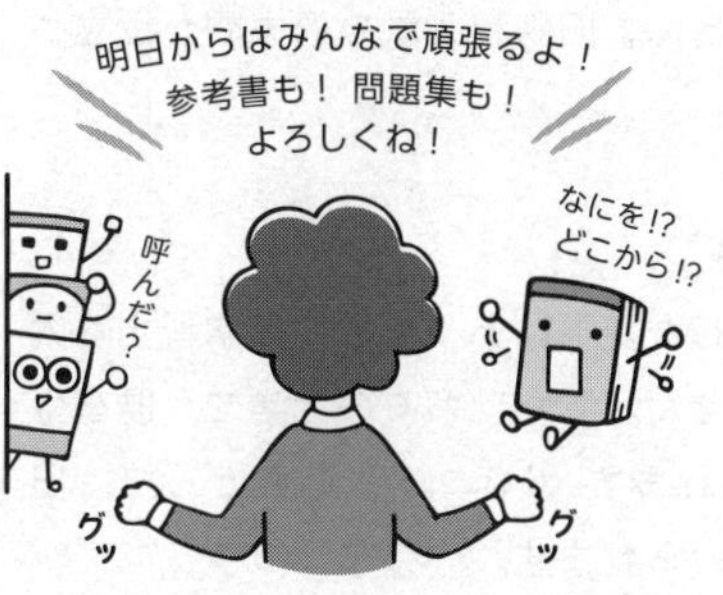
明日からはみんなで頑張るよ！
参考書も！ 問題集も！
よろしくね！
呼んだ？
なにを!?
どこから!?
グッ
グッ

参考書や問題集を活用して，苦手分野の**重点対策**をしていきます。**過去問を指針**に，合格へ向けた具体的な学習計画を立てましょう！

STEP 1 ▶ 2 ▶ 3

サイクルが大事!

実践を繰り返す

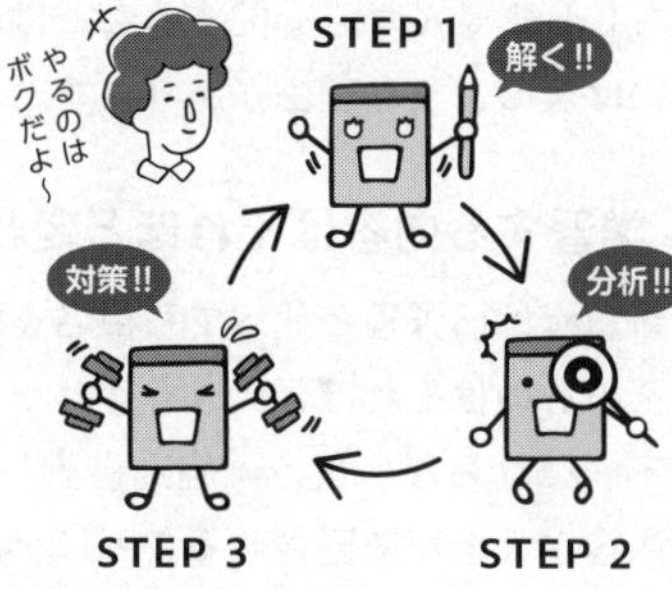
やるのはボクだよ～
STEP 1
解く!!
分析!!
STEP 2
対策!!
STEP 3

STEP 1～3を繰り返し，実力アップにつなげましょう！
出題形式に慣れることや，**時間配分を考えること**も大切です。

目標点を決める
（Yさん／私立大合格）
赤本によっては合格者最低点が載っているので，それを見て目標点を決めるのもよいです。

時間配分を確認
（Kさん／私立大学合格）
赤本は時間配分や解く順番を決めるために使いました。

添削してもらう
（Sさん／私立大学合格）
記述式の問題は先生に添削してもらうことで自分の弱点に気づけると思います。

新課程入試Q&A

2022年度から新しい学習指導要領（新課程）での授業が始まり，2025年度の入試は，新課程に基づいて行われる最初の入試となります。ここでは，赤本での新課程入試の対策について，よくある疑問にお答えします。

Q1. 赤本は新課程入試の対策に使えますか？

A. もちろん使えます！

旧課程入試の過去問が新課程入試の対策に役に立つのか疑問に思う人もいるかもしれませんが，心配することはありません。旧課程入試の過去問が役立つのには次のような理由があります。

● 学習する内容はそれほど変わらない

新課程は旧課程と比べて科目名を中心とした変更はありますが，学習する内容そのものはそれほど大きく変わっていません。また，多くの大学で，既卒生が不利にならないよう「経過措置」がとられます（Q３参照）。したがって，出題内容が大きく変更されることは少ないとみられます。

● 大学ごとに出題の特徴がある

これまでに課程が変わったときも，各大学の出題の特徴は大きく変わらないことがほとんどでした。入試問題は各大学のアドミッション・ポリシーに沿って出題されており，過去問にはその特徴がよく表れています。過去問を研究してその大学に特有の傾向をつかめば，最適な対策をとることができます。

出題の特徴の例	・英作文問題の出題の有無 ・論述問題の出題（字数制限の有無や長さ） ・計算過程の記述の有無

新課程入試の対策も，赤本で過去問に取り組むところから始めましょう。

Q2. 赤本を使う上での注意点はありますか？

A. 志望大学の入試科目を確認しましょう。

過去問を解く前に，過去の出題科目（問題編冒頭の表）と 2025 年度の募集要項とを比べて，課される内容に変更がないかを確認しましょう。ポイントは以下のとおりです。科目名が変わっていても，実際は旧課程の内容とほとんど同様のものもあります。

英語・国語	科目名は変更されているが，実質的には変更なし。 ▶▶ **ただし，リスニングや古文・漢文の有無は要確認。**
地歴	科目名が変更され，「歴史総合」「地理総合」が新設。 ▶▶ **新設科目の有無に注意。ただし，「経過措置」(Q３参照) により内容は大きく変わらないことも多い。**
公民	「現代社会」が廃止され，「公共」が新設。 ▶▶ **「公共」は実質的には「現代社会」と大きく変わらない。**
数学	科目が再編され，「数学 C」が新設。 ▶▶ **「数学」全体としての内容は大きく変わらないが，出題科目と単元の変更に注意。**
理科	科目名も学習内容も大きな変更なし。

数学については，科目名だけでなく，どの単元が含まれているかも確認が必要です。例えば，出題科目が次のように変わったとします。

旧課程	「数学Ⅰ・数学Ⅱ・数学 A・数学 B（数列・ベクトル）」
新課程	「数学Ⅰ・数学Ⅱ・数学 A・**数学 B（数列）・数学 C（ベクトル）**」

この場合，新課程では「数学C」が増えていますが，単元は「ベクトル」のみのため，実質的には旧課程とほぼ同じであり，過去問をそのまま役立てることができます。

Q3. 「経過措置」とは何ですか?

A. 既卒の旧課程履修者への対応です。

多くの大学では，既卒の旧課程履修者が不利にならないように，出題において「経過措置」が実施されます。措置の有無や内容は大学によって異なるので，募集要項や大学のウェブサイトなどで確認しておきましょう。

◯旧課程履修者への経過措置の例

- 旧課程履修者にも配慮した出題を行う。
- 新・旧課程の共通の範囲から出題する。
- 新課程と旧課程の共通の内容を出題し，共通範囲のみでの出題が困難な場合は，旧課程の範囲からの問題を用意し，選択解答とする。

例えば，地歴の出題科目が次のように変わったとします。

旧課程	「日本史 B」「世界史 B」から１科目選択
新課程	「**歴史総合**，日本史探究」「**歴史総合**，世界史探究」から１科目選択※ ※旧課程履修者に不利益が生じることのないように配慮する。

「歴史総合」は新課程で新設された科目で，旧課程履修者には見慣れないものですが，上記のような経過措置がとられた場合，新課程入試でも旧課程と同様の学習内容で受験することができます。

要チェックだホン

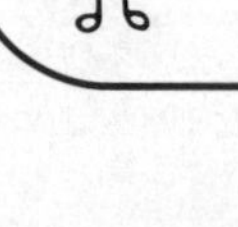

新課程の情報は WEB もチェック！
より詳しい解説が赤本ウェブサイトで見られます。
https://akahon.net/shinkatei/

科目名が変更される教科・科目

	旧課程	新課程
国語	国語総合 国語表現 現代文A 現代文B 古典A 古典B	現代の国語 言語文化 論理国語 文学国語 国語表現 古典探究
地歴	日本史A 日本史B 世界史A 世界史B 地理A 地理B	歴史総合 日本史探究 世界史探究 地理総合 地理探究
公民	現代社会 倫理 政治・経済	公共 倫理 政治・経済
数学	数学Ⅰ 数学Ⅱ 数学Ⅲ 数学A 数学B 数学活用	数学Ⅰ 数学Ⅱ 数学Ⅲ 数学A 数学B 数学C
外国語	コミュニケーション英語基礎 コミュニケーション英語Ⅰ コミュニケーション英語Ⅱ コミュニケーション英語Ⅲ 英語表現Ⅰ 英語表現Ⅱ 英語会話	英語コミュニケーションⅠ 英語コミュニケーションⅡ 英語コミュニケーションⅢ 論理・表現Ⅰ 論理・表現Ⅱ 論理・表現Ⅲ
情報	社会と情報 情報の科学	情報Ⅰ 情報Ⅱ

目 次

最新年度の解答用紙は，赤本オンラインに掲載しています。

https://akahon.net/kkm/chuo/index.html

※掲載内容は，予告なしに変更・中止する場合があります。

掲載内容についてのお断り

- 著作権の都合上，下記の内容を省略しています。
  2024 年度：「英語」大問 III の読解英文とその全訳

UNIVERSITY GUIDE

大学情報

基本情報

沿革

1885（明治 18）	英吉利法律学校創設
1889（明治 22）	東京法学院と改称
1903（明治 36）	東京法学院大学と改称
1905（明治 38）	中央大学と改称，経済学科開設
1909（明治 42）	商業学科開設
1920（大正　9）	大学令による中央大学認可
1926（大正 15）	神田錦町から神田駿河台へ移転
1948（昭和 23）	通信教育部開設
1949（昭和 24）	新制大学発足，法・経済・商・工学部開設
1951（昭和 26）	文学部開設
1962（昭和 37）	工学部を理工学部に改組
1978（昭和 53）	多摩キャンパス開校
1993（平成　5）	総合政策学部開設
2000（平成 12）	市ヶ谷キャンパス開校
2004（平成 16）	市ヶ谷キャンパスに法務研究科（ロースクール）開設

2008（平成 20）　後楽園キャンパスに戦略経営研究科（ビジネススクール）開設
2010（平成 22）　市ヶ谷田町キャンパス開校
2019（平成 31）　国際経営学部と国際情報学部開設
2023（令和　5）　茗荷谷キャンパス開校

ブランドマーク

このブランドマークは，箱根駅伝で広く知られた朱色の「C」マークと，伝統ある独自書体の「中央大学」を組み合わせたものとなっています。2007 年度，このブランドマークに，新たに「行動する知性。」というユニバーシティメッセージを付加しました。建学の精神に基づく実学教育を通じて涵養された知性をもとに社会に貢献できる人材，という本学の人材養成像を示しています。

学部・学科の構成

大　学

●**法学部**　茗荷谷キャンパス
法律学科（法曹コース，公共法務コース，企業コース）
国際企業関係法学科
政治学科（公共政策コース，地域創造コース，国際政治コース，メディア政治コース）

●**経済学部**　多摩キャンパス
経済学科（経済総合クラスター，ヒューマンエコノミークラスター）
経済情報システム学科（企業経済クラスター，経済情報クラスター）
国際経済学科（貿易・国際金融クラスター，経済開発クラスター）
公共・環境経済学科（公共クラスター，環境クラスター）

●**商学部**　多摩キャンパス
経営学科
会計学科

国際マーケティング学科

金融学科

※商学部では，各学科に「フレックス・コース」と「フレックス *Plus 1*・コース」という2つのコースが設けられている。なお，フリーメジャー（学科自由選択）・コースの合格者は，入学手続時に商学部のいずれかの学科のフレックス・コースに所属し，2年次進級時に改めて学科・コースを選択（変更）できる。

●**理工学部**　後楽園キャンパス

数学科

物理学科

都市環境学科（環境クリエーターコース，都市プランナーコース）

精密機械工学科

電気電子情報通信工学科

応用化学科

ビジネスデータサイエンス学科

情報工学科

生命科学科

人間総合理工学科

●**文学部**　多摩キャンパス

人文社会学科（国文学専攻，英語文学文化専攻，ドイツ語文学文化専攻，フランス語文学文化専攻〈語学文学文化コース，美術史美術館コース〉，中国言語文化専攻，日本史学専攻，東洋史学専攻，西洋史学専攻，哲学専攻，社会学専攻，社会情報学専攻〈情報コミュニケーションコース，図書館情報学コース〉，教育学専攻，心理学専攻，学びのパスポートプログラム〈社会文化系，スポーツ文化系〉）

●**総合政策学部**　多摩キャンパス

政策科学科

国際政策文化学科

●**国際経営学部**　多摩キャンパス

国際経営学科

●**国際情報学部**　市ヶ谷田町キャンパス

国際情報学科

（備考）クラスター，コース等に分属する年次はそれぞれで異なる。

大学院

法学研究科 / 経済学研究科 / 商学研究科 / 理工学研究科 / 文学研究科 / 総合政策研究科 / 国際情報研究科 / 法科大学院（ロースクール）/ 戦略経営研究科（ビジネススクール）

大学所在地

茗荷谷キャンパス

多摩キャンパス

後楽園キャンパス

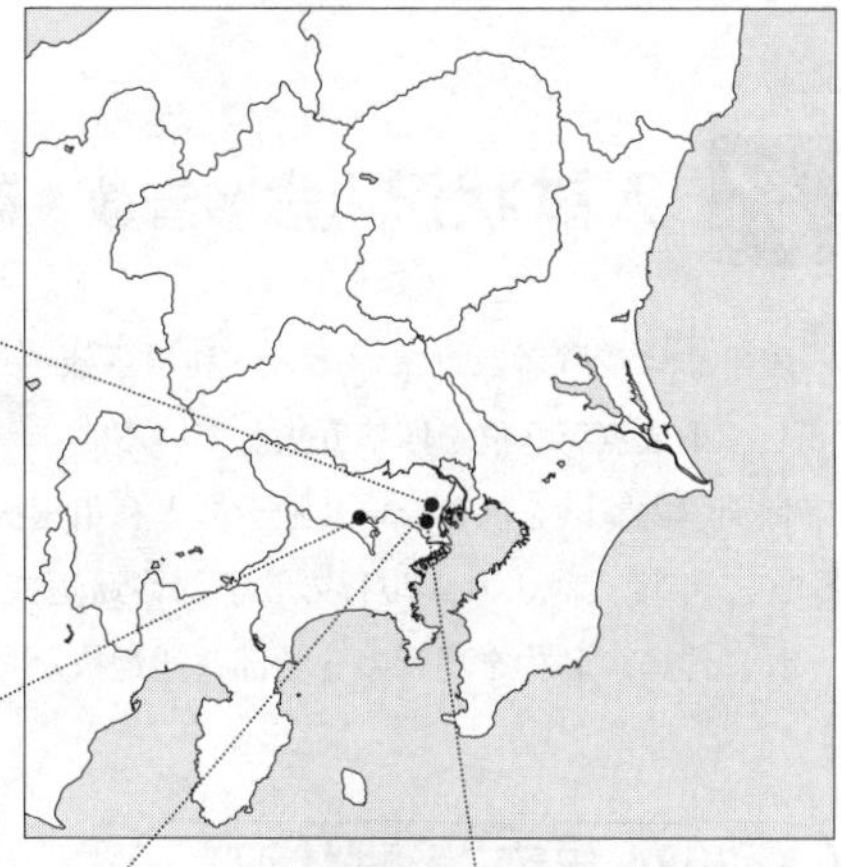

市ヶ谷田町キャンパス

茗荷谷キャンパス 〒112-8631 東京都文京区大塚 1-4-1
多摩キャンパス 〒192-0393 東京都八王子市東中野 742-1
後楽園キャンパス 〒112-8551 東京都文京区春日 1-13-27
市ヶ谷田町キャンパス 〒162-8478 東京都新宿区市谷田町 1-18

入試データ

入試状況（志願者数・競争率など）

○競争率は受験者数（共通テスト利用選抜〈単独方式〉は志願者数）÷合格者数で算出し，小数点第2位を四捨五入している。

○個別学力試験を課さない共通テスト利用選抜〈単独方式〉は1カ年分のみの掲載。

○2025年度入試より，現行の6学部共通選抜では国際経営学部の募集を停止する。それに伴い，名称を現行の6学部共通選抜から5学部共通選抜に変更する。

2024年度　入試状況

● 6学部共通選抜

区分			募集人員	志願者数	受験者数	合格者数	競争率
法	4教科型	法律	20	308	293	106	
		国際企業関係法	5	10	10	3	2.5
		政治	5	67	67	42	
	3教科型	法律	36	1,185	1,115	153	
		国際企業関係法	10	147	141	33	5.8
		政治	20	403	391	98	
経済	経済		60	1,031	986	215	4.6
	経済情報システム		5	101	100	11	9.1
	国際経済		10	176	169	25	6.8
	公共・環境経済		5	118	115	16	7.2
商	フリーメジャー		70	1,206	1,146	287	4.0

（表つづく）

区分			募集人員	志願者数	受験者数	合格者数	競争率
文	人文社会	国文学	7	151	145	41	3.7
		英語文学文化	7	237	226	70	
		ドイツ語文学文化	3	90	85	30	
		フランス語文学文化	3	105	99	38	
		中国言語文化	3	62	62	19	
		日本史学	3	120	114	28	
		東洋史学	4	50	46	16	
		西洋史学	4	129	124	30	
		哲学	3	93	91	22	
		社会学	3	184	172	36	
		社会情報学	3	89	87	27	
		教育学	3	101	95	20	
		心理学	3	168	162	31	
		学びのパスポートプログラム	2	37	35	8	
総合政策	政策科		25	427	404	111	3.0
	国際政策文化		25	323	306	128	
国際経営	4教科型		10	32	31	12	2.6
	3教科型		20	283	269	60	4.5
計			377	7,433	7,086	1,716	—

（備考）

- 法学部，文学部及び総合政策学部の志願者数・受験者数は，第１志望の学科・専攻（プログラム）で算出している。
- 法学部，文学部及び総合政策学部は志望順位制のため，学科・専攻（プログラム）ごとの倍率は算出していない。

●学部別選抜〈一般方式〉

区分				募集人員	志願者数	受験者数	合格者数	競争率
法	4教科型	法律		60	638	595	228	2.6
		国際企業関係法		5	47	43	17	2.5
		政治		20	126	116	60	1.9
	3教科型	法律		269	2,689	2,533	606	4.2
		国際企業関係法		60	527	496	155	3.2
		政治		128	1,152	1,089	326	3.3
経済	Ⅰ(2/14)	経済		135	2,055	1,893	314	5.0
		経済情報システム		79	606	556	156	
		公共・環境経済		60	777	720	164	
	Ⅱ(2/15)	経済		90	1,293	1,158	151	4.7
		国際経済		113	1,135	1,033	319	
商	A(2/11)	会計	フレックス	115	1,087	1,035	289	3.4
			フレックス Plus 1	40	267	263	66	
		国際マーケティング	フレックス	120	1,159	1,103	356	
			フレックス Plus 1	20	151	145	38	
	B(2/13)	経営	フレックス	130	1,632	1,539	296	4.8
			フレックス Plus 1	20	347	327	48	
		金融	フレックス	40	743	697	187	
			フレックス Plus 1	15	82	75	20	
理工	数			32	817	702	205	3.4
	物理			33	920	785	226	3.5
	都市環境			45	796	680	155	4.4
	精密機械工			80	1,365	1,147	303	3.8
	電気電子情報通信工			65	1,166	969	257	3.8
	応用化			78	1,351	1,111	290	3.8
	ビジネスデータサイエンス			65	758	660	178	3.7
	情報工			66	1,683	1,424	267	5.3
	生命科			43	481	419	167	2.5
	人間総合理工			32	234	195	58	3.4
文	人文社会	国文学		29	459	441	130	3.4
		英語文学文化		77	487	464	210	2.2
		ドイツ語文学文化		22	123	115	50	2.3
		フランス語文学文化		34	264	250	114	2.2
		中国言語文化		23	162	154	66	2.3
		日本史学		43	450	438	165	2.7

（表つづく）

区分			募集人員	志願者数	受験者数	合格者数	競争率
文	人文社会	東洋史学	25	152	146	56	2.6
		西洋史学	25	254	242	76	3.2
		哲学	36	322	307	110	2.8
		社会学	47	443	423	166	2.5
		社会情報学	43	187	182	70	2.6
		教育学	32	301	295	98	3.0
		心理学	41	416	393	112	3.5
		学びのパスポートプログラム	10	66	59	14	4.2
総合政策	政策科		30	955	854	118	6.8
	国際政策文化		30	806	709	113	
国際経営			70	1,171	1,106	324	3.4
国際情報			60	1,052	992	181	5.5
計			2,735	34,154	31,078	8,075	—

(備考)

- 経済学部，商学部及び総合政策学部の志願者数・受験者数は，第1志望の学科（コース）で算出している。
- 経済学部，商学部及び総合政策学部は志望順位制のため，学科ごとの倍率は算出していない。

●学部別選抜〈英語外部試験利用方式〉

区分			募集人員	志願者数	受験者数	合格者数	競争率
経済	Ⅰ(2/14)	経済	13	432	409	88	4.2
		経済情報システム	8	119	109	11	
		公共・環境経済	7	334	320	100	
	Ⅱ(2/15)	経済	9	409	369	86	4.5
		国際経済	13	439	401	87	
理工	数		3	2	2	0	—
	物理		2	14	12	7	1.7
	都市環境		2	25	20	11	1.8
	精密機械工		2	16	12	6	2.0
	電気電子情報通信工		2	24	17	10	1.7
	応用化		2	27	20	9	2.2
	ビジネスデータサイエンス		2	16	14	6	2.3
	情報工		2	7	6	2	3.0
	生命科		2	10	8	5	1.6
	人間総合理工		5	9	7	5	1.4
文	人文社会	国文学	若干名	13	13	5	2.6
		英語文学文化		31	30	13	2.3
		ドイツ語文学文化		11	11	8	1.4
		フランス語文学文化		23	21	9	2.3
		中国言語文化		9	9	4	2.3
		日本史学		12	12	5	2.4
		東洋史学		12	12	5	2.4
		西洋史学		21	17	7	2.4
		哲学		21	21	8	2.6
		社会学		35	32	12	2.7
		社会情報学		12	12	4	3.0
		教育学		12	12	3	4.0
		心理学		34	33	6	5.5
		学びのパスポートプログラム		9	8	3	2.7
総合政策	政策科		5	68	56	26	2.3
	国際政策文化		5	128	107	45	
国際経営			20	640	616	228	2.7
国際情報			5	147	136	25	5.4
計			109	3,121	2,884	849	—

（備考）

- 経済学部及び総合政策学部の志願者数・受験者数は，第１志望の学科で算出している。
- 経済学部及び総合政策学部は志望順位制のため，学科ごとの倍率は算出していない。

●学部別選抜〈大学入学共通テスト併用方式〉

区	分		募集人員	志願者数	受験者数	合格者数	競争率
法		法律	52	630	552	231	2.4
		国際企業関係法	13	80	67	22	3.0
		政治	26	238	213	102	2.1
経済	Ⅰ（2/14）	経済	9	153	131	16	3.8
		経済情報システム	7	53	43	15	
		公共・環境経済	6	26	22	21	
	Ⅱ（2/15）	経済	6	69	59	7	4.1
		国際経済	12	21	18	12	
商	フリーメジャー	A	10	163	150	50	3.0
		B	10	123	110	37	3.0
理工		数	13	219	198	55	3.6
		物理	10	248	228	60	3.8
		都市環境	9	252	228	48	4.8
		精密機械工	20	271	252	65	3.9
		電気電子情報通信工	20	310	294	67	4.4
		応用化	25	352	314	110	2.9
		ビジネスデータサイエンス	13	255	231	54	4.3
		情報工	13	314	286	47	6.1
		生命科	10	239	217	90	2.4
		人間総合理工	12	109	101	35	2.9
総合政策		政策科	15	95	74	28	2.2
		国際政策文化	15	126	96	50	
国際経営			10	94	70	23	3.0
国際情報			10	210	196	55	3.6
計			346	4,650	4,150	1,300	—

（備考）

- 経済学部及び総合政策学部の志願者数・受験者数は，第1志望の学科で算出している。
- 商学部フリーメジャー・コースは，学部別選抜A（2/11実施）・学部別選抜B（2/13実施）それぞれ10名の募集。
- 経済学部及び総合政策学部は志望順位制のため，学科ごとの倍率は算出していない。

●大学入学共通テスト利用選抜〈単独方式〉

区	分			募集人員	志願者数	合格者数	競争率
法	前期選考	5教科型	法律	115	1,566	1,103	1.4
			国際企業関係法	19	256	182	1.4
			政治	52	392	262	1.5
		3教科型	法律	24	1,279	411	3.1
			国際企業関係法	6	610	187	3.3
			政治	12	533	203	2.6
	後期選考		法律	6	68	13	5.2
			国際企業関係法	3	29	5	5.8
			政治	6	61	8	7.6
経済	前期選考	4教科型	経済	16	380	118	3.0
			経済情報システム	7	52	19	
			国際経済	11	41	16	
			公共・環境経済	6	27	11	
		3教科型	経済	8	367	37	6.8
			経済情報システム	4	57	15	
			国際経済	5	72	21	
			公共・環境経済	3	38	6	
	後期選考		経済	5	104	5	10.2
			経済情報システム	5	35	5	
			国際経済	5	45	5	
			公共・環境経済	5	20	5	
商	前期選考	4教科型	経営 フレックス	14	298	138	2.0
			会計 フレックス	14	198	111	
			国際マーケティング フレックス	14	79	57	
			金融 フレックス	8	73	26	
		3教科型	経営 フレックス	12	701	144	4.2
			会計 フレックス	12	309	78	
			国際マーケティング フレックス	12	278	91	
			金融 フレックス	4	99	20	
	後期選考		経営 フレックス	4	48	4	8.7
			会計 フレックス	4	40	4	
			国際マーケティング フレックス	4	30	4	
			金融 フレックス	4	21	4	

（表つづく）

区分					募集人員	志願者数	合格者数	競争率
理工		前期選考		物理	5	389	87	4.5
理工		前期選考		都市環境	9	347	57	6.1
理工		前期選考		精密機械工	8	405	111	3.6
理工		前期選考		電気電子情報通信工	10	328	73	4.5
理工		前期選考		応用化	10	476	129	3.7
理工		前期選考		ビジネスデータサイエンス	13	317	64	5.0
理工		前期選考		情報工	7	425	58	7.3
理工		前期選考		生命科	5	215	68	3.2
理工		前期選考		人間総合理工	8	135	39	3.5
文	人文社会	前期選考	4教科型	専攻フリー	40	692	290	2.4
文	人文社会	前期選考	3教科型	国文学	11	203	74	2.7
文	人文社会	前期選考	3教科型	英語文学文化	11	272	99	2.7
文	人文社会	前期選考	3教科型	ドイツ語文学文化	6	73	32	2.3
文	人文社会	前期選考	3教科型	フランス語文学文化	5	100	40	2.5
文	人文社会	前期選考	3教科型	中国言語文化	6	75	30	2.5
文	人文社会	前期選考	3教科型	日本史学	5	137	35	3.9
文	人文社会	前期選考	3教科型	東洋史学	6	91	41	2.2
文	人文社会	前期選考	3教科型	西洋史学	6	148	47	3.1
文	人文社会	前期選考	3教科型	哲学	5	138	50	2.8
文	人文社会	前期選考	3教科型	社会学	5	197	63	3.1
文	人文社会	前期選考	3教科型	社会情報学	3	69	19	3.6
文	人文社会	前期選考	3教科型	教育学	3	120	38	3.2
文	人文社会	前期選考	3教科型	心理学	3	132	26	5.1
文	人文社会	前期選考	3教科型	学びのパスポートプログラム	2	37	11	3.4
文	人文社会	後期選考		国文学	若干名	18	3	6.0
文	人文社会	後期選考		英語文学文化	若干名	12	1	12.0
文	人文社会	後期選考		ドイツ語文学文化	若干名	19	5	3.8
文	人文社会	後期選考		フランス語文学文化	若干名	9	2	4.5
文	人文社会	後期選考		中国言語文化	若干名	9	0	—
文	人文社会	後期選考		日本史学	若干名	4	0	—
文	人文社会	後期選考		東洋史学	若干名	6	2	3.0
文	人文社会	後期選考		西洋史学	若干名	9	1	9.0
文	人文社会	後期選考		哲学	若干名	7	2	3.5
文	人文社会	後期選考		社会学	若干名	11	3	3.7
文	人文社会	後期選考		社会情報学	若干名	6	0	—
文	人文社会	後期選考		教育学	若干名	10	2	5.0
文	人文社会	後期選考		心理学	若干名	10	2	5.0
文	人文社会	後期選考		学びのパスポートプログラム	若干名	4	0	—

（表つづく）

区分			募集人員	志願者数	合格者数	競争率
総合政策	前期選考	政策科	24	423	118	2.9
		国際政策文化	25	445	180	
	後期選考	政策科	5	56	9	5.2
		国際政策文化	5	38	9	
国際経営	前期選考	4教科型	7	160	69	2.3
		3教科型	17	933	231	4.0
	後期選考	4教科型	3	29	3	9.7
		3教科型	3	68	2	34.0
国際情報	前期選考	4教科型	10	106	42	2.5
		3教科型	10	392	136	2.9
	後期選考		5	124	24	5.2
計			755	16,414	5,716	—

（備考）

- 経済学部，商学部及び総合政策学部の志願者数は，第１志望の学科（コース）で算出している。
- 経済学部，商学部及び総合政策学部は志望順位制のため，学科ごとの倍率は算出していない。

2023 年度 入試状況

● 6 学部共通選抜

区分			募集人員	志願者数	受験者数	合格者数	競争率
法	4教科型	法律	20	363	340	118	2.5
		国際企業関係法	5	9	9	3	
		政治	5	86	82	53	
	3教科型	法律	36	1,311	1,241	156	5.5
		国際企業関係法	10	122	119	47	
		政治	20	364	348	107	
経済	経済		60	989	945	238	4.0
	経済情報システム		5	111	103	21	4.9
	国際経済		10	250	239	44	5.4
	公共・環境経済		5	117	113	15	7.5
商	フリーメジャー		70	1,268	1,215	302	4.0
文	人文社会	国文学	7	176	164	41	4.2
		英語文学文化	7	185	175	65	
		ドイツ語文学文化	3	90	85	29	
		フランス語文学文化	3	251	245	45	
		中国言語文化	3	100	97	27	
		日本史学	3	123	116	19	
		東洋史学	4	58	49	16	
		西洋史学	4	107	101	27	
		哲学	3	82	74	26	
		社会学	3	251	241	46	
		社会情報学	3	111	107	31	
		教育学	3	101	97	24	
		心理学	3	208	203	26	
		学びのパスポートプログラム	2	53	52	6	
総合政策	政策科		25	372	363	101	3.0
	国際政策文化		25	295	281	116	
国際経営	4教科型		10	44	41	14	2.9
	3教科型		20	314	296	60	4.9
計			377	7,911	7,541	1,823	—

(備考)• 法学部，文学部及び総合政策学部の志願者数・受験者数は，第１志望の学科・専攻（プログラム）で算出している。

• 法学部，文学部及び総合政策学部は志望順位制のため，学科・専攻（プログラム）ごとの倍率は算出していない。

• 新型コロナウイルス感染症等対応のための特別措置を実施し，上表以外に，経済学部２名，文学部２名の合格者を出した。

●学部別選抜〈一般方式〉

区分				募集人員	志願者数	受験者数	合格者数	競争率
法	4教科型	法律		60	647	596	241	2.5
		国際企業関係法		5	42	39	16	2.4
		政治		20	107	98	46	2.1
	3教科型	法律		269	2,786	2,628	608	4.3
		国際企業関係法		60	541	517	139	3.7
		政治		128	920	871	318	2.7
経済	I (2/14)	経済		135	2,386	2,204	263	5.9
		経済情報システム		79	386	350	178	
		公共・環境経済		60	1,196	1,123	180	
	II (2/15)	経済		90	1,336	1,185	148	5.4
		国際経済		113	1,387	1,266	309	
商	A (2/11)	会計	フレックス	115	1,023	972	280	3.4
			フレックス *Plus 1*	40	241	231	64	
		国際マーケティング	フレックス	120	1,214	1,157	360	
			フレックス *Plus 1*	20	160	150	43	
	B (2/13)	経営	フレックス	130	2,137	2,002	377	4.6
			フレックス *Plus 1*	20	360	334	52	
		金融	フレックス	40	672	631	213	
			フレックス *Plus 1*	15	100	95	24	
理工	数			32	769	648	216	3.0
	物理			33	856	728	237	3.1
	都市環境			45	848	677	169	4.0
	精密機械工			80	1,350	1,142	374	3.1
	電気電子情報通信工			65	952	771	260	3.0
	応用化			78	1,389	1,128	297	3.8
	ビジネスデータサイエンス			65	772	659	175	3.8
	情報工			65	1,815	1,541	301	5.1
	生命科			43	527	440	117	3.8
	人間総合理工			32	337	288	54	5.3
文	人文社会	国文学		29	503	485	125	3.9
		英語文学文化		77	588	564	240	2.4
		ドイツ語文学文化		22	183	177	61	2.9
		フランス語文学文化		34	528	510	127	4.0
		中国言語文化		23	238	226	80	2.8
		日本史学		43	519	499	155	3.2

（表つづく）

区分			募集人員	志願者数	受験者数	合格者数	競争率
文	人文社会	東洋史学	25	158	147	53	2.8
		西洋史学	25	309	299	90	3.3
		哲学	36	229	219	93	2.4
		社会学	47	564	539	178	3.0
		社会情報学	43	219	208	70	3.0
		教育学	32	310	304	88	3.5
		心理学	41	610	579	107	5.4
		学びのパスポートプログラム	10	76	71	11	6.5
総合政策	政策科		30	881	775	113	6.2
	国際政策文化		30	885	765	134	
国際経営			70	1,172	1,102	319	3.5
国際情報			60	985	918	183	5.0
計			2,734	36,213	32,858	8,286	—

（備考）• 経済学部，商学部及び総合政策学部の志願者数・受験者数は，第１志望の学科（コース）で算出している。

• 経済学部，商学部及び総合政策学部は志望順位制のため，学科ごとの倍率は算出していない。

• 新型コロナウイルス感染症等対応のための特別措置を実施し，上表以外に，法学部１名，経済学部１名，総合政策学部１名，国際経営学部１名の合格者を出した。

●学部別選抜〈英語外部試験利用方式〉

区分			募集人員	志願者数	受験者数	合格者数	競争率
経済	Ⅰ(2/14)	経済	13	505	465	42	6.1
		経済情報システム	8	134	127	12	
		公共・環境経済	7	370	352	100	
	Ⅱ(2/15)	経済	9	368	338	70	4.8
		国際経済	13	643	582	123	
理工		数	3	1	1	0	—
		物理	2	2	1	1	1.0
		都市環境	2	11	7	4	1.8
		精密機械工	2	17	12	6	2.0
		電気電子情報通信工	2	15	12	10	1.2
		応用化	2	32	19	7	2.7
		ビジネスデータサイエンス	2	12	12	5	2.4
		情報工	2	5	3	2	1.5
		生命科	2	20	17	4	4.3
		人間総合理工	5	13	9	5	1.8
文	人文社会	国文学	若干名	15	14	3	4.7
		英語文学文化		52	49	16	3.1
		ドイツ語文学文化		18	18	4	4.5
		フランス語文学文化		44	43	13	3.3
		中国言語文化		20	18	7	2.6
		日本史学		22	22	8	2.8
		東洋史学		12	12	5	2.4
		西洋史学		20	19	7	2.7
		哲学		19	18	6	3.0
		社会学		53	49	14	3.5
		社会情報学		17	16	3	5.3
		教育学		19	19	6	3.2
		心理学		39	37	8	4.6
総合政策		政策科	5	50	37	13	2.9
		国際政策文化	5	129	98	34	
国際経営			20	635	615	198	3.1
国際情報			5	141	139	17	8.2
計			109	3,453	3,180	753	—

(備考)• 経済学部及び総合政策学部の志願者数・受験者数は，第１志望の学科で算出している。
• 経済学部及び総合政策学部は志望順位制のため，学科ごとの倍率は算出していない。
• 新型コロナウイルス感染症等対応のための特別措置を実施し，上表以外に，総合政策学部１名の合格者を出した。

- 文学部人文社会学科の学びのパスポートプログラムは，学部別選抜〈英語外部試験利用方式〉での募集は行っていない（2024 年度より募集が実施される）。

●学部別選抜〈大学入学共通テスト併用方式〉

区分			募集人員	志願者数	受験者数	合格者数	競争率
法		法律	52	528	469	206	2.3
法		国際企業関係法	13	102	90	30	3.0
法		政治	26	147	128	85	1.5
経済	I（2/14）	経済	9	104	82	17	3.0
経済	I（2/14）	経済情報システム	7	30	22	12	
経済	I（2/14）	公共・環境経済	6	20	17	12	
経済	II（2/15）	経済	6	56	35	7	3.6
経済	II（2/15）	国際経済	12	42	33	12	
商	フリーメジャー	A	10	134	123	35	3.5
商	フリーメジャー	B	10	134	119	40	3.0
理工		数	13	210	194	65	3.0
理工		物理	10	233	216	78	2.8
理工		都市環境	9	198	175	62	2.8
理工		精密機械工	20	242	221	66	3.3
理工		電気電子情報通信工	20	208	187	58	3.2
理工		応用化	25	341	324	115	2.8
理工		ビジネスデータサイエンス	13	310	288	78	3.7
理工		情報工	13	380	339	58	5.8
理工		生命科	10	234	217	66	3.3
理工		人間総合理工	12	141	132	26	5.1
総合政策		政策科	15	98	72	25	2.3
総合政策		国際政策文化	15	223	180	84	
国際経営			10	104	86	20	4.3
国際情報			10	198	182	53	3.4
計			346	4,417	3,931	1,310	—

（備考）
- 経済学部及び総合政策学部の志願者数・受験者数は，第1志望の学科で算出している。
- 経済学部及び総合政策学部は志望順位制のため，学科ごとの倍率は算出していない。
- 商学部フリーメジャー・コースは，学部別選抜A（2/11 実施）・学部別選抜B（2/13 実施）それぞれ10名の募集。
- 新型コロナウイルス感染症等対応のための特別措置を実施し，上表以外に，理工学部3名の合格者を出した。

2022年度 入試状況

●6学部共通選抜

区分			募集人員	志願者数	受験者数	合格者数	競争率
法	4教科型	法律	20	359	334	116	2.5
		国際企業関係法	5	17	17	3	
		政治	5	63	59	44	
	3教科型	法律	36	1,210	1,139	139	5.8
		国際企業関係法	10	140	135	40	
		政治	20	305	288	89	
経済	経済		60	937	887	199	4.5
	経済情報システム		5	101	97	21	4.6
	国際経済		10	132	124	25	5.0
	公共・環境経済		5	109	103	19	5.4
商	フリーメジャー		70	1,179	1,115	282	4.0
文	人文社会	国文学	7	127	123	40	3.1
		英語文学文化	7	170	164	55	
		ドイツ語文学文化	3	79	71	27	
		フランス語文学文化	3	96	93	44	
		中国言語文化	3	75	71	36	
		日本史学	3	142	137	26	
		東洋史学	4	59	57	15	
		西洋史学	4	102	93	35	
		哲学	3	113	105	33	
		社会学	3	114	107	57	
		社会情報学	3	111	108	19	
		教育学	3	83	76	26	
		心理学	3	166	157	37	
		学びのパスポートプログラム	2	78	75	10	
総合政策	政策科		25	311	299	84	3.1
	国際政策文化		25	232	227	85	
国際経営	4教科型		10	29	29	10	2.9
	3教科型		20	277	258	53	4.9
計			377	6,916	6,548	1,669	―

(備考)
- 法学部，文学部及び総合政策学部の志願者数・受験者数は，第1志望の学科・専攻（プログラム）で算出している。
- 法学部，文学部及び総合政策学部は志望順位制のため，学科・専攻（プログラム）ごとの倍率は算出していない。
- 新型コロナウイルス感染症等対応のための特別措置を実施し，上表以外に，文学部2名，総合政策学部1名の合格者を出した。

●学部別選抜〈一般方式〉

区分				募集人員	志願者数	受験者数	合格者数	競争率
法	4教科型	法律		60	631	576	218	2.6
		国際企業関係法		5	58	54	24	2.3
		政治		20	118	110	52	2.1
	3教科型	法律		269	2,515	2,368	638	3.7
		国際企業関係法		60	410	388	167	2.3
		政治		128	739	694	261	2.7
経済	Ⅰ（2/14）	経済		149	2,198	2,026	293	4.5
		経済情報システム		86	565	512	110	
		公共・環境経済		67	1,074	996	378	
	Ⅱ（2/15）	経済		99	1,375	1,230	141	4.7
		国際経済		126	1,562	1,446	424	
商	A（2/11）	会計	フレックス	115	1,134	1,078	297	3.5
			フレックス *Plus 1*	40	296	280	69	
		国際マーケティング	フレックス	120	1,182	1,126	357	
			フレックス *Plus 1*	20	157	152	41	
	B（2/13）	経営	フレックス	130	1,491	1,365	295	4.1
			フレックス *Plus 1*	20	346	312	59	
		金融	フレックス	40	886	824	255	
			フレックス *Plus 1*	15	83	76	18	
理工	数			32	693	621	277	2.2
	物理			33	752	663	275	2.4
	都市環境			45	650	561	196	2.9
	精密機械工			80	1,240	1,078	359	3.0
	電気電子情報通信工			65	1,195	1,059	325	3.3
	応用化			78	1,287	1,126	475	2.4
	ビジネスデータサイエンス			65	917	812	202	4.0
	情報工			65	1,460	1,292	330	3.9
	生命科			43	552	488	168	2.9
	人間総合理工			32	494	435	91	4.8
文	人文社会	国文学		29	472	450	161	2.8
		英語文学文化		77	730	692	299	2.3
		ドイツ語文学文化		22	226	217	75	2.9
		フランス語文学文化		34	310	293	139	2.1
		中国言語文化		23	190	179	87	2.1
		日本史学		43	609	585	177	3.3

（表つづく）

<table>
<tr><th colspan="3">区分</th><th>募集人員</th><th>志願者数</th><th>受験者数</th><th>合格者数</th><th>競争率</th></tr>
<tr><td rowspan="8">文</td><td rowspan="8">人文社会</td><td>東洋史学</td><td>25</td><td>213</td><td>207</td><td>95</td><td>2.2</td></tr>
<tr><td>西洋史学</td><td>25</td><td>270</td><td>258</td><td>111</td><td>2.3</td></tr>
<tr><td>哲学</td><td>36</td><td>309</td><td>294</td><td>113</td><td>2.6</td></tr>
<tr><td>社会学</td><td>47</td><td>446</td><td>432</td><td>210</td><td>2.1</td></tr>
<tr><td>社会情報学</td><td>43</td><td>298</td><td>286</td><td>83</td><td>3.4</td></tr>
<tr><td>教育学</td><td>32</td><td>308</td><td>297</td><td>127</td><td>2.3</td></tr>
<tr><td>心理学</td><td>41</td><td>569</td><td>540</td><td>167</td><td>3.2</td></tr>
<tr><td>学びのパスポートプログラム</td><td>10</td><td>104</td><td>95</td><td>22</td><td>4.3</td></tr>
<tr><td rowspan="2">総合政策</td><td colspan="2">政策科</td><td>30</td><td>512</td><td>435</td><td>115</td><td rowspan="2">3.6</td></tr>
<tr><td colspan="2">国際政策文化</td><td>30</td><td>666</td><td>548</td><td>155</td></tr>
<tr><td colspan="3">国際経営</td><td>70</td><td>1,286</td><td>1,221</td><td>217</td><td>5.6</td></tr>
<tr><td colspan="3">国際情報</td><td>60</td><td>1,154</td><td>1,084</td><td>208</td><td>5.2</td></tr>
<tr><td colspan="3">計</td><td>2,784</td><td>34,732</td><td>31,861</td><td>9,356</td><td>—</td></tr>
</table>

（備考）
- 経済学部，商学部及び総合政策学部の志願者数・受験者数は，第１志望の学科（コース）で算出している。
- 経済学部，商学部及び総合政策学部は志望順位制のため，学科ごとの倍率は算出していない。
- 新型コロナウイルス感染症等対応のための特別措置を実施し，上表以外に，法学部１名，経済学部６名，商学部３名，理工学部６名，文学部１名，総合政策学部１名，国際情報学部２名の合格者を出した。

●学部別選抜〈英語外部試験利用方式〉

区分			募集人員	志願者数	受験者数	合格者数	競争率
経済	I（2/14）	経済	5	363	341	45	5.0
		経済情報システム	4	169	157	21	
		公共・環境経済	3	337	314	97	
	II（2/15）	経済	3	305	270	77	2.0
		国際経済	5	459	426	264	
理工	数		3	1	1	0	―
	物理		2	9	6	0	―
	都市環境		2	2	2	1	2.0
	精密機械工		2	15	11	8	1.4
	電気電子情報通信工		2	7	5	4	1.3
	応用化		2	14	11	9	1.2
	ビジネスデータサイエンス		2	13	13	6	2.2
	情報工		2	5	4	1	4.0
	生命科		2	8	7	5	1.4
	人間総合理工		5	8	6	4	1.5
文	人文社会	国文学	若干名	33	29	7	4.1
		英語文学文化		59	59	19	3.1
		ドイツ語文学文化		13	11	5	2.2
		フランス語文学文化		24	24	10	2.4
		中国言語文化		19	19	9	2.1
		日本史学		21	19	6	3.2
		東洋史学		16	15	6	2.5
		西洋史学		18	16	7	2.3
		哲学		22	19	6	3.2
		社会学		32	28	14	2.0
		社会情報学		38	34	6	5.7
		教育学		17	16	5	3.2
		心理学		25	23	8	2.9
総合政策	政策科		5	42	30	12	2.4
	国際政策文化		5	127	90	37	
国際経営			20	729	700	181	3.9
国際情報			5	244	228	14	16.3
計			79	3,194	2,934	894	―

（備考）•経済学部及び総合政策学部の志願者数・受験者数は，第1志望の学科で算出している。

•経済学部及び総合政策学部は志望順位制のため，学科ごとの倍率は算出していない。

•新型コロナウイルス感染症等対応のための特別措置を実施し，上表以外に，経済学部1名の合格者を出した。

●学部別選抜〈大学入学共通テスト併用方式〉

区分			募集人員	志願者数	受験者数	合格者数	競争率
法		法律	52	557	514	189	2.7
		国際企業関係法	13	97	90	52	1.7
		政治	26	138	132	75	1.8
経済	Ⅰ（2/14）	経済	9	156	141	27	4.0
		経済情報システム	7	50	43	14	
		公共・環境経済	6	86	80	25	
	Ⅱ（2/15）	経済	6	87	69	10	4.7
		国際経済	12	59	52	16	
商		フリーメジャー	20	229	210	55	3.8
理工		数	13	150	137	58	2.4
		物理	10	163	153	55	2.8
		都市環境	9	191	177	62	2.9
		精密機械工	20	282	261	81	3.2
		電気電子情報通信工	20	330	311	94	3.3
		応用化	25	289	268	128	2.1
		ビジネスデータサイエンス	13	313	289	74	3.9
		情報工	13	497	459	93	4.9
		生命科	10	240	219	81	2.7
		人間総合理工	12	224	210	58	3.6
総合政策		政策科	15	103	84	31	2.2
		国際政策文化	15	170	123	64	
国際経営			10	64	58	10	5.8
国際情報			10	289	271	54	5.0
計			346	4,764	4,351	1,406	—

（備考）
- 経済学部及び総合政策学部の志願者数・受験者数は，第1志望の学科で算出している。
- 経済学部及び総合政策学部は志望順位制のため，学科ごとの倍率は算出していない。
- 商学部フリーメジャー・コースは，学部別選抜A（2/11実施）・学部別選抜B（2/13実施）それぞれ10名の募集。
- 新型コロナウイルス感染症等対応のための特別措置を実施し，上表以外に，法学部1名，理工学部1名，総合政策学部1名，国際情報学部1名の合格者を出した。

入学試験要項の入手方法

出願には，受験ポータルサイト「UCARO（ウカロ）」への会員登録（無料）が必要です。出願は，Web 出願登録，入学検定料の支払いおよび出願書類の郵送を，出願期間内に全て完了することで成立します。詳細は，大学公式 Web サイトで 11 月中旬に公開予定の入学試験要項を必ず確認してください。紙媒体の入学試験要項や願書は発行しません。

また，「CHUO UNIVERSITY GUIDE BOOK 2025」（大学案内）を 5 月下旬より配付します（無料）。こちらは大学公式 Web サイト内の資料請求フォーム，テレメールから請求できます。

入試に関する問い合わせ先

中央大学　入学センター事務部入試課

https://chuo-admissions.zendesk.com/hc/ja

月～金曜日 9 :00～12:00，13:00～16:00

※土・日・祝日は受付を行っていません。

詳細は大学公式 Web サイトにて確認してください。

https://www.chuo-u.ac.jp/connect/

中央大学のテレメールによる資料請求方法

スマートフォンから	QRコードからアクセスしガイダンスに従ってご請求ください。
パソコンから	教学社 赤本ウェブサイト(akahon.net)から請求できます。

気になること、聞いてみました！

在学生メッセージ

大学ってどんなところ？ 大学生活ってどんな感じ？
ちょっと気になることを，在学生に聞いてみました。

以下の内容は 2020～2023 年度入学生のアンケート回答に基づくものです。ここで触れられている内容は今後変更となる場合もありますのでご注意ください。

メッセージを書いてくれた先輩 ［法学部］D.S. さん C.K. さん Y.K. さん ［商学部］Y.W. さん ［文学部］阿部龍之介さん ［総合政策学部］R.T. さん

大学生になったと実感！

一番実感したことは様々な人がいるということです。出身地も様々ですし，留学生や浪人生など様々な背景をもった人がいるので，違った価値観や考え方などと日々触れ合っています。高校であったおもしろいノリなどが他の人にはドン引きされることもありました。（D.S. さん／法）

高校生のときと大きく変わったことは，強制されることがないことです。大学生は，授業の課題を出さなくても何も言われません。ただし，その代償は単位を落とすという形で自分に返ってきます。自己責任が増えるというのが大学生と高校生の違いです。（阿部さん／文）

一番初めに実感した出来事は，履修登録です。小学校，中学校，高校とずっと決められた時間割で，自分の学びたいもの，学びたくないものなど関係なく過ごしてきましたが，大学は自分の学びたいものを選んで受けられるので，大学生になったなと感じました。（Y.W. さん／商）

大学生活に必要なもの

パソコンは絶対に用意しましょう。課題はほとんどが web 上での提出です。Word や Excel などは使う頻度がすごく多いです。課題だけでなくオンラインの授業もまだありますし，試験を web 上で行う授業もあります。タブレットだったり，モニターを複数用意しておくと，メモしたり課題をしたりするときや，オンライン授業を受ける上で楽になると思います。モニターが複数あると，オンラインと並行して作業がある授業にはとても役に立ちます。（D.S. さん／法）

自炊をする力です。私自身，一冊のレシピ本を買い，週に 5 回は自炊をしています。料理は勉強と同じでやった分だけ上達し，その上達はとても嬉しいものです。また，大学生になると色々な出費があります。そのため，うまくお金をやりくりしないといけないので，自炊をして，日々の出費を減らすことも大切です。（Y.K. さん／法）

この授業がおもしろい！

国際企業関係法学科では英語が 16 単位必修で，英語の授業が他の学科よりも多いのですが，気に入っている授業は英語のリスニング・スピーキングの授業です。この授業は世界で起こっている社会問題や国際問題などをリサーチして，その内容をプレゼンするというものです。外国人の先生による授業で，帰国子女の学生が多くいるなかでプレゼンディスカッションをしているので，英語力が一番伸びている実感があります。（D.S. さん／法）

「メディアリテラシー」です。インターネットが普及した現在では，マスメディアだけでなく我々も情報発信が容易にできてしまうので，情報を受け取る側だけでなく送る側の視点からもメディアリテラシーを適用していく必要性を学ぶことができます。（R.T. さん／総合政策）

大学の学びで困ったこと＆対処法

高校での学習内容から一気に専門的な内容に発展したことです。私は法学部で憲法や民法などの法律科目を履修していますが，法学の基礎的な知識やニュアンスをまったく知らない状態で授業に臨んでしまったので，最初はついていくのが大変でした。大学の講義は高校の授業とは大きく違って，自分が学びたい学問に詳しい教授の話を聞かせてもらうという感じなので，自分での学習が不可欠になります。特に法学は読む量がすごく多く，法学独特の言い回しにも慣れるのがとても大変で苦労しました。（D.S. さん／法）

4000 字を超えるような文章を書く必要があるということです。大学に入るまで，文章を書くという行為自体をあまりやってこなかったこともあり，言葉の使い方や参考文献の書き方，人が見やすいようなレポートの作成の仕方を習得することに時間がかかりました。（Y.K. さん／法）

高校のときに私立文系コースにいたので，数学はほとんど勉強していないうえに，数学Bなどは学んでもおらず，統計学など，数学が必要となる科目は基礎的なところから理解に苦しむところがありましたが，過去問や，教科書を見て対処しました。（Y.W. さん／商）

部活・サークル活動

大学公認のテニスサークルに所属しています。他大学のテニスサークルや同じ大学の他のテニスサークルと対戦したりすることもあります。合宿もあったりしてとても楽しいです。（R.T. さん／総合政策）

法学会に入っています。一言で言うと，法律に関する弁論を行うサークルです。いわゆる弁論大会のようなものが他校と合同で開催されたり，校内の予選を行ったりと活発に活動しています。（C.K. さん／法）

交友関係は？

大学の規模がそこまで大きくないということもあり，同じ授業を取っている人がちょくちょくいたりして，そういった人たちとよく話をするうちに友達になりました。（R.T. さん／総合政策）

中央大学には国際教育寮があり，私はそこに所属しています。寮生の3分の1から半分くらいは外国人留学生で，留学生と交流できるチャンスがたくさんあります。この寮では，料理などは自分でするのですが友達と一緒にもできますし，シアタールームや会議室があるので一緒に映画を見たり課題をしたりもしています。他学部の学生とも仲良くできますし，先輩とも交友関係を築くことができます。（D.S. さん／法）

いま「これ」を頑張っています

民法の勉強です。模擬裁判をするゼミに入っており，必修の民法の授業に加えてゼミでも民法の勉強をしています。模擬裁判をすることによって法律を実際の裁判でどのように使うのか具体的にイメージすることができ，さらに民法に興味が湧きます。（C.K. さん／法）

自分は公認会計士の資格を取るために中央大学を目指し，入学しました。今は，経理研究所というところに所属し，毎日，大学の授業と会計の勉強を，いわばダブルスクールのような形で，時間を無駄にしないように生活しています。（Y.W. さん／商）

普段の生活で気をつけていることや心掛けていること

家から大学までがとても遠いのと，キャンパスが広大で移動にも時間がかかるので，常に余裕をもって行動するようにしています。決して難度は低くないですが，大学生活以外でも重要なことだと思うので，常に意識するようにしています。（R.T. さん／総合政策）

手洗い・うがいは大事だと思います。しかも，こまめにすることが重要なポイントだと思います。また，季節の変わり目や環境が変わるときには心も体も疲れやすくなってしまうので，なるべく早く寝てしっかりご飯を食べるようにしています。（C.K. さん／法）

健康を維持するために筋トレをしています。まず，一人暮らし用のアパートを借りるときに，４階の部屋を選びました。階段なので，毎日の昇り降りで足腰を鍛えています。また，フライパンも通常より重いものにして，腕を鍛えています。（阿部さん／文）

おススメ・お気に入りスポット

ヒルトップと呼ばれる食堂棟があり，広いのに昼休みは激しく混雑しています。しかし，授業中はものすごく空いていて，自分の空き時間に広い空間で食べる昼ご飯はとても有意義に感じられてお気に入りです。（R.T. さん／総合政策）

FOREST GATEWAY CHUO です。新しくきれいな建物で，コンセント完備の自習スペースも整っています。英語などのグループワークで使えるようなスペースもあり非常に便利です。トイレもとてもきれいです。（C.K. さん／法）

入学してよかった！

多摩キャンパスは，都心の喧騒から離れたところにありますが，落ち着いた環境でキャンパスライフを送ることができます。友達と過ごすにはちょっと物足りない感はありますが，自分１人の時間を大切にする人にとってはとても恵まれている環境だと思います。（R.T. さん／総合政策）

志が高い学生が多いことです。中央大学は弁護士や公認会計士など，難関資格を目指して勉強している学生が多いので，常にそのような人を見て刺激を受けることができます。将来のことを考えている学生も多いですし，そのサポートも大学がしっかり行ってくれるので，志が高くて将来やりたいことが明確に決まっている人には特におすすめです。（D.S. さん／法）

学生が気さくで優しく，司法試験や公務員試験，資格取得などの勉強をしている人が９割方で，真面目な人が多いです。周りの人が司法試験のために勉強している姿に刺激を受け，勉強を頑張ろうという意欲が湧いてきます。（C.K. さん／法）

目標に向かって努力ができる環境が整っていることです。勉強を継続するために必要なこととして，自分の意思以外にも，周りの環境も大切になってくると思います。そのため，自分の掲げた目標を達成できる環境がある大学に入れたことは本当によかったと思います。（Y.K. さん／法）

高校生のときに「これ」をやっておけばよかった

スポーツです。サークルに入ってない人や体育を履修していない人が，運動やスポーツをする機会は大学にはないので，運動不足になりがちです。できれば高校のうちからいろんなスポーツに慣れ親しんで，丈夫な体を作っておけばよかったなと思いました。（R.T. さん／総合政策）

合格体験記

みごと合格を手にした先輩に，入試突破のためのカギを伺いました。
入試までの限られた時間を有効に活用するために，ぜひ役立ててください。

（注）ここでの内容は，先輩方が受験された当時のものです。2025 年度入試では当てはまらないこともありますのでご注意ください。

・アドバイスをお寄せいただいた先輩・

Message

A.N. さん　経済学部（経済学科）
学部別選抜（一般方式）2024 年度合格，東京都出身

合格のポイントは過去問の演習です。志望大学の行きたい学部の過去問はもちろんのこと，それ以外の学部のものでも，その大学に合格するために必要な学力と現状の自分との差を知る良い素材になります。また，行きたい学部の問題傾向が変わってしまったときでも，柔軟に対応できる可能性が広がります。

その他の合格大学　中央大（総合政策），法政大（経済）

Message

K.W. さん　商学部（国際マーケティング学科）
6 学部共通選抜 2024 年度合格，東京都出身

志望校に合格するためには赤本は欠かせません。しかし，ある程度の土台なしには過去問演習をしても得られるものが少なくなってしまうので，基礎固めを最優先にすることが合格への近道です。基礎固めの後，私は赤本演習をやりながら抜けてしまっている知識を補い，赤本と愛用の参考書を何度も往復することで合格点が取れるようになりました。

また，たくさん勉強すると思いますが受験中は息抜きが絶対に必要ですし，頑張っている自分を労ってあげてください！　受験は人生という長い本の 1 ページに過ぎませんが，そのページを華やかなものにするべく，この青春を駆け抜けてください。いつでも応援しています！

その他の合格大学　中央大（総合政策），獨協大（経済），神奈川大（経営）

Message

R.T. さん　総合政策学部（政策科学科）
学部別選抜 2023 年度合格，神奈川県出身

過去問をもったいぶって直前期までとっておくことは愚策です。志望校の赤本が刊行されたら，すぐに買って最新年度を解いて，出題傾向をつかむことが一番のポイントです。受験は時間との勝負なので，過去問の傾向から今やるべき勉強を“逆算”してスケジュールを立てると，効率よく知識を定着できると思います。

その他の合格大学　日本大（法・文理〈共通テスト利用〉），専修大（法・商），神奈川大（法）

入試なんでもQ&A

受験生のみなさんからよく寄せられる，
入試に関する疑問・質問に答えていただきました。

Q 「赤本」の効果的な使い方を教えてください。

A 受験を決めた瞬間に過去問を解いて，志望校と自分のレベルの差を見定めるために使いました。最初は解けない問題のほうが多かったので，英語は単語を，国語は漢字や古文単語を，政経は語句を押さえることに注力しました。解ける問題が徐々に多くなってきたら，英語は文法を，国語は問題の解き方を，政経は時系列や語句の説明を理解することに時間をかけました。またいずれの教科も，間違えた問題と同じくらい正解した問題の復習に時間をかけることが効果的であると思います。例えば，国語では何を根拠としてその選択肢を選んだか，つまりは接続詞などの文法要素なのか，文章の構成としてなのか，それとも勘なのかを復習のときに考えることはとても重要です。 (A.N. さん／経済)

A 私は基礎の勉強が一通り終わった9月の序盤に初めて赤本を解きました。このときは力試し程度に解いたのですが，勉強してきたことがうまくアウトプットできなかったことがわかりました。そのため，過去問演習では間違えた問題に対して「なぜ？」や「何が？」といった5W1Hを使って自分がしたミスを深掘りしていきました。また，何度も同じ年度を解いて以前間違えた問題に対して対策を練った後でもう一度同じ問題にアプローチすると，初見の問題でも自分のもっている知識をスムーズにアウトプットできるようになります。 (K.W. さん／商)

Q　1年間の学習スケジュールはどのようなものでしたか？

A　私は浪人生でしたので自由に使える時間が多くありました。それは嬉しい反面，やはり怠けてしまう危険もあります。そのため，4月は塾の自習室や図書館に毎日行くように習慣づけていました。また，家はゆっくりしてもいい場所，外は勉強しかしない場所というふうにメリハリをつけるように意識すると，夏の勉強がとても捗ったのでおすすめします。

時期別には，4～6月は英単語・熟語・古文単語などの暗記系に1日の時間を多く割いて，後で基礎的な分野でつまずかないように保険をかけていました。7～9月は，英語長文や現代文があまり読めていなかったので，参考書の同じ問題を時間をかけて単語レベルにまで絞って何度も読んだりしていました。10月以降は2～3日に1回赤本を解くようにし，解いたらしっかり確認して，勉強してきたなかでの苦手な分野をすぐに潰すようにしていました。12月以降の直前期は英語や国語よりも社会科目が伸びます。私は世界史選択だったので，通史をやりながら抜けている用語を覚えることに1日の勉強の半分を費やし，3科目とも穴がないようにしました。　(K.W. さん／商)

A　英語は，単語をメインに高校3年生の4月から勉強を始めました。ある程度覚えられたら，実力チェックも兼ねて，すかさず読解問題や文法問題に取り組みました。丸一日時間が使える夏休みの間は，ここまでの総決算として問題集をひたすらに繰り返し，基礎固めを徹底しました。秋以降は，さまざまな過去問に当たって身につけてきた実力が通用するかを確認し，直前期は，過去問や共通テストの問題集を実際の試験時間を計って演習することで，形式慣れするようにしました。

(R.T. さん／総合政策)

Q　どのように学習計画を立て，受験勉強を進めていましたか？

A　過去問を解いた時の手応えやフィードバックをもとに，出題傾向に沿った学習計画を立てるようにしました。模試や過去問の結果と向き合い，自分には今何が足りていなくて，どれが重要なのかをノートなどにまとめ，それをもとにして1日のスケジュールを組みました。例えば文法の不定詞ができていなかったら，まず文法のテキストなどでおさらいし，理解できたら問題集を解いてみて，できなかったらもう一度繰り返す，といったことを1日のスケジュールとして組み立てるようにしていました。

（R.T. さん／総合政策）

Q　時間をうまく使うために，どのような工夫をしていましたか？

A　移動時間や寝る前などのスキマ時間には，スマホのアプリを活用していました。英単語，古文単語，一問一答などの参考書をスマホに一元化することで，いちいちカバンから単語帳や一問一答をとって広げる煩わしい所作を省略し，時間を有効に活用できるようにしていました。スマホアプリの利点はそれ以外にも，英単語であればついでに発音も確認できるので，一石二鳥だと思います。

（R.T. さん／総合政策）

Q　中央大学を攻略するうえで特に重要な科目は何ですか？

A　英語です。一部を除いて中央大学の英語は配点が高いうえ，大問ごとに分野が分かれていることもあって対策しやすい教科でもあると思います。長文対策を意識して不完全でも文意がつかめるように基礎的な単語と文法を確認しました。文意をつかめるようになったら過去問演習をして，わからなかった箇所の復習（特に単語）を繰り返しました。他学部の問題もやっておくと問題が不足するという事態に陥らずにすむのでおすすめです。

（A.N. さん／経済）

Q 苦手な科目はどのように克服しましたか？

A　世界史で苦手な範囲がたくさんできて，模試の成績がなかなか上がらず苦しみました。まずは苦手な範囲がどこなのかを模試の大問ごとの得点率やテストの成績が悪い箇所で見定めて紙に書き出しました。そして範囲を１つ決めて，４日間同じ範囲の通史を読み，年号と用語を一問一答などで何度も繰り返し，徹底的にやり込みました。世界史の場合，苦手な範囲が潰れると他の得意な範囲とうまくつながるようになるので，さらに理解が深まります。まずはどこが苦手なのかを明確にしてから，日数をかけて何度も繰り返しやり込むことが大事だと思います。

（K.W. さん／商）

Q 模試の上手な活用法を教えてください。

A　私はマーク式の模試しか受けなかったのですが，１つの模試を通年で受けることをおすすめします。同じ形式でもレベル感が異なりますし，同じ模試だと自分の成長を客観的に見られるからです。どの模試がいいかはよく知っている先生に質問するようにしましょう。１つに決めればほかは受けなくても構わないと思います。夏くらいまでは結果というよりは自分のアウトプットの仕方が正しいかを見るためだからです。そのため必ず模試が終わった後に配られる解答解説を熟読して，自分に足りないものをメモ帳や復習シートなどに書き出してください。

（K.W. さん／商）

Q 併願をする大学を決めるうえで重視したことは何ですか？ また，注意すべき点があれば教えてください。

A　日程については，連続しないように最低でも１日おきに試験のない日ができるように調整しました。さらに第一志望の試験で実力を発揮しきれるように，それより前に受験をしておくと過度な緊張を抑えられると思います。中央大学経済学科は2日程を自分の都合に合わせて受けられるので，このような調整をしやすいです。

科目については，勉強する科目が散らばらないように3科目か2科目で受験可能な大学を選択しました。　(A.N. さん／経済)

Q　試験当日の試験場の雰囲気はどのようなものでしたか？
緊張のほぐし方，交通事情，注意点等があれば教えてください。

A　会場の下見が可能ならば事前に交通事情や会場までの所要時間を把握しておくと，当日は試験以外で気をとられることが減ると思います。当日の緊張のほぐし方は，何かルーティーン（過去問を解くときに問題構成を思い浮かべ改めて時間配分の確認をする，10秒間瞑想するなど）を事前に決めておくと効果的だと思います。試験で緊張しない人はいないので，緊張していることを責めることはしないでください。

(A.N. さん／経済)

科目別攻略アドバイス

みごと入試を突破された先輩に，独自の攻略法や
おすすめの参考書・問題集を，科目ごとに紹介していただきました。

英　語

経済学部は英作文や英文和訳などの記述式が一部あり，苦手意識が出てしまう人もいると思います。ですが，内容としては基礎を押さえることで十分解けるので，演習や単語の暗記をおろそかにしないことが大切です。

(A.N. さん／経済)

おすすめ参考書　『大学入試英語長文プラス頻出テーマ10トレーニン

グ問題集』（旺文社）
『**スーパー講義 英文法・語法 正誤問題**』（河合出版）

英語の勉強は，単語学習を受験勉強開始日から試験当日まで1日も休まないことです。暗記で得点できる単語問題や空所補充問題などは，一番確実に救ってくれる要素と言っても過言ではありません。また，長文問題は内容説明問題が基本なので，答えの根拠を見つけ出す作業が必須です。日頃から段落ごとの内容を一言でメモできるように訓練しておくとスムーズに解けます。（K.W. さん／商）

おすすめ参考書 『**システム英単語**』（駿台文庫）
『**関正生の The Essentials 英語長文 必修英文 100**』（旺文社）

過去問で対策することが重要です。特に時間のない直前期では，問題形式に沿った演習をすることで，本番も動揺せずに解くことができます。

（R.T. さん／総合政策）

世界史

中央大学の世界史は問題の難易度が比較的易しめなので，本番ではいかにケアレスミスをしないかが大切です。基本的な用語をしっかりと覚えられるように1冊の参考書を何度もしつこく繰り返して暗記するとよいです。用語の暗記が一通り終わったらすぐに通史と用語の紐付けを試験直前までするのがおすすめです。また，苦手範囲は大変かもしれませんが何度も復習してものにしましょう。社会科目は一番得点が伸びやすい科目だと思うので，努力したぶん必ず報われます。頑張ってください！

（K.W. さん／商）

おすすめ参考書 『**詳説世界史**』（山川出版社）
『**最新世界史図説 タペストリー**』（帝国書院）

国　語

現代文は共通テストと出題形式が似ていて，解答も同じようなプロセスで発見できるので，共通テスト用の参考書や過去問も有効だと思います。古文は文法と単語を理解していれば安定して点を取れると思います。

（A.N. さん／経済）

おすすめ参考書 『きめる！共通テスト現代文』（Gakken）
『富井の古典文法をはじめからていねいに』（ナガセ）
『読んで見て聞いて覚える 重要古文単語315』（桐原書店）

中央大学の現代文は課題文が硬派で選択肢も紛らわしいものが多いです。選択肢に惑わされないように，本文を読んだ後にまず問題文をしっかり理解してから選択肢の異なっているところに線を引き，本文と照らし合わせて消去法に持ち込んでいました。初めのうちは時間がかかるかもしれませんが，慣れて身についてしまえば素早くできるようになります。

古文は単語学習が肝心です。いかに古文単語の多義語にある訳を覚えているかが得点率のカギを握るので，単語帳を1冊決めて何周もやり込むのがいいでしょう。また，読解演習が終わったら，文章を音読するとスムーズに訳すコツが早くつかめるようになります。

（K.W. さん／商）

おすすめ参考書 『入試現代文へのアクセス 基本編』『同 発展編』（ともに河合出版）

書き取り問題は，日頃の学習でできるか否かが如実に現れます。読まなくても解ける問題だからこそ，ここで差をつけられてはいけない，絶対に落とせない問題なのです。

（R.T. さん／総合政策）

おすすめ参考書 『3ランク方式　基礎からのマスター 大学入試漢字TOP2000』（いいずな書店）

TREND & STEPS

傾向と対策

科目ごとに問題の「傾向」を分析し，具体的にどのような「対策」をすればよいか紹介しています。まずは出題内容をまとめた分析表を見て，試験の概要を把握しましょう。

注　意

「傾向と対策」で示している，出題科目・出題範囲・試験時間等については，2024 年度までに実施された入試の内容に基づいています。2025 年度入試の選抜方法については，各大学が発表する学生募集要項を必ずご確認ください。

英　語

年度	番号	項　目	内　容
2024 ●	〔1〕	文法・語彙	空所補充
	〔2〕	文法・語彙	同意表現
	〔3〕	読　　解	空所補充
	〔4〕	読　　解	空所補充，内容真偽
	〔5〕	読　　解	空所補充，内容真偽，主題
2023 ●	〔1〕	文法・語彙	空所補充
	〔2〕	文法・語彙	同意表現
	〔3〕	文法・語彙	誤り指摘
	〔4〕	文法・語彙	空所補充
	〔5〕	読　　解	空所補充，内容真偽
	〔6〕	読　　解	空所補充，内容真偽，主題
2022 ●	〔1〕	文法・語彙	空所補充
	〔2〕	文法・語彙	同意表現
	〔3〕	文法・語彙	誤り指摘
	〔4〕	文法・語彙	空所補充
	〔5〕	読　　解	空所補充，内容真偽
	〔6〕	読　　解	空所補充，内容真偽，主題

（注）●印は全問，◑印は一部マーク方式採用であることを表す。

読解英文の主題

年度	番号	主　題
2024	〔3〕	２人のポッドキャスターへのインタビュー
	〔4〕	自動販売機の役割とその広がり
	〔5〕	ウクライナにおけるロシア語からの切り替え
2023	〔5〕	クライミング用チョークの影響
	〔6〕	名古屋の国際コミュニティの環境保護活動
2022	〔5〕	和紙の利点とこれからの可能性
	〔6〕	世界の飢餓との闘いに対し授与されたノーベル賞

傾向 基本を重視した文法・語彙力と分量の多い長文に耐える読解力がポイント

01 出題形式は？

解答はすべてマーク方式。試験時間は，2022 年度までは 100 分だったが，2023 年度からは 90 分になっている。

文法・語彙問題と読解問題という構成に変更はないが，そのバランスに変更がある。2023 年度まで配点の半分以上を占めていた文法・語彙問題が 2024 年度には大幅に減り，読解問題が 1 題追加されたことで配点の 3 分の 2 を占めるようになっている。ただし，出題のパターンとしては，大筋でほとんど変更はない。

02 出題内容はどうか？

前置詞や動詞，あるいは名詞の知識が試される〔1〕や，単語や熟語などの同意表現が問われる〔2〕は，変わらず出題されているが，2024 年度は，誤文選択問題や，文法や文構造などの力をみる空所補充問題が姿を消し，代わりに 2021 年度まで出題されていた長文での空所補充問題が〔3〕として復活している。あとの長文問題 2 題は，これまでと変わらずかなりの長文の本格的な読解問題である。

03 難易度は？

ほとんどが標準レベルの出題であるが，読解問題では，精密な読みと，本文該当箇所との綿密な照合が必要な設問がよく出題されている。バランスのとれた良問ぞろいで，英語の総合力が求められている。文法・語彙問題を手早く解答し，できるだけ多くの時間を長文読解問題に割けるよう意識して取り組もう。

対策

01 文法・語彙問題対策

ひねった問題がほとんどないので，しっかりと得点を重ねていくことが大切。文法項目別に頻出問題をまとめた標準レベルの問題集を1，2冊学習し終えておきたい。その際，英文の訳や解説が詳しいものを選んで，語彙力をつけ，文法のポイントをつかむようにしよう。『中央大の英語』（教学社）にも類題が豊富にある。また，受験生が間違えやすいポイントを網羅した総合英文法書『大学入試　すぐわかる英文法』（教学社）などを手元において，調べながら学習することも効果的だろう。

02 長文読解問題対策

長文は相当な分量があり，ひととおり読むだけでも予想以上に時間がかかる。長文の量に圧倒されずに正確かつ迅速に読みこなしていくには，日々の練習が不可欠である。超長文であるからこそ，パラグラフごとの内容の流れをくみとっていくパラグラフ・リーディングの練習が役に立つだろう。わからない単語や表現に出くわしても，前後の流れから類推する読み方を練習することも必要である。市販の問題集を使う際，パラグラフ・リーディングにまだ慣れていない人は，『速単の英文で学ぶ英語長文問題70』（Z会）などで短めの長文で内容を読みとっていく練習から始めるのもいいだろうし，長文をたくさん読み進めたい人は，『大学入試　ぐんぐん読める英語長文』（教学社）などの，英文構造や各段落の内容についての解説が詳しいものを選ぶとよいだろう。まずは1冊を仕上げて読解力の礎を築こう。

中央大「英語」におすすめの参考書

Check!

- ✓『中央大の英語』（教学社）
- ✓『大学入試 すぐわかる英文法』（教学社）
- ✓『速単の英文で学ぶ英語長文問題 70』（Z 会）
- ✓『大学入試 ぐんぐん読める英語長文』（教学社）

国語

年度	番号	種　類	類別	内　容	出　典
2024 ◑	〔1〕	現代文	評論	選択：内容説明，空所補充，内容真偽 記述：書き取り，箇所指摘	「政治にとって文化とは何か」 越智敏夫
	〔2〕	現代文	評論	選択：語意，内容説明，空所補充，主旨	「われわれはどんな『世界』を生きているのか」　山室信一
	〔3〕	現代文	評論	選択：書き取り，空所補充，内容説明，主旨	「入門　開発経済学」 山形辰史
2023 ◑	〔1〕	現代文	評論	選択：語意，書き取り，内容説明，内容真偽 記述：書き取り	「言語存在論」 野間秀樹
	〔2〕	現代文	評論	選択：内容説明，空所補充，主旨 記述：箇所指摘	「新・風景論」 清水真木
	〔3〕	現代文	評論	選択：内容説明，内容真偽 記述：箇所指摘	「ナショナリズムの力」　白川俊介
2022 ●	〔1〕	現代文	評論	選択：書き取り，内容説明，空所補充，主旨	「機械カニバリズム」 久保明教
	〔2〕	現代文	評論	選択：内容説明，空所補充，主旨	「道徳を問いなおす」 河野哲也
	〔3〕	古　文	紀行	選択：口語訳，人物指摘，内容説明，和歌修辞，主旨	「都のつと」　宗久

（注）●印は全問，◑印は一部マーク方式採用であることを表す。

傾向　基本を重視した設問構成　主題を意識した読解が大切

01　出題形式は？

2022 年度までは現代文 2 題・古文 1 題で試験時間は 90 分であったが，2023 年度からは出題範囲が変更され，現代文 3 題となり，試験時間も 70 分に変更となった。解答形式は，2022 年度は全問マーク方式であったが，2023 年度からは記述式との併用となり，記述式では漢字と箇所指摘の出題がみられる。

02 出題内容はどうか？

現代文では基本的に評論が出題されている。その内容は哲学，思想や法，時代による社会構造の変化，文化論など多岐にわたっているが，いずれも「近現代」を意識した出題となっている。

設問は，書き取り，内容説明，空所補充，主旨が主である。いずれも丁寧な読解を前提とした設問となっている。〔1〕が抽象度の高い文章，〔2〕〔3〕がやや短く具体的な現代の課題に即した内容であることが多い。

03 難易度は？

抽象的な概念を扱う本文では，定義を問い直すような表現が読みにくさを感じさせる場合もあるが，専門的なものではなく，概論のような内容である。情報を整理しながら読めば，格別に難しいというわけではない。設問も標準的で，テーマを正確に読解し，空欄・傍線部前後を丁寧に確認することによって正解を導き出せるものがほとんどである。時間配分は〔1〕に25〜30分程度，〔2〕〔3〕にそれぞれ15分程度をかけ，残り時間を見直しに当てよう。

対策

01 評論文に慣れる

時事問題とその理論的基礎となるような課題について書かれた文章を数多く読むとよい。『高校生のための現代思想エッセンス ちくま評論選 二訂版』（筑摩書房）や『現代評論20』（桐原書店）などの解説つきアンソロジーや問題集でさまざまな評論を読み，読解力を養おう。広い視野を養うためにも，ここ数年に出版された新書などをいろいろな分野にわたって読むのも有効であろう。

筆者の論理構成の説明や，本文のテーマを問う設問が多いので，こうした問題に適切に対処するために，読解の時点で構造を意識し，論旨をつかむことが重要となる。また同時に，傍線部や選択肢の分析を正確にできるよう練習を重ねておきたい。その際，要領よく読み込むため，『現代文キーワード読解』（Z会）などを使い，評論用語や頻出のテーマを学んでおこう。

02 過去問を利用しよう

出題される問題文のレベルや設問形式に慣れるために，まずは過去問で演習を重ねることが大切である。また，中央大学の他学部の過去問も解いておこう。共通テストの過去問も，長い選択肢を比較する練習に活用したい。

03 辞書を活用しよう

漢字の書き取り，言葉の意味の判別といった知識を問う設問も毎年ある程度出題されているので，事前の対策が必要である。日頃から問題を解くにあたって，意味や読みがわからない言葉があれば，辞書を使って確認することを習慣づけておくとよい。

中央大「国語」におすすめの参考書

Check!

- ✓『高校生のための現代思想エッセンス ちくま評論選 二訂版』（筑摩書房）
- ✓『現代評論 20』（桐原書店）
- ✓『現代文キーワード読解』（Z会）

2024年度

問題と解答

一般方式・英語外部試験利用方式・共通テスト併用方式

問題編

▶試験科目・配点

〔一般方式〕

教　科	科　　　目	配 点
外国語	コミュニケーション英語Ⅰ・Ⅱ・Ⅲ，英語表現Ⅰ・Ⅱ	150点※
国　語	国語総合（近代以降の文章）	100点

※英語外部試験利用方式では100点に換算する。

▶備　考

- 「外国語（英語）」の平均点を基準点とし，基準点に達した者の「外国語」および「国語」の合計得点（250点満点）を合否判定に使用する。

〔英語外部試験利用方式〕

- 英語外部試験のスコアの高低に応じ，満点を50点として換算し，「外国語」および「国語」の得点に加算する。
- 「外国語（英語）」の平均点を基準点とし，基準点に達した者の「外国語」および「国語」の得点に，外部試験の換算得点を加えた合計得点（250点満点）を合否判定に使用する。

〔共通テスト併用方式〕

- 大学入学共通テストで受験した3教科3科目（300点満点）と一般方式の「外国語（英語）」（150点満点）の合計得点（450点満点）を合否判定に使用する。

英　語

（90 分）

（注）満点が150点となる配点表示になっていますが，学部別選抜英語外部試験利用方式の満点は100点となります。

I　From the choices ‘a’—‘e’ below, select the best answers to fill blanks (1)—(5). Each answer can be used only once. (30 points)

A

1. This winding road leads to the gate, through which we finally get to a huge mansion (1) the trees.
2. We think it important to put our family (2) our work after all.
3. It would be better for us to wait for Amy at the office (3) seven o'clock.
4. They wondered whether, (4) his polite exterior, he actually disliked them.
5. Don't you think it's a good idea to drop in at a coffee shop (5) the corner?

a. above
b. among
c. around
d. beneath
e. until

B

1. Thousands of people took to the streets to (1) against the government.
2. The young man managed to (2) on an island for a month with only basic

equipment.

3. A zoo's primary objective should be to (3) endangered species.

4. Laura stayed in the library for a few hours to (4) a report on American history.

5. This technology will help medical professionals (5) with their patients.

a. connect

b. prepare

c. preserve

d. rally

e. survive

C

1. Angela has (1) for being serious and hard-working at the office.

2. Although some people were still talking, it was time to bring the event to (2).

3. Nancy was doing research (3) with other researchers at the institute.

4. The leader has had (4) on many people in the country.

5. Cathy bought a new dress for the party online (5).

a. a conclusion

b. a reputation

c. an influence

d. in collaboration

e. on impulse

Ⅱ From the choices 'a' — 'd' below, select the words which are closest in meaning to the underlined words or phrases (1) — (10). (20 points)

1. Sandra was competent and one of the principal(1) members of the planning committee.

a. active

b. main

c. obvious

d. senior

2. Sophia is an industrious(2) person and she is always busy with this and that, so everybody is wondering whether she gets enough sleep.

a. business

b. diligent

c. exhausted

d. famous

3. After careful consideration(3), Nancy has decided to accept the offer that an influential political leader made her.

a. awareness

b. compassion

c. preparation

d. thought

4. Olivia pointed out the inconsistency(4) between what George said and what he did, and he finally admitted that she was right.

a. continuity

b. contradiction

c. dedication

d. realization

5．Emma is generally acknowledged(5) as one of the best mystery writers in the world and attracts a lot of readers.

a．criticized

b．noticed

c．recalled

d．recognized

6．The house Juliet's relative had offered Isabella and her husband turned out(6) to be a spacious and comfortable flat.

a．approved

b．measured

c．produced

d．proved

7．Prices have gone up and everything has become expensive, so we have to make do with(7) what we've got.

a．catch up with

b．create with

c．engage with

d．manage with

8．One day, Catherine made a call to me out of the blue(8) and said she was going to get married to Jacob, her friend at university.

a．from the coast

b．impolitely

c．in a panic

d．unexpectedly

9．Natasha was always on the go(9) from morning to night, receiving phone calls, writing a lot of emails and visiting her clients.

a．having a difficult time

b. having fun

c. very active

d. very confused

10. Hitomi abruptly (10) stopped reading after hearing a noise in the other room.

a. fearfully

b. gradually

c. rudely

d. swiftly

Ⅲ Read the following two passages, A and B. For each passage, select the best answers from 'a'—'g' to fill blanks (1)—(5). (Each answer can be used only once, and two answers should not be used) (30 points)

This is an interview between a reporter and two American podcasters, Phil Bredesen and Bill Haslam. Bredesen and Haslam want people to consider that the other side "might be right." They want to bridge the political divide with their new podcast.

Part A.

著作権の都合上，省略。

Nikkei Asia, October 19, 2022 一部改変

著作権の都合上，省略。

a．a bad word

b．a forum

c. a global issue

d. a piece of advice

e. a range of topics

f. an incident

g. an opponent

Part B.

著作権の都合上，省略。

著作権の都合上，省略。

a．to appreciate

b．to deny

c．to gain power

d．to get conversation started

e．to lose followers

f．to unite again

g．to tackle

IV Read the following passage and select the best answer for each question.

(35 points)

Vending machines are common in Japan. They can be found on almost every urban street corner, as well as inside corporate offices, commercial buildings and train stations—not to mention highway rest stops and even along rural roads.

While their numbers have been (1), there were still 4 million in the nation as of the end of December 2022, according to the Japan Vending System Manufacturers Association—roughly 1 for every 31 people. These also include money changers, ticket machines and coin lockers, among other similar devices.

That figure is expected to drop to 3.96 million in 2023, according to the Yano Research Institute, as (2) installed in unprofitable locations are being removed due to pressure on operators' profits in an aging, shrinking nation.

And while more than half of all vending machines sell beverages, advances in technology and demand for contactless purchases have seen the devices accommodate an expanding range of products.

There are vending machines that sell crepes, gyōza dumplings, roasted sweet potatoes, pizza, curry and edible insects. It's not just meals. Some offer face masks, toys, SIM cards, dolls, clothes, drones and even engagement rings—you name it.

The dispensers are also good PR. In March, Tanaka Jitsugyo Co. began selling locally sourced frozen wagyu beef steaks and other meat products in a vending machine by a gasoline stand it operates in the city of Tsuyama, Okayama Prefecture. Since then, it has been receiving a steady stream of media inquiries.

"(3) the coverage, sales have been strong," says Ryohei Marumo, an employee at the firm who is responsible for setting up the vending machine. "The pandemic and the need for contact-free purchases gave us the idea. Now we're planning to introduce more products."

In Nagasaki, meanwhile, the southern prefecture's fishery cooperative began offering frozen sashimi and other fish-based dishes in a vending machine erected by the entrance of its office.

"The health crisis has seen the amount of seafood consumed at restaurants slump, so we were looking for an original, fun way to advertise the local catch," says Takuro Yoneda, an official at the cooperative.

"The feedback has been surprisingly positive," he says, (4) that the vending machine needs to be refilled with products twice a day.

Beverage makers, who have been driving the domestic market, have also been experimenting. DyDo DRINKO Inc., which operates around 270,000 vending machines nationwide, started selling paper diapers and wet wipes alongside its drinks for parents in a pinch.

"We've set up around 250 of them so far, mostly at roadside rest areas and inside shopping complexes," says Makoto Masamoto, a spokesperson for the company. "It's not so much about generating profit, but more for the convenience of consumers."

The oldest surviving vending machine in Japan was created in 1904 by inventor Takashichi Tawaraya to sell postage stamps. The device, which looks like an antique wooden chest, is exhibited at the Postal Museum Japan in Tokyo.

Things really started to take off, however, when Coca-Cola Co. introduced vending machines selling the beverage giant's signature bottled drinks in 1962.

The increase of these dispensers picked up speed in 1967 when the number of coins in circulation soared, allowing the Japanese public to casually purchase drinks with pocket change.

And during the 1970 World Expo in Osaka, Fuji Electric Co., Japan's largest maker of vending machines, showcased new models selling both hot and cold drinks to the event's approximately 60 million visitors. Innovation hasn't stopped since, says Saburo Tokita, a manager at the firm's food distribution business headquarters.

"We've developed machines equipped with a swing hatch that can be installed in smaller spaces, for example, and barrier-free models and disaster-responsive vending machines with (5)," Tokita says.

The latter were useful when a magnitude 9 earthquake occurred in 2011. The resulting power shortages also led Fuji Electric and its rivals to create dispensers with energy saving features.

"From a social perspective, a big factor behind the spread of vending machines in Japan is its low crime rate," says Yasuhiro Yamazaki, managing director of the Distribution Economics Institute of Japan.

While many vending machines now accept electronic payments, Japan remains a primarily cash-reliant society, meaning these conspicuous boxes could be easy targets of crime. Despite typically containing tens of thousands of yen, however, they are seldom broken into.

The number of vending machines nationwide kept growing until 2000, when it peaked at around 5.6 million, generating annual sales of ¥7 trillion. The market has been gradually contracting ever since, with revenue down to ¥4.7 trillion in 2016, according to the latest figures available. The drop is partly due to the rapid decline in dispensers selling alcohol and tobacco, Yamazaki says.

"Still, the big draw of vending machines is how they can save on labor costs when Japan is suffering a chronic shortage of workers," Yamazaki says.

Convenience stores, another pervasive presence in the nation—and a line of business that has been facing a severe shortage of manpower—have already been hoping for that prospect. Over the past decade, operators have been setting up dispensers in island-like groups to serve as a fully automated and unmanned 24-hour convenience store.

FamilyMart Co., which operates around 16,600 convenience stores in Japan, calls the concept "Automatic Super Delice" and has installed around 2,300 vending machines so far for such purposes in offices, hospitals, logistical facilities and schools.

Typically consisting of several vending machines sitting side by side under the FamilyMart logo, they offer a comprehensive range of products, including the standard hot and cold drinks as well as food such as rice balls, sandwiches, salads, pasta and yogurt.

"We're seeing demand from workers who are refraining from dining out during the pandemic, as well as those on night shifts who lack meal options," says Satoru Yoshizawa, a spokesperson for the company.

出典追記：The Japan Times, May 9, 2022

1. Which best fits blank (1)?

a. consistent

b. examined

c. slowly rising

d. steadily falling

2. Which best fits blank (2)?

a. much

b. that

c. those

d. what

3. Which best fits blank (3)?

a. Despite

b. In addition to

c. Instead of

d. Thanks to

4. Which best fits blank (4)?

a. as far as

b. confused

c. in order

d. so much so

5. Which best fits blank (5)?

a. clear instructions

b. earthquake proofing

c. emergency food

d. internal batteries

6. According to the article, which of the following is **not** true?

a. A beverage maker has started diversifying its products to meet customer needs.

b. Japan has vending machines that sell beef steaks, sashimi, and even edible insects.

c. Many vending machines are being removed due to changing media coverage.

d. Of all vending machines in Japan, those selling beverages account for more than 50%.

7. According to the article, which of the following is **not** true?

a. One factor in the spread of vending machines was that people could use more coins.

b. The reduction of labor costs is one of the major advantages of vending machines.

c. Unmanned vending machines are useful in places with poor transport links, such as islands.

d. Vending machines began to become very popular in Japan in the 1960s.

8. According to the article, which of the following is true?

a. A company's new designs enable disabled people to access vending machines.

b. Japan's shift away from cash has led to many machines now accepting electronic payments.

c. Money stored in vending machines is kept low to prevent theft.

d. The increase in crimes targeting vending machines has become a problem in Japan.

9. According to the article, which of the following is true?

a. After a high around 20 years ago, the income from vending machines in Japan has declined.

b. During the pandemic, vending machines selling alcohol and tobacco were very profitable.

c. The number of vending machines in Japan has been decreasing since the 1980s.

d. The number of vending machines in Japan is declining, but the total amount of sales is increasing.

10. According to the article, which of the following is true?

a. A company has special machines that stock office supplies and stationery.

b. Clusters of vending machines have been installed in residential areas, providing a variety of food and drinks.

c. FamilyMart is trying to make up for losses during the pandemic with sales from vending machines.

d. One of FamilyMart's aims is to provide meals for people who work at night.

V Read the following passage and select the best answer for each question.

(35 points)

Since Russia's invasion, a number of language clubs have opened in cities in western Ukraine. Teachers and volunteers are reaching out to millions of people who have fled to the relative safety of western cities like Lviv from the Russian-speaking east—encouraging them to practice and embrace Ukrainian as the language of their daily lives.

An estimated 1 in every 3 Ukrainians speaks Russian at home, according to researchers, and many of them—angered by the violence of Russia's invasion—are enthusiastically making the switch as a show of resistance.

Ukraine's large population of Russian speakers is a legacy of centuries of dominance by its more powerful neighbor—from the age of the Russian empire to the rise of the Soviet Union. Though most are familiar with the Ukrainian language, the transition is not without nervousness for some like Anna Kachalova, 44, who grew up speaking Russian. Language clubs offer an inviting space to build confidence.

"I understand Ukrainian—I just can't speak it," she said. Despite feeling that the switch was important, the sudden transition to another language has been hard, she added. "It's a psychological thing."

She found help at a language club at a Lviv library run by a private volunteer organization, *Yamova.* Despite difficulties telling her story in Ukrainian, she pushed on anyway.

"From the moment we got here, my children and I agreed: We will only speak Ukrainian," said Kachalova, who is half Russian and fled her damaged home city of Chernihiv, north of Kyiv, the capital. "I even try to use Ukrainian now in my head—for my inner dialogues."

Ukrainian activists see a unique opportunity in the westward displacement.

"When you switch (1), it's like switching identities," said Natalya Fedelchko, who founded another club, *Yadinya,* which means the united ones.

"Now, while they are still in a Ukrainian-speaking region, we thought it would be easier to make the transition. With these clubs, we want them to feel everyone accepts them—regardless of the way they speak Ukrainian."

The trend can be felt from pop music to social media. On TikTok and Instagram, influencers promote Ukrainian words of the day or recommend Ukrainian bands as alternatives to once-popular genres like Russian rap.

Dantes, a singer who once sang only in Russian or English, recently released a song in Ukrainian, "Hug Me," which encourages Russian speakers to make "the switch."

But most language activists were promoting Ukrainian long before the Russian invasion in February 2022.

Yamova emerged after Russia's 2014 annexation of Ukraine's Crimean Peninsula. That same year, Fedelchko's *Yadinya* was prompted not by war, but by outrage that her son's school in Kyiv was teaching in Russian.

After the collapse of the Soviet Union, and Ukraine's declaration of independence in 1991, the country experienced many waves of "Ukrainization," said Olga Onuch, who researches the relationship between language and politics. President Volodymyr Zelenskyy was an inspiration for one of the recent waves, she said.

A former comedian, Zelenskyy grew up speaking Russian but switched to Ukrainian in 2017 before running for office.

Under his leadership, Kyiv strengthened its Ukrainian language law in 2019, requiring schools and public places to use Ukrainian. Russia used this law before its invasion to argue that Ukrainian Russian speakers were (2).

Yet Russian remains a common tongue in the country. Some Ukrainians said that in their youth, Russian felt like the language for people—a notion many now reject as part of their new pride in their culture.

Ukraine dislikes Russia's references to it as "Little Brother." Throughout the centuries of Russian domination, intellectuals and nationalists were executed or imprisoned periodically. They were also (3) to population transfers under Josef Stalin, whose government expelled more than a half-million Ukrainians to Russia.

It is a sensitive history for some of those enthusiastically switching to Ukrainian now.

At a *Yadinya* language club, teacher Maria Hvesko argued that Russia had intentionally tried to erase Ukrainian culture in the east when one of her students, Victoria Yermolenko, offered polite opposition.

"This 'Russification'—I don't know if it was always intentional," she said hesitantly.

Another reason, she argued, was rapid Soviet industrialization in the mid-20th century. This brought many Russian engineers and technicians to eastern Ukraine, as well as specialists from other parts of the Soviet Union, and they used Russian as a common language.

Yermolenko switched to Ukrainian out of political conviction. But she also did it out of consideration for the local residents of Lviv, concerned they would be pained to hear Russian spoken during these days of war.

"I've done a lot of—what's the Ukrainian word for reevaluating?" she asked, in Russian.

As her teacher offered a word, Yermolenko finished the thought in Ukrainian:

"So, I'm reevaluating. For me, it's something quite drastic. It's like turning my world upside down."

Mariia Tsymbaliuk, the *Yamova* language club director in Lviv, said it is "about changing people's habits" more than learning the language.

Many students are less (4) Ukrainian pronunciations, she said, or simply reply in Russian to Ukrainian speakers without realizing it. It is common in Ukraine, especially in metropolitan areas like Kyiv, to hear conversations where one person speaks Russian and the other Ukrainian. Mixing the two is also common in Ukraine.

Though they are both Slavic, the two languages are different. Most Ukrainians say that without having grown up in an environment where both are spoken, they would not be mutually understandable.

Tsymbaliuk said she believes that helping people to speak only Ukrainian is her national duty.

Despite the warm welcome most Ukrainian speakers show Russian-speaking Ukrainians, tensions linger. Some said they did not want to voice concerns publicly at a time of war, when they valued unity over language politics.

Lviv's new Ukrainian-language students and teachers say there is also a social dimension that cannot be ignored. Hvesko said most attendees of her club were financially well-off.

"Other people struggling are just trying to survive. They can't think about language now," she said.

Onuch, the professor, said there was little data yet to support the notion that Russia's invasion had accelerated a switch. And for many Russian-speaking Ukrainians, she said, language was not so tied to identity politics before the invasion.

"Now, they're thinking about it, and it starts meaning something," she said. "Taking away that idea of Russian greatness, to switch over to Ukrainian, is a power. They are so powerless right now. This is the one power they have."

Yermolenko framed her decision as a positive embrace.

"I don't want to use Russian, not only because it's the language of the occupier, but also because: Why not use Ukrainian? It's so cool."

Like many from the east, she said that, before reaching Lviv, her memories of speaking Ukrainian were isolated to visits with her grandparents at the family's ancestral village. For most of her life, she associated the Ukrainian language with "peasants and old people."

Hearing teenagers cracking jokes and using slang in Ukrainian, strolling the streets at night, felt very important to her.

"For them, it's nothing," she said. "For us, it's like a (5)."

1. Which best fits blank (1)?
   a. cultures
   b. languages
   c. nations
   d. professions

2. Which best fits blank (2)?
   a. in progress
   b. on the decrease
   c. under attack
   d. up to date

3. Which best fits blank (3)?
   a. close
   b. inspired
   c. persuaded
   d. subject

4. Which best fits blank (4)?
   a. able to understand
   b. familiar with
   c. interested in
   d. opposed to

5．Which best fits blank（　5　）?

a．crime

b．joke

c．miracle

d．natural thing

6．According to the article, which of the following is true?

a．Anna Kachalova is a member of a private volunteer organization named *Yamova.*

b．Anna Kachalova is a Ukrainian who is now learning Russian.

c．Anna Kachalova is troubled by the sudden need to change the language she uses on a daily basis.

d．Anna Kachalova left her home in Chernihiv and she is now in Kyiv.

7．According to the article, which of the following is true?

a．A singer named Dantes has started singing in Ukrainian in the hope that Ukrainians and Russians will get along.

b．One reason Zelenskyy was elected president was that his mother tongue was Ukrainian.

c．The Ukrainian government banned the teaching of Russian in schools when Russia annexed the Crimean Peninsula in 2014.

d．Ukrainian activists see the westward evacuation of many people as a good opportunity for "Ukrainization."

8．According to the article, which of the following is **not** true?

a．It is common for people in Kyiv to talk to each other in both Ukrainian and Russian.

b．Russian and Ukrainian are so similar that, if you understand one, you can easily understand the other.

c．Some people disagree as to the reasons why the Russian language became common in Ukraine.

d. Victoria Yermolenko now tries to speak Ukrainian instead of Russian.

9. According to the article, which of the following is true?

a. About one-third of Ukrainians have become attached to their native language since Russia invaded Ukraine.

b. Conflict between Ukrainian and Russian speakers is a major problem in Ukraine.

c. People from eastern Ukraine tend to see Ukrainian as the language of the occupier.

d. Through the struggle against Russia, the use of the Ukrainian language has begun to take on political significance for Ukrainians.

10. What title best suits the article?

a. Bilingual education during the Ukraine conflict.

b. Multiculturalism in modern-day Ukraine.

c. The historical origins of the Ukraine war.

d. The importance of language in Ukraine.

る現状認識や問題解決へのアプローチの誤りといった背景が、こうした国際開発離れを助長していると言える。

Ｄ　ＳＤＧｓは、開発途上国に焦点を当てたＭＤＧｓの取り組みから方向を転換し、先進国を含めたすべての国々を対象として幅広い問題を扱うようになった。しかし、依然として貧困問題に苦しむ開発途上国が、先進国と足並みをそろえて取り組むことが可能であるかは疑問である。国連は、各国の状況に照らし合わせた取り組みを推進すべきである。

Ｅ　ＳＤＧｓは、ＭＤＧｓにおいて中心に据えられていた貧困削減に加え、環境保護を推進している。しかし、多様な取り組みと並行して貧困削減に取り組むことには無理があり、現実的に達成できる目標とは言えない。実際、貧困問題は現在も尾を引いている。そのため、こうしたＳＤＧｓの否定的側面にあらためて目を向ける必要がある。

B　貧困問題は、SDGsが掲げる目標に従って対処することが妥当である環境問題とは成り立ちが違うにもかかわらず、国際的な取り組みによって解消されるべきものと認識される傾向がある。

C　貧困問題は、先進国が体制を変えるまでもなく開発途上国の努力のみによって解決できる問題であるにもかかわらず、先進国による支援がなければ解決に向かわないと考えられる傾向がある。

D　貧困問題は、地球温暖化問題における先進国と開発途上国の関係と同じ構造を持つと言えるため、環境問題に適用している世界システム論を取り入れて南北問題を改善しようとする傾向がある。

E　貧困問題は、環境問題とはまったく別の要因から生じているにもかかわらず、先進国による環境問題への取り組みが開発途上国の貧困問題にまで効果をもたらすものと拡大解釈される傾向がある。

〔問五〕　この文章の趣旨としてもっとも適当なものを左の中から選び、符号で答えなさい。

A　SDGsは、国際開発を中心としたMDGsとは違い、全世界が取り組みやすい問題を扱うようになった。その結果、先進国は国際開発とは無関係な身近な活動に終始してしまっている。そこには貧困問題の責任が先進国にあるという問題意識の低さが関係していると考えられる。こうした状況を改善するには、貧困問題への正しい理解が必要である。

B　SDGsは、MDGsの目標を細分化し、環境保護を中心とした具体的な取り組みを掲げている。しかしこれは、全世界で取り組むことを名目に、環境問題の責任を開発途上国にまで求めたものであると言える。持続可能な開発に取り組む一方で、各問題の責任の所在をあらためて明確にすることが、ひいては国際開発離れを防ぐことにもつながる。

C　SDGsは、国際開発を主眼としたMDGsから視野を広げ、環境問題を中心とした多様な問題を扱っている。しかし、広範囲の問題を対象とするあまり、いまだニーズの大きい貧困問題への対応が後手に回っている。貧困問題に関す

〔問三〕 傍線(2)「SDGsにおいては、すべての国が自国のSDGs達成状況を国連に報告することのみが義務付けられている」とあるが、筆者はこれについてどのように考えているか。その説明としてもっとも適当なものを左の中から選び、符号で答えなさい。

A 先進国による開発途上国支援の取り組みが他の達成指標の中に埋もれてしまうことで、支援が国際的な評価にそのまつながりにくくなり、先進国は自国の開発に重点を置いた近視眼的な思考に陥る恐れがある。

B 先進国を含めたすべての国が自国の開発に注力できるようになるわけではないうえに、開発途上国においては持続可能な開発を進める手段が限られているため、先進国と開発途上国の経済格差がますます広がることが懸念される。

C 先進国と開発途上国が足並みをそろえた取り組みになったかのように映るが、「誰も取り残さない」という標語の背景にある先進国にかかる負担を軽減する意図が看取され、今後の国際開発の進行が滞ることが予想される。

D 先進国と開発途上国の扱いに区別がなくなり表向きは平等になる一方で、先進国においては開発途上国の支援よりも自国の課題解決が優先されかねないため、開発途上国の持続可能な開発がないがしろにされる可能性がある。

E 先進国と開発途上国の間で目標達成に関する取り組み方を共有することが可能になる一方で、国境を越えて互いに協力する義務が事実上なくなってしまうため、各国の経済的な連帯が弱まることが懸念される。

〔問四〕 傍線(5)「先進国の経済のあり方を変えなければ、開発途上国は発展できない、とする見方」とあるが、これについて筆者はどのように考えているか。その説明としてもっとも適当なものを左の中から選び、符号で答えなさい。

A 貧困問題は、世界システム論的な解釈によって解決策を見いだすことが有効な環境問題とひとくくりにされて、先進国の経済のあり方が開発途上国の状況を左右するものと誤認される傾向がある。

(3)　コウケン

A　母親をケンシン的に支える。

B　現地に職員をハケンする。

C　朝と昼の食事をケンヨウする。

D　彼はケンメイにも忠告を守った。

E　ケンキョな姿勢で取り組む。

(4)　フキュウ

A　不正をキュウダンする。

B　栄養をホキュウする。

C　カンキュウをつけて話す。

D　事件についてゲンキュウする。

E　タイキュウ性を上げる。

〔問二〕　空欄(1)に入れるのにもっとも適当なものを左の中から選び、符号で答えなさい。

A　一つの目標として、端的にまとめられていた

B　特定の人を対象とした、偏りのある目標であった

C　主眼とされ、各目標がその基礎として掲げていた

D　目標というよりは、結果として浮上してきた

E　目標とはされず、むしろ手段として考えられた

て、独立後の発展をも困難にした歴史があるので、世界システム論は一面の真理を突いている。しかし実際問題として、先進国が経済構造や政策を大きく変える前に、いくつかの開発途上国（日本や韓国、シンガポール、マレーシア、タイなど）は先進国に生活水準の面で追いついたことから、「北が変わらなければ、南が発展できない」という認識は、今や妥当性を欠いている。

一方、環境問題に関してはいまだに世界システム論的な考え方が援用されていて、ＳＤＧｓに関わる認識に大きく影響しているように思われる。というのは、地球温暖化問題はそもそも、先進国が長年エネルギーを多く消費してきたことから生じており、先進国が脱炭素化を進めなければ開発途上国も温暖化の被害を免れないという意味で世界システム論的な構造を持っている。したがって温暖化問題に関して言えば、先進国の脱炭素化を進めることが開発途上国の直接的利益につながる。しかし貧困削減に関する南北問題はこのような構造を持っておらず、先進国の地域開発を進めても、開発途上国の貧困削減が進むわけではない。にもかかわらず世界の環境問題解決と世界の貧困問題解決がＳＤＧｓによって混同されがちで、人々は世界の貧困問題解決についても「先進国の経済社会変革を進めることが、開発途上国の利益につながる」と信じがちである。しかし実際には、日本の経済社会がより持続可能になったり、地域開発が進むことが、どこかの開発途上国の貧困削減を促進するわけではない。

（山形辰史『入門　開発経済学』による。出題の都合上、一部中略した箇所がある）

〔問二〕　傍線⑶の「ケン」、⑷の「キュウ」と同じ漢字を用いるものを左の各群の中から一つずつ選び、符号で答えなさい。

ることは国際開発に携わる人々から懸念されていた。ＳＤＧｓの認知度は日本でかなり高くなっているが、海外の国を対象とした国際開発よりも、日本国内の身の周りで何ができるかのほうに関心が置かれている。

ＭＤＧｓという開発途上国の貧困削減を主旨とした国際目標の後継となったＳＤＧｓの「国際開発離れ」が進んでいることをどのように理解したらよいのだろうか。それには三つの理由があると考えられる。

第一に、世界の多くの国において貧困削減が進んだことである。中国やインドで経済成長が進み、両国の国民の生活水準が上がってきている。さらにはかつて最貧国と見なされたバングラデシュや、二〇世紀中には長らく戦火の下にあったベトナムやカンボジア、ラオスにおいても、目に見える産業発展や社会福祉の向上が見られている。それに加えて、一九九〇年代には貧困からの出口が皆無であるように見えたサハラ以南アフリカの国々においても携帯電話や発電機が地方にまで(4)フキュウし、世界とつながることができるようになった。多くの開発途上国において貧困削減が進んでいることに着目して、「もう開発途上国という言葉を使うべきではない」とする論者もいる。しかし、これらの国々では、元々の生活水準が低いため、貧困削減は進んだと言っても国際開発のニーズはまだ大きい。それにもかかわらず「国際開発はもう要らない」というような認識が広がっている。

第二に、地球温暖化などの環境問題の重要性がより大きく意識された結果、貧困や社会開発の課題の重要性への認識が、相対的に低まったと言える。また地球温暖化による海面上昇や水害などの結果として「環境問題に起因する貧困がある」ということが強調されるあまり、「現代の開発途上国の貧困問題は、環境問題のみによって引き起こされている」という誤解が生まれがちである。実際には、環境問題に起因しない貧困や人権侵害も、世界の大きな問題として残っている。

第三に、長い間、開発途上国の貧困問題は南北問題と捉えられ、北の繁栄が南の貧困の原因であるとするマルクス経済学的な世界システム論で解釈されることがあった。これは(5)先進国の経済のあり方を変えなければ、開発途上国は発展できない、とする見方である。現在の主要な先進国はかつて開発途上国を植民地にし、農業や鉱業などに特化させて経済構造を歪《ゆが》めることによっ

表２　ミレニアム開発目標（MDGs）

目標①	極度の貧困と飢餓の撲滅
目標②	普遍的な初等教育の達成
目標③	ジェンダー平等の推進と女性の地位向上
目標④	乳幼児死亡率の削減
目標⑤	妊産婦の健康の改善
目標⑥	HIV／エイズ、マラリア、その他の疾病のまん延防止
目標⑦	環境の持続可能性確保
目標⑧	開発のためのグローバルなパートナーシップの推進

べての人々に行き渡ることを求めたものとなっており、ＭＤＧｓにおいては［　(1)　］要素である。目標⑩と⑯はＭＤＧｓには取り上げられていなかった要素で、不平等および平和や正義を正面から取り上げている。最後に目標⑰はＭＤＧｓの目標⑧に相当するもので、自国のみならず世界全体で目標達成に努力することを掲げている。

　ＭＤＧｓもＳＤＧｓも、その進捗状況を世界各国が国連に報告し、国連が全体状況を把握して進行を促進するというメカニズムを用いている。しかしＭＤＧｓにおいては、開発途上国が自国の達成状況を報告し、先進国が開発途上国支援の達成状況を報告するという体制だったのに対して、(2)ＳＤＧｓにおいては、すべての国が自国のＳＤＧｓ達成状況を国連に報告することのみが義務付けられている。つまり日本を例に取れば、日本の経済社会がどれだけ持続可能になったかを報告するのがＳＤＧｓの達成状況報告の主旨とされ、日本が開発途上国の持続可能な開発のためにどれだけ(3)コウケンしたかは、多くの達成指標の中の一部に過ぎないのである。ＳＤＧｓは「先進国も開発途上国も区別することなく、同等に扱っている」と言えば聞こえは良いが、先進国の開発途上国支援への義務付けが、実態上弱まっていると言わざるを得ない。「誰も取り残さない」というＳＤＧｓの標語は、最も大きな不利を被っている人を取り残さないということを意味すると同時に、先進国の国民も利益を受ける主体として「取り残さない」ということをも意味している。

　このようにＳＤＧｓから国際開発の側面が弱められ、環境保護（目標⑪〜⑮）や自国の開発（目標⑦〜⑨）の側面が強められ

三　次の文章を読んで、後の問に答えなさい。（30点）

持続可能な開発目標（Sustainable Development Goals: SDGs）は、ミレニアム開発目標（MDGs）を二〇一五年に継承した国際目標である。日本においてSDGsは広く知られるようになった。NHKは「SDGsのうた」を放映し、日本全国の企業の役員が一七色のSDGsバッジをつけている。

表1　持続可能な開発目標（SDGs）

①貧困をなくそう	⑩人や国の不平等をなくそう
②飢餓をゼロに	⑪住み続けられるまちづくりを
③すべての人に健康と福祉を	⑫つくる責任　つかう責任
④質の高い教育をみんなに	⑬気候変動に具体的な対策を
⑤ジェンダー平等を実現しよう	⑭海の豊かさを守ろう
⑥安全な水とトイレを世界中に	⑮陸の豊かさも守ろう
⑦エネルギーをみんなに　そしてクリーンに	⑯平和と公正をすべての人に
⑧働きがいも　経済成長も	⑰パートナーシップで目標を達成しよう
⑨産業と技術革新の基盤をつくろう	

このようなSDGsの社会への浸透とは裏腹に、「SDGsの国際開発離れ」が進行している。それはMDGsからSDGsへの移行期に既に予想されていた。

SDGsとは、表1に示した一七の国際目標である。二〇一五年から二〇三〇年を対象期間としている。MDGsもSDGsも国連が推進役であり、SDGsは国連総会の決議に基づいて制定された。持続可能な開発とは、「次世代の人々の福祉を損なわないような現代社会の開発」を意味しており、この定義は国連委託のブルントラント報告書でなされている。つまり持続可能な開発とは、環境保護と両立可能な開発のことである。

このことからSDGsは、MDGsで掲げられた貧困削減という目標に対し、環境保護という目標を増補・統合することがその趣旨であったと言える。

表1に示した一七の目標はいくつかのカテゴリーに分けることができる。表2に掲げたMDGsは八つの目標から成っていたが、その目標①～⑥は貧困、教育、ジェンダー、保健（乳幼児、妊産婦、感染症）を対象としており、それらはSDGsの目標①～⑥に引き継がれている。

またSDGsの目標⑪～⑮は環境保護に関するもので、MDGsの目標⑦を継承・拡大したものとなっている。さらにSDGsの目標⑦～⑨は主として経済成長の成果がす

〔問五〕この文章の趣旨としてもっとも適当なものを左の中から選び、符号で答えなさい。

A　われわれがどのような「世界」を生きているかを問うとき、現状の空間区分にそもそもの誤りが含まれているという事実から目を背けてはいけない。そのために人文学は、「世界」は存在するのかという根本的な問題を取り上げ、それが不確かな概念であることを明らかにしたうえで、「世界」とともにある主体のあり方を探ろうとしてきた。

B　われわれが生きる「世界」について考えていくと、「世界」という言葉が指し示す空間は、歴史の中に位置する主体の捉え方次第でいかようにも変化することがわかる。この点を踏まえて人文学は、「世界」という物理的空間自体は自明のものではないとし、「世界」そのものと、それを捉える主体との関係性を注視してきた。

C　われわれがどのような「世界」に生きているかを問題とするとき、「世界」を対象として把握しようとすると、その世界観には個人の人生観や価値観を反映する余地がなくなってしまう。そこで人文学は、実体としての「世界」が存在するのかという点は問題とせず、主体がイメージとして捉える「世界」に着目しながら議論を深めてきた。

D　われわれが生きる「世界」とは、現代においては地球であるとされているものの、その全体像はいまだに正確には把握されていない。その事実をもとに人文学は、人間をはじめとするあらゆるものは存在しても、「世界」そのものは存在しないとする説を唱え、「世界」とはそれを捉える主体の観念が投影された虚像であると結論づけた。

E　われわれが生きる「世界」のあり方を振り返ってみると、「世界」は時代の情勢とともに、それが含み持つ範域をさまざまに変えてきたことに気がつく。それゆえに人文学は、「世界」を固定化して捉えようとする態度を良しとせず、主体が自身の人生観や宇宙観を反映しながら独自の世界観を築いていくことの重要性を説いてきた。

で答えなさい。

A　近代の世界観は、中世における三者三様の捉え方の延長としてあるのではなく、世界地図の作製に見られるような共通したイメージを作り出そうとする手法によって成り立っているということ。

B　近代の世界観は、中世において抱かれていた宇宙観が時代の変遷とともに変化したわけではなく、地理的な知識の獲得によって主観的なイメージが排され客観的に捉えられたものであるということ。

C　近代の世界観は、かつてのように時や場所によって移り変わるものではなく、知見の広がりや経験の蓄積によって普遍化した事実に基づいて全体像を作り出しているということ。

D　近代の世界観は、中世において抱かれていた観念的なイメージを発展させたものではなく、それらを地図という形で可視化することによって対象化して捉えられたものであるということ。

E　近代の世界観は、特定の地域に暮らす者の狭い視野から断片的に捉えられたものではなく、大航海時代の海外進出により地球の全体像を把握したことで統合的に捉えられたものであるということ。

〔問四〕空欄(4)に入れるのにもっとも適当なものを左の中から選び、符号で答えなさい。

A　広い意味を持つ実存的な対象

B　帰納的に導かれた仮定的な対象

C　偶発的に登場した不確かな対象

D　抽象化された空想的な対象

E　統一的に把握できない危うい対象

A　抗議　　B　推論　　C　明言　　D　指弾　　E　忠告

〔問二〕　傍線(1)「『世界史』や『世界地理』という科目を学んで来たし、『世界美術』全集や『世界文学』全集にも親しんできた」とあるが、これらはどのような事例として取り上げられているか。その説明としてもっとも適当なものを左の中から選び、符号で答えなさい。

A　ゲーテのように、時代や民族といった細かな構成要素を踏まえて「世界」を捉えるのではなく、地球という広い枠組みから大局的な視点で「世界」を捉えることが一般的であったこと。

B　ゲーテのように、民族や国家の枠組みを超えて一体化したものを「世界」と認識するのではなく、人為的に区分けした空間の集合体を「世界」と認識することが当然であったこと。

C　ゲーテのように、人々の間にある価値観の対立を解消した先に「世界」という概念が具現化すると考えるよりも、他者によって既に定義づけられた「世界」を学ぶ方が自然であったこと。

D　ゲーテのように、民族や国家が持つ価値観が「世界」を構成していると考えるよりも、それまで人間が築いてきた文化の蓄積が「世界」を構成していると考える方が現実的であったこと。

E　ゲーテのように、思想や感性といった抽象的な概念によって「世界」を認識するよりも、大陸をはじめとした物質的な要素によって「世界」を認識する方が身近であったこと。

〔問三〕　傍線(3)「世界像は、かつての中世的なものから近代的なものになるのではなくて、そもそも世界像が像になるということが、近代の本質を表している」とはどういうことか。その説明としてもっとも適当なものを左の中から選び、符号はないとしても、だからといって「世界」について議論することを放棄することもできない。「虚像」や「仮象」であるとしても、イメージとしての「世界」は存在してきたし、そのあり方についての「世界観」の検討は人文学にとって重要な課題であり続けてきたことは間違いないからである。マックス・ウェーバーが指摘していたように、「ほとんどすべての科学が、言語学から生物学にいたるまで、単に専門的知識たるのみでなく、『世界観』の製造者たることを時として追求してきた」ことは否定できない。

いや、先に挙げたハイデッガーの「世界像」のみならず、生に根ざした「像としての世界」の内的構造や歴史的類型を捉えようとする試みは「世界観学」としてディルタイなどによって展開されてきたものである。もちろん、「世界観」は、世界がどう見えているのかといった問い以上に、「世界」が人間という存在にとっていかなる意味があり、そこで人間はどのような役割を果たせば良いのかという人生観の問題と直結している。「世界観」には、個人の人生観・価値観さらには宇宙観が反映せざるを得ない。そうであればこそ、個人の主観を離れて「世界」を考える主体としての客観的理性とは何か、が同時に問われることになる。

（山室信一「なぜ、『世界』を問題とするのか――人文学の来し方・行方を考えるために」（『われわれはどんな「世界」を生きているのか――来るべき人文学のために』所収）による。出題の都合上、一部中略した箇所がある）

注　ハイデッガー、マルクス・ガブリエル、ディルタイ……ドイツの哲学者。
マックス・ウェーバー……ドイツの社会学者。

〔問一〕　傍線(2)「喝破」とほぼ同じ意味の熟語を左の中から一つ選び、符号で答えなさい。

刻印してきたのである。そこで示唆されていることは、「どんな『世界』に生きているか」を問題とするとき、その「世界」とは時間軸と空間軸の二つの交差の中に位置づけられるということである。なぜなら、「世界」が像として「作られる」対象として浮かび上がるということは、歴史の各瞬間（＝時間軸）において「作るもの」としての主体が、それぞれの地点で何らかの範域（＝空間軸）を設定して現れたことを意味しているからである。

　しかし、問題は、そこに止まらない。人文学の立場から「世界」を問題としようとするとき、私たちは「あらゆるものが存在する。ただし世界は別である」とするマルクス・ガブリエルらが主唱する新実在論を、無視することはできないからである。この「ポストモダン以後」の時代を特徴づける哲学的立場の一つとして注目されている新実在論は、人という存在が認識する「世界」とは何かを問うものであり、その焦点は「人」についての存在論にあるように思われる。

　ただ、注意を要するのは、そこで定義された「存在する」ということの意味である。ガブリエルによれば、「何らかの意味の場に現象すること」が「存在する」という意味であり、この定義に従えば、あらゆる存在はそれを考える「意味の場」が不可欠となる。しかし、唯一「世界」だけは、あらゆる「意味の器」としてあるために、それ自体が「意味の場」として現象することはない。要するに、「世界」について考えることはできても、その対象はもはや「世界そのもの」ではなく、それゆえに「世界は存在しない」ということになるのであろう。

　こうした議論の当否の判断は読者に委ねるとして、敢《あ》えてガブリエルらが問題性として提示した課題を、「人と世界」そして「認識と存在」の関係性を問うという次元に還元すれば、それは人文学が一貫して課題としてきたはずのものである。

　現在では、地球外から眺望できるようになったものの、長い人類史の中で唯《ただ》ひとりとして地球上のすべての土地を実地に踏破した人はいないであろう。その意味での「世界」とは、誰にとっても実在として確認されたものではない。「世界そのもの」ということ自体が、［(4)　］でしかない。ただ、実態としての「世界」を物理的に観察し、把握することは真の意味での認識でお今後の課題として追求されることになる。他方、民族語や国語を媒介としない美術や音楽などにおいては、制限があるとはいえ、美的感覚や音感などで感情の融合が成立する部分もあり、「世界美術」「世界音楽」などと呼べるものもあるだろう。ただ、現状をみる限りでいえば、「世界文学」や「世界美術」などの全集は、作家や画家の出身国・地域別に集めたものという事態から抜け出てはいない。

そうした空間区分のあり方そのものの問題性を意識することも、「われわれはどんな『世界』を生きているのか」という問いを発するときには避けて通れない。

そして、歴史を一世紀半ほど遡れば、「世界」という空間範域も観念も、それこそ「世界」各地で異なるものとして捉えられてきた。「世界」は、自らが通交し認識する空間範域であるとともに、そこで抱かれた宇宙観《コスモロジー》の反映でもあった。中国では「世界」は天命をうけた天子＝皇帝に支配される「天下」として皇帝の徳によって限りなく拡張していくはずの空間であり、「華」という文明の中心地域と南蛮・北狄《ほくてき》・東夷《とうい》・西戎《せいじゅう》の「夷」という野蛮な周縁地域から成ると考えられていた。そして、半円球の天体と四角の地面から宇宙は構成されていると想像された（天円地方）。

また、日本では「本朝・唐土・天竺《てんじく》（日本・中国・インド）」の三国によって「世界」が成り立っていると考えられていた。そのため「三国一」とは「世界一」を意味した。イスラム世界では聖都マッカ（メッカ）を円形の中心にして環海に囲まれたものとして「世界」が描かれていた。

現在のように地球＝世界として一般的に想定されるようになったのは、大航海時代以来のヨーロッパ諸国による海外進出と世界地図の作製によってもたらされたものである。まさしく、ハイデッガーが(2)喝破したように、(3)「世界像は、かつての中世的なものから近代的なものになるのではなくて、そもそも世界像が像になるというそのことが、近代の本質を表している」と言えよう。

このように、「世界」は時空間像《クロノトポス》として大きな変転を遂げてきたし、それを捉える側の主体としての編成の転換こそが時代を

D 社会をより良くしようとする市民活動に重きを置く者が、自身の日常生活の維持に努めて政治的活動に無関心な態度を貫く人々を「市民」ではないかのように扱うことは、「市民社会」の原則に反している。

E 様々な社会問題を解決するには政治家に委ねる方が効果的に思えるが、それによって政治領域への批判性が失われかねないので、社会的領域で市民社会を維持するための文化の醸成が求められる。

二 次の文章を読んで、後の問に答えなさい。(30点)

私たちは小学校以来、(1)「世界史」や「世界地理」という科目を学んで来たし、「世界美術」全集や「世界文学」全集にも親しんできた。そこでの「世界」は、空間的にはほぼ地球と同じ意味で用いられ、そこに生きてきた人間社会の全体として捉えられたものである。そして、多くの場合、それは現存の国家を元にした地域空間の集積として認識されている。さらに便宜的に「世界史」や「世界地理」の教科書などでは、五大州や六大州といったリージョンに分けることで、あたかもそれが自然史的なまとまりを持ち、文明史的なアイデンティティの基盤となってきたかのような幻想を抱かせる機能を果たしてきた。人文学研究でも「欧米」といった括《くく》りが、自明であるかのごとく使われている。

しかし、少し省みれば明らかなように、「世界美術」や「世界文学」といったものが、それ自体として存在するわけではない。「世界文学」という言葉を初めて使ったゲーテは、国民文学の存在意義を認めたうえで、国民文学を深化させるとともに時代や民族の制約を克服した「超国民文学」として、将来的に「世界文学」という理念が実体化することを訴えたのである。ゲーテは「世界文学」の成立条件として、国民や民族相互間における美的および道徳的な感情の融合が不可欠だとしたが、その成立はな

A　有権者として一票を投じる存在、あるいは政治への批判を棄権という形で表明する存在としての市民と、政治家の「下請け」として政治化された市民とが、一体となって協力し合うことで社会を変革するべきである。

B　専門政治家への接近と市民自らの政治化によって社会を改革しようとするのではなく、立法権力や司法権力と協働することによって、政治家の専横を許さない、真の民主主義社会を実現しようとするべきである。

C　特定の権力者が民主主義を破壊するような事態に陥らないために、権力の暴走を防止するための制度や機能の整備を推し進めることで、行政権の専制化を阻止し、社会的安定を維持することを目指すべきである。

D　政治が引き起こした結果の最終責任は市民が負うという認識のもと、政治への関与の度合いによる市民の分断や非民主的政治家の選出といった事態を避け、非民主的政治による統治を正す場であるべきである。

E　政治によるネガティブな結果が社会的災厄を引き起こしたときに、その責任を市民が負うのではなく、社会的災厄を引き起こした当事者である政治家に責任を取らせることができるような存在となるべきである。

〔問七〕本文の内容に合致するものとしてもっとも適当なものを左の中から選び、符号で答えなさい。

A　特定の権力者が暴走することによって引き起こされる社会的な災厄を避けるためには、市民の分断を助長し利用する人物ではなく、より民主主義的な人物を選択する目を、市民の側に養うことが肝要である。

B　近代民主主義は、三権分立、また三権それぞれの機能的分化と地理的分散により、政治家による権力の専制的掌握を阻止する工夫を重ねることで、効率的に社会の安定化を図るための政治環境を整えている。

C　反民主主義的な公約を掲げた候補者であれ、民主主義的と人々が判断する公約を掲げた候補者であれ、政治家となった以上は権力者であるため、支持者を利用して権力を維持しようとするものである。

〔問四〕傍線(7)「本来あるべき市民の政治を危機的状態におく可能性」とあるが、「危機的状態」はどのようなことによって生じると述べられているか。その説明としてもっとも適当なものを左の中から選び、符号で答えなさい。

A　近代民主主義制度の不備によって市民が指導者選択を誤り、権力者同士の対立による戦乱や内乱、権力者の無能さによる経済的混乱や飢餓、自由の抑圧などの社会的混乱といった大規模な社会的災厄が引き起こされること。

B　自分たちの理想とする政治は「新しい」政治で、自分たちの意見と異なる政治勢力の意見は「古い」政治だと考える人々が、自分が支持する政治家を批判する他者と対話しないことで、当初の活動理念から逸脱してしまうこと。

C　「市民」を自称する者たちが「保守派」と「リベラル」を対立軸に据え、保守支持派を「非市民」と批判することで市民社会を分断し、彼らの支持を得た一部の政治家がその分断を利用して権力を維持しようとすること。

D　「民主主義的」で「リベラル」な立場を表明している候補者を、「立派な政治家」「あの人なら大丈夫」などと熱狂的に支持することで、政治家批判をタブー化する空気を醸成させ、市民社会を非政治化してしまうこと。

E　市民の側が客観的な立場で政治を監視するのではなく、選挙などの現実政治に主体的にかかわり、ある特定の政治家や政党を支援して政治との距離を縮めていくことで、非効率性と限界に気づいて市民活動をやめてしまうこと。

〔問五〕傍線(8)「一種の幻想」とはどのようなものか。本文中から三十字以上三十五字以内で抜き出し、最初と最後の三字を書きなさい。句読点、括弧は字数に数える。

〔問六〕傍線(10)「社会的災厄を避けるための安全装置のように駆動する領域を『市民社会』と呼ぶ」とあるが、筆者は「市民社会」はどうあるべきだと考えているのか。その説明としてもっとも適当なものを左の中から選び、符号で答えなさい。

注　エンパワーメント……権限や力を与えること。

〔問一〕　傍線(2)(9)のカタカナを漢字で書きなさい（楷書で正確に書くこと）。

〔問二〕　傍線(1)「こうした状況は民主主義だからこそ生じる」のはなぜか。その説明としてもっとも適当なものを左の中から選び、符号で答えなさい。

Ａ　自由選挙を通じて選出された政治家には、己の信念に従って政策を決定・遂行する自由が保障されているから。
Ｂ　近代民主主義が構築されてもなお、特定の人間が権力を掌握することを望むという傾向自体は存在するから。
Ｃ　有権者が自分たちの意見と合致する公約を掲げた政治家を支持する一方で、批判する他者を排斥するから。
Ｄ　有権者が政策を十分に理解していない現在の選挙では、反民主主義的な政治家を駆逐することが難しいから。
Ｅ　民主主義のもとでは、多数派有権者の支持を得た者が市民の代表者として公約を実行することが求められるから。

〔問三〕　空欄(3)(4)(5)(6)に入る語句の組み合わせとしてもっとも適当なものを左の中から選び、符号で答えなさい。

Ａ　(3)　絶対　(4)　断続　(5)　画期　(6)　仮定
Ｂ　(3)　恣意　(4)　漸進　(5)　一般　(6)　逆説
Ｃ　(3)　意図　(4)　機械　(5)　特徴　(6)　間接
Ｄ　(3)　専断　(4)　段階　(5)　普遍　(6)　演繹《えんえき》
Ｅ　(3)　暴力　(4)　試行　(5)　典型　(6)　例外

外観をとるようになったといえる。憲法論にしても日米安全保障体制の議論にしても、特定の政治家や政党の全面的支持になりようがないのである。同様なことは東西冷戦崩壊後の東欧諸国、またラテンアメリカや他地域の民主化状況において市民社会を論じる場合にも指摘しうる。

民主主義は、より民主主義的な人物を選ぶための制度ではない。ましてや「より善き人」を選ぶための制度でもない。どのような者を権力者として選択しても、社会内に大きな災厄が起きないような制度のはずである。だからこそ政治家と市民の関係、というよりは距離の維持の仕方こそが依然として重要な問題なのである。先述したようにあらゆる政治的責任は市民に押しつけられるのであって、政治家は責任をとらない。政治によるネガティブな結果は社会的災厄として市民全体が受け入れるしかないのである。

有権者として一票を投じる、あるいは棄権するだけの存在としての市民と、政治化された市民という両極の間に、なんらかの領域は存在しないのか。その領域こそ、本来は「文化」と呼ぶべきものだったのではないか。そのような文化こそが文化の本質主義や政治の絶対主義から私たちが距離をとる前提となるはずである。したがってそうした文化によって示されるものは理想像、モデルではなく、自己批判の根拠とならざるをえない。

社会の分断を防ぎ、なおかつ民主主義を否定する政治家を市民が選択したとしてもその結果生じる社会的災厄を低下させ、できればそのような政治家を選択する可能性をも低下させるような社会的領域の存在。(10)そのような社会的災厄を避けるための安全装置のように駆動する領域を「市民社会」と呼ぶべきだろうし、その領域を日常世界において維持する方法を「市民文化」と呼びたい。

（越智敏夫『政治にとって文化とは何か――国家・民族・市民――』による。出題の都合上、一部中略した箇所がある）

の極点には、けっきょく自分が政治権力を掌握しなければ社会は変革できない、という政治社会像が提示されるだけだろう。

社会をより良くしようという意思をもちながらも、こうした政治化の方向をとるという事態はなぜ生じるのか。政治と政治家に依拠することの方が、自らが身を置く社会での活動よりは「効果的」に見えるのも確かかもしれない。しかしこのような専門政治家への接近と自らの政治化によって社会を変更しようとする社会変革論によって利益を得るのは誰なのか。

あらゆる政治的判断によって生じた責任は市民に押しつけられるのであって、政治家は責任をとらない。正確にいえばとりようがない。戦争や内戦、あるいは原子力発電所の爆発などといった巨大な災厄という事例を考えてみれば簡単に分かることである。

このような事態を考えれば、「より良い政治家を選択することによって社会を改善する」という構想は、政治家によって永続的に拡散され続けてきたレトリックだと言ってよいだろう。そうした(8)一種の幻想が現実的な機能を政治において果たしてきたからこそ現在の政治があるとさえいえる。これこそ市民の運動が政治化した帰結である。

こうした事態を避けるためには、社会的領域、つまりは市民の日常的領域を民主化することによって、政治領域への批判性を維持し、結果的にはそれによって政治家や(9)カンリョウによる政治活動を民主化することが期待されるべきだと考える。人種差別、貧困、環境などに関する問題の解決のためには、誰を権力者とするのか、ということ以外に市民がとるべき方法はあるはずだろう。

そうした方法を見つけなければ、市民が政治権力者たちの「下請け」として権力者と親和的に活動することが、権力者による統治をさらに容易にしていく。あるいはそうした親和性さえ持てない社会層が暴力的なナショナリズムに身を委ねることさえ、現代世界では例外的ではない。

この市民の自立という問題を軽視しなかったからこそ戦後日本の社会科学における民主主義と市民社会に関する議論は複雑な

小《しょう》化《か》するべきものではない。この危機的状態とは、市民の側がエンパワーメントを要求しつつ、選挙などの現実政治と親和性を高めることで、かえって市民の活動領域そのものが無力化されるという事態である。それは市民の側が、プロによる政治に対する距離感を失いつつ、政治の道具と化していくということでもある。

　ある特定の政治家や政党を、自分の政治的判断に近似だからといって支持し、それを市民活動として政治の現場において支援することが、実はいかに危険なことか。さらには自分が支持する政治家を批判する他者を「非市民」として非難することが、政治的にはいかに危険な事態を招くのか。

　どのようにリベラルな主張をする政治家であれ、特定の政治家への尊敬を表明したり、熱狂的支持者となることは政治家批判をタブー化することにも繋《つな》がる。「立派な政治家もいる」「あの人なら大丈夫」といった発言に見られる政治家への批判性の喪失は、社会を崩壊の危機に導く。こうして政治家と自称市民の共犯関係が構築されていく。

　また自分が支持する政治家や候補者を批判する人々を市民的でないと批判することも、広く見られるとおりである。こうした状態は市民自身が市民社会を分断するという事態でもある。権力者、政治家の側は常に社会の境界を顕在化させ、そのことによって社会を分断し、その分断を利用して権力を維持しようとする。ところが市民自身の一部が自分たちのみを「市民」と称し、他の人々は市民的でないかのように表現する。こうした市民自身による社会の分断は、分断を利用して権力を維持する者にとっては政治的幸運以上のものを意味するだろう。

　たしかに市民活動による成果の低さや、その日常的な非効率性に直面し、そうした運動の限界を指摘し、否定することもありうるかもしれない。しかしそうした視点にこそ政治主義がひそむ。あらゆる社会的問題の解決を「高度の政治性」から判断すると称しながら、その「高度」については各自が勝手に措定しつつ対応するのである。そうした状態では社会内の共通ルールや最低限の約束事さえ、「高度の政治性」の名のもとに消滅する危険さえある。そして、より効果的な手法、より分かりやすい政治関連する問題である。

選挙公約として人種政策やエネルギー政策などにおいて「民主主義的」で「リベラル」な立場を表明することによって支持を得ようとする候補者は一般に見られるとおりである。そのような場合、「民主主義的」で「リベラル」を自称する彼らを支持することが、「市民的」有権者であるかのように表現されることも一般的だと言ってよいだろう。

しかし、どのような主張をしたとしても、また与党議員、野党議員どちらにしても政治家という権力者であって、その意味において人々から見れば同質である。ところがそのなかの特定の権力者（とその予備軍としての候補者）を応援する者だけが「市民」を自称する。

そのような社会においては「保守支持派」はまるで「市民」ではないかのようだ。そのような「市民政治」においては、その政治家たちがリベラルだという事実の政治的意味はあるとしても、「市民」と自称したとしても人々は権力者を生むための材料になりさがる。

またそれらが「新しい政治」という装いをまとうこともまた一般的だろう。それらがどのようなものであれ、自分たちの政治は「新しい」政治で、自分たちの意見と異なる政治勢力の意見は「古い」と批判しつつ、人々が自発的に権力者に従うという事態である。しかしこうした光景は有史以来、私たちの眼前に現れ続けている。

個人的な政治的判断からすればそうした状態を肯定する意見も認められるべきかもしれない。各種の政策レベルにおいて、支持すべき政治家が存在するのも当然である。支持する政策の実現のためには、そのような判断も政治的には許容されてよいのだろうか。選挙において勝利するためにはそのような用語法も必要だという論理である。

しかしそのような市民に関連する用語法の許容、またそうした政治活動自体は、(7)本来あるべき市民の政治を危機的状態におく可能性を指摘しておきたい。これは、ある特定の政治家の活動を支持することを市民運動と呼べるのか、という問題などに矮《わい》義の形成以降に限定しても、多数派の人々の指導者選択に関する特定の判断の結果、大規模な社会的災厄が幾度となく人類をオソ(2)ってきた。選ばれた権力者たちによって引き起こされる災厄である。権力者同士の対立による戦乱や内乱、権力の[(3)]的な行使による社会的混乱、権力者の無能さによる経済的混乱と飢餓など、まさに悲劇の連続である。人々はそうした「痛い目」に何度も遭いつつ、制度を作りなおしてきた。

たとえば特定の権力者が暴走したとしても、それを他のレベルで押しとどめようとする制度を作り出してきたのである。重要なことは、現在の状況から判断して有意性があると判断される諸改革は、政治権力者たちが多用しがちな「最終的解決」や「全面的改革」などという表現をとらず、非効率に見えても少しずつ[(4)]的に進められてきたという点である。

そうした改革のなかには、三権分立のように権力を際限なく細分化していくことによって社会的安定を維持しようとするものなども含まれる。非効率という批判が生じても、その非効率性によって権力の暴走を阻止し、社会の混乱を防止するのである。こうしてある国の行政権を掌握した者が反民主主義的公約を実行しようとしても、それを立法権力や司法権力が防ぎうる。

三権分立だけではなく、そうした改善を権力の永続的な分化と考えれば、三権のそれぞれの組織の機能的分化もそれらの一環として考えられる。さらには権力の地理的分散の一部としての地方自治も重要な権力の暴走の防止策のひとつである。地方政府への分権的措置によって中央政治を統制しようとする政治社会は現在では[(5)]的だろう。

しかしさらなる問題は、三権分立のような制度も含めて批判し、たとえば行政権の専制化、巨大化、特権化を主張して有権者の支持を得ようとする者が行政権力を掌握する可能性である。そのような事態はどのようにすれば防止できるのか。そうした事態において私たちの存在はどのような意味をもち、そうした事態を防ぐために私たちはどのように行動すべきなのか。

その問題を考えるためには、[(6)]的かもしれないが、民主主義的と人々が判断する公約を掲げた政治家を人々が支持する状況について考えてみることが有益だと思われる。それは最終的には「市民社会」という領域の政治化、あるいは脱政治化に

国語

（七〇分）

一　次の文章を読んで、後の問に答えなさい。（40点）

残念なことに、民主主義を否定する政治家が権力を掌握することは例外的ではない。たとえば移民政策、外交政策、経済政策などに関して、あからさまに特定の人々の人権を否定するような政策を掲げる政治家や政党を、民主主義社会において有権者が支持することは、現実政治において散見されると言わざるをえない。

制度としての近代民主主義が構築される以前においては、特定の人間や少数者集団が専制的に権力を掌握することを被支配者が望むという事態は、幾度となく繰り返されてきた。しかしそのような事態と、民主主義を否定する者を民主主義制度下において有権者が支持するというのはまったく異なる意味をもつ。

反民主主義的政治家が権力を行使して民主主義を破壊しようとする状況が出現する。これを民主主義と呼んでいいのか、大いに疑問ではある。しかし(1)こうした状況は民主主義だからこそ生じる。多数派有権者の支持を背景に政治家が行使する権力は常に補強され、今や各国の指導者の権力は史上最強のものとなってきたと言えるだろう。

しかしここでまた考えるべきなのは、だからこそ人類は政治の仕組みを少しずつ改良してきたという事実である。近代民主主

解答編

英　語

I　解答　**A.** **1**－b　**2**－a　**3**－e　**4**－d　**5**－c
B. **1**－d　**2**－e　**3**－c　**4**－b　**5**－a
C. **1**－b　**2**－a　**3**－d　**4**－c　**5**－e

解説

「下の ‘a’－‘e’ の選択肢から，空所（　1　）－（　5　）に最適な答えを選べ。それぞれの答えは一度しか使えない」

A. 1.「この曲がりくねった道は門へと続き，それを通ると木々に囲まれた中にある巨大な邸宅へとやっと到着する」

winding「曲がりくねった」 mansion「大邸宅」 above the trees では「(接触せずに) 木々の上方に」，among the trees では「(囲まれて) 木々の中に」，around the trees では「木々の周りに」，beneath the trees では「(接触せずに) 木々の下方に」という意味になるが，木々と大邸宅の位置関係を考えると，above，around，beneath は不適である。また，until the trees では，until が「～までずっと」という時に関する前置詞なので，意味をなさない。適切なのは among the trees。答えは b の among である。

2.「私たちは，結局は仕事より家族を優先することが重要だと考えている」

after all「結局は」 put *A* above *B* で「*B* より *A* を優先する」の意味。よって，答えは a の above。

3.「私たちは，7時までオフィスでエイミーを待つ方がいいだろう」

時刻を示す seven o'clock の前に入れることのできる前置詞は，e の until「～までずっと」である。なお，c の around「～ごろに」も正答となり得るが，これは空所（　5　）の解答となるため，ここでは選択できない。

4.「彼らは，彼の礼儀正しい外面の裏で，実際には彼らのことを嫌っているのではないかと思った」

exterior「外観，外面」　この問題は，内容が理解できないと答えにくい問題である。polite exterior「礼儀正しい外面」と actually dislike「実際には嫌っている」の意味の対比から，「～の下に隠れて，～の裏に」の意味を表す beneath が入ると考えられる。答えは d の beneath。

5.「すぐそこにあるコーヒーショップにちょっと寄り道するのはいい考えだと思わないかい？」

drop in「ちょっと立ち寄る」　around the corner で「すぐ近くに，角を曲がったところに」の意味なので，答えは c の around。

B.　**1.**「何千人もの人たちが，政府に反対して集まり，街頭に繰り出した」

take to the streets「街頭に繰り出す，デモ行進する」　空所直後の against「～に反対して」と意味的にうまくつながる動詞を探す。答えは d の rally。rally against ～ で「～に反対して集まる」の意味。

2.「その若者は，基本的な装備だけで島で1カ月間何とか生き延びた」

manage to *do*「どうにかこうにか～する」　equipment「装備，備品」「基本的な装備だけで島で1カ月間何とか（　　）した」に意味的に入る動詞を考える。答えは e の survive「生き残る」。

3.「動物園の最も重要な目的は，絶滅危惧種を保護することであるべきだ」

primary「第一の，最も重要な」　objective「目的」　endangered species「絶滅危惧種」「動物園の目的は絶滅危惧種を（　　）すること」に意味的に入る動詞を考える。答えは c の preserve「～を保護する」。

4.「ローラは，アメリカ史に関するレポートを準備するために図書館に数時間滞在した」

on「～に関して（専門的な内容について使われる）」「アメリカ史に関するレポートを（　　）するために図書館に滞在した」に意味的につながる動詞を考える。答えは b の prepare「～を準備する」。

5.「この技術は，医療専門家が患者とつながるのを助けるだろう」

medical professionals「医療専門家」 help *A do*「*A* が〜するのを助ける」「医療専門家が患者と（　　）する」に意味的に入るものを考える。答えは a の connect「つながる」。

C．1．「アンジェラは，職場ではまじめで勤勉であるという評判である」

hard-working「勤勉な」「まじめで勤勉であるという（　　）」に入り，後ろの前置詞 for に続くものを考える。答えは b の a reputation「評判，うわさ」。a reputation for で「〜(である) という評判」の意味。

2．「まだ話している人たちもいたが，そのイベントを終わらせる時間となった」

「そのイベントを（　　）にもたらす」に入る表現を考える。答えは a の a conclusion。bring *A* to a conclusion で「*A* を終わらせる」の意味。

3．「ナンシーは，研究機関で他の研究者たちと協力して研究をしていた」

research「研究」 institute「研究機関」「他の研究者たちと（　　）研究をしていた」に入り，直後の with とつながるものを探す。答えは d の in collaboration。in collaboration with 〜 で「〜と協力して」の意味。

4．「その指導者は，その国の多くの人たちに影響を与えてきた」

「多くの人たちに（　　）してきた」に入り，直後の on とつながるものを考える。答えは c の an influence。have an influence on 〜 で「〜に影響を与える」の意味。

5．「キャシーは，パーティーのためのの新しいドレスをオンラインで衝動的に買った」

「新しいドレスをオンラインで（　　）買った」に入るものを探す。答えは e の on impulse「衝動的に」。

Ⅱ 解答

1—b　**2**—b　**3**—d　**4**—b　**5**—d　**6**—d
7—d　**8**—d　**9**—c　**10**—d

解説

「下の ‘a’—‘d’ の選択肢から，(1)—(10)の下線の語句に最も近い意味の語句を選べ」

1．「サンドラは有能で，計画委員会の主要なメンバーの１人だった」

competent「有能な」 principal「主要な」 a．「活動的な」 b．「中心の」 c．「明らかな」 d．「年長の」 最も意味が近いのは b の main。

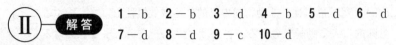

2.「ソフィアは勤勉な人で，いつもあれやこれやで忙しい。それで，彼女は十分な睡眠がとれているのだろうかと，みんなが思っている」

industrious「勤勉な」 a.「仕事の」 b.「勤勉な」 c.「疲れ切った」 d.「有名な」 最も近いのはbの diligent。

3.「慎重な熟慮の後，ナンシーは有力な政治的指導者からの申し入れを受け入れることに決めた」

consideration「よく考えること」 influential「影響力のある，有力な」 make *A* an offer「*A* に申し入れをする」 a.「意識」 b.「同情」 c.「準備」 d.「思慮」 最も近いのはdの thought。

4.「オリビアは，ジョージが言ったこととしたことの間の不一致を指摘し，そして彼は，ついに彼女が正しいことを認めた」

point out ～「～を指摘する」 inconsistency「不一致」 a.「継続性」 b.「矛盾」 c.「貢献」 d.「実現」 最も近いのはbの contradiction。

5.「エマは，世界で最も優れたミステリー作家の1人であると一般的に認められていて，多くの読者を引きつけている」

acknowledge *A* as *B*「*A* を *B* であると認める」 attract「～(の心）を引きつける」 a.「批判されて」 b.「注目されて，気づかれて」 c.「思い起こされて」 d.「認められて，評価されて」 最も近いのはdの recognized。

6.「ジュリエットの親戚がイザベラとその夫に提案した家は，広々とした快適なマンションの一室だとわかった」

relative「親戚」 turn out to *do*「結局～する，～だとわかる」 spacious「広々とした」 flat「アパート，マンションの一室」(イギリス英語) a.「～を承認した」 b.「～を測定した」 c.「～を生産した」 d.「～だとわかった」 最も近いのはdの proved。prove は他動詞では「～を証明する」という意味になるが，この問題のように自動詞では「～だと判明する」の意味である。

7.「物価が上昇し，すべてのものが高価になった。そのため，私たちは，手に入ったもので何とか間に合わせなければならない」

prices「物価」 make *do* with「不十分だが何とか～で間に合わせる」 a.「～に追いつく」 b.「～で新しいものを創る」 c.「～に関与する」 d.「～で何とかやっていく」 最も近いのはdの manage with。

8.「ある日，突然キャサリンが私に電話をしてきて，彼女の大学時代の友人のジェイコブと結婚する予定だと言った」

make a call「電話をかける」 out of the blue「突然，予告なしに」 a.「海辺から」 b.「不躾に」 c.「混乱して」 d.「思いがけなく」 最も近いのはdのunexpectedly。

9.「ナターシャは，電話をとったり，多くのメールを書いたり，顧客を訪問したりして，朝から晩までいつも忙しく活動していた」

on the go「忙しく活動して」 a.「つらいときを過ごして」 b.「楽しんで」 c.「非常に活動的で」 d.「非常に混乱して」 最も近いのはcのvery active。

10.「ヒトミは，別の部屋で物音が聞こえると不意に本を読むのをやめた」

abruptly「不意に，急に」 a.「びくびくして」 b.「徐々に」 c.「無礼に」 d.「素早く」 最も近いのはdのswiftly。

III　解答

Part A. 1－e　2－d　3－g　4－a　5－b

Part B. 1－b　2－c　3－f　4－g　5－d

全訳

《2人のポッドキャスターへのインタビュー》

これは，レポーターと2人のアメリカ人ポッドキャスターであるフィル=ブレーデセンおよびビル=ハズラムとの間のインタビューである。ブレーデセンとハズラムは，相手側も「正しいかもしれない」と人々に考えてもらいたいと思っている。彼らは，彼らの新しいポッドキャストで政治的分断の橋渡しをしたいと思っている。

パートA

著作権の都合上，省略。

著作権の都合上，省略。

著作権の都合上，省略。

a．よくない言葉

b．公開討論会

c．地球規模の問題

d．１つのアドバイス

e．広範囲の話題

f．ある偶発的な出来事

g．対戦相手

パートB

著作権の都合上，省略。

著作権の都合上，省略。

著作権の都合上，省略。

a．評価する
b．否定する
c．権力を得る
d．対話を始めさせる
e．支持者を失う
f．もう１度団結する
g．取り組む

解説

「次のＡ，Ｂ２つの文章を読め。それぞれの文章に，空所（ 1 ）―（ 5 ）に最適な答えを ‘a’―‘g’ から選べ。（それぞれの答えは一度しか使えず，答えのうちの２つは使わないこと）」

パートＡ

1．空所の直前の on は「～に関して」の意味を示す。何に関してアメリカ国民が分断されているのかを考えると，空所の次の文に，ポッドキャストがこの国の最も難しい問題のいくつかを扱っていることが書かれているため，特定の１つの問題についての話題提供ではなさそうだとわかる。正解は，ｅの a range of topics。a range of で「広範囲の」の意味。ｃの a global issue と迷った受験生もいるかもしれないが，読み進めると，世界的な問題が取り上げられているのではないとわかり，正解にはならない。

2．空所の前後で，ポッドキャストの名前を，ベイカー氏から与えられた何かから取ったと言っている。公職にあったベイカー氏から与えられるのに適切なものは何かと考えると，正解はｄの a piece of advice。

3．空所の前後に出てくる he とはベイカー氏のことである。空所を含む文の前半で，ベイカー氏は確固たる見解をもっていたことが伝えられたあと，逆接の but でつないで，「彼は（　　）が正しいのかもしれないと認識している」という内容が続く。自分の意見を押し通すだけでないと考えると，正解はｇの an opponent「対戦相手」。

4．今日の政治の世界では，「妥協」という言葉がどのようにみなされているのかを考える。消去法で考えていくと，正解はａの a bad word だと考えられる。他のものでは，文脈に合わない。

5. 空所を含む段落のハズラムのインタビューに,「政治的な対話では,激しい言葉の応酬が行われていて,普通の人々は参加しにくい」という内容がある。そのことから,2人は人々がじっくり考えながら人の話に耳を傾けることのできる場を設けたいと考えていると読み取れる。そういう場として適切なのは,選択肢からは a forum「公開討論会」と考えられる。正解は b の a forum。

パートB

1. トランプ氏やその支持者が,2020 年の大統領選では不正があったなどと言い続けているのは周知である。そう考えると,「彼が負けたことを(　　)し続けている」に入るのは,deny「否定する」とわかる。正解は b の to deny。

2. 空所を含む文は,「人々を分断することによって,(　　)する機会があるとわかったら,その分断に飛びつく政治家がどこにもいる」という内容である。よって,政治家にとって都合のいいことだと推測できるので,正解は c の to gain power「権力を手に入れる」。

3. 空所のある部分の次にあるハズラムの発言の2つ目の段落で,ハズラムはレポーターの質問を言い換えて,「あなたの質問は,1つの国家として私たちを結びつけるには,第二次世界大戦や冷戦のようなものが必要かということだと思う」と言っている。それを基にして考えると,レポーターの「アメリカ人は,共通の強大な敵に直面しない限り,(　　)ことは難しいのか?」という質問の空所には,「結びつく」というニュアンスの言葉が入ると考えられる。正解は f の to unite again「ふたたび団結する,1つになる」である。

4. 空所を含む文の直前の文に,「ポッドキャストですでに国家債務や気候変動などの話題を取り上げている」という内容があり,その続きとして,「分断を生み出しそうな別の問題に(　　)する計画があるか」と尋ねている。つまり,すでに取り上げている問題と同じような別の問題も取り上げるのか,ということであり,空所には「取り上げる」といった意味をもつ語句が入ると考えられる。正解は g の to tackle「〜に取り組む」。

5. 空所を含む文(第1文)の次の文(第2文)に,for example という表現が見られ,第2文以下で,第1文の具体例を述べているものと考えられる。第2文以下には,言い争いではなく,対話をうまく始めることのできる質問について述べられており，第1文の空所には「対話を始める」といった内容の語句が入ると推測できる。正解はdの to get conversation started「対話を始めさせる」。

Ⅳ　解答

1－d　**2**－c　**3**－d　**4**－d　**5**－d　**6**－c
7－c　**8**－a　**9**－a　**10**－d

全訳

《自動販売機の役割とその広がり》

[1]　自動販売機は日本ではよく見かけるものである。幹線道路の休憩施設や地方の道沿いは言うまでもなく，企業のオフィスの中，商業ビルや駅はもちろん，都市部のほとんどどの街角でも見つけることができる。

[2]　その数は，着実に減少しているのだが，日本自動販売協会によると，2022年12月末時点では依然として全国で400万台あり，だいたい31人に1台である。これらは，両替機や切符の販売機，コインロッカーをも同類の装置に含んでいる。

[3]　矢野経済研究所によると，高齢化して縮小傾向にある国の中で運営者の利益に対するプレッシャーが理由で，利益の上がらない場所に置かれている自動販売機は撤去されつつあるため，その数字は，2023年には396万台に落ちると予測されている。

[4]　すべての自動販売機のうち半分以上が飲料を販売している一方，技術の進歩や非接触購入への要求から，自動販売機は製品範囲の拡大に適合していっている。

[5]　クレープやぎょうざ，焼き芋，ピザ，カレー，食用昆虫を販売している自動販売機もある。食べ物だけではない。フェイスマスクやおもちゃ，SIMカード，人形，衣服，ドローンや婚約指輪まで，ありとあらゆるものを提供する自動販売機もある。

[6]　自動販売機はまた，よいPRにもなる。3月，田中実業株式会社は，岡山県津山市で自社が経営するガソリンスタンドの近くの自動販売機で，地元産の冷凍和牛のステーキや他の肉製品を販売し始めた。それ以来，田中実業はマスコミから次々と寄せられる問い合わせを受けている。

[7]　「報道のおかげで，売り上げは好調です」と自動販売機の設置責任者である同社従業員の丸茂了平氏は言っている。「コロナ禍や非接触購入の需

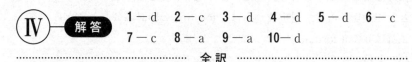

要がアイディアを与えてくれたのです。今やもっと多くの製品を導入しようと計画しています」

8 一方，長崎では，県南の漁業協同組合が，事務所の入り口近くに設置した自動販売機で，冷凍刺身や他の魚介系の料理を提供し始めた。

9 「例の健康危機によって，レストランで消費される魚介類の量が落ち込むのを経験しました。それで，地元でとれた魚介類を宣伝する独創的で面白い方法を探っていたのです」とその漁業協同組合の職員である米田拓郎氏は言う。

10 「その反応は，驚くほどに肯定的です」と彼は言い，その自動販売機は，1日に2回商品を補充する必要があるほどである。

11 飲料品メーカーは，これまでずっと国内市場を動かしているのだが，実験も行っている。ダイドードリンコ株式会社は，全国で約27万台の自動販売機を動かしているのだが，苦境に陥った親たちのために飲み物のそばで紙おむつやおしりふきを販売し始めた。

12 「多くは道路沿いの休憩所や商業施設の中に，現在のところ約250台設置しています」と同社広報の正本肇氏は言う。「それは，利益を生み出すためのものではあまりなく，むしろお客様の利便性のためなのです」

13 日本で最も古く今も残っている自動販売機は，切手を販売するために，発明家の俵谷高七氏によって1904年に創り出された。その装置は，アンティークの木製道具箱のようなもので，東京の郵政博物館に展示されている。

14 しかし，ことが大きく動き出したのは，1962年にコカ・コーラ株式会社が，その飲料巨大企業の特徴的なボトルに入った飲み物を販売する自動販売機を導入したときだった。

15 これらの自動販売機の増加は，流通する硬貨の数が膨れ上がった1967年にスピードを上げ，一般の日本人にポケットに入った小銭で肩ひじを張らずに飲み物を買えるようにしたのだった。

16 そして，1970年の大阪万国博覧会の間に，日本の自動販売機の最大のメーカーである富士電機株式会社は，博覧会の約6千万人の来場者に対し，温かい飲み物と冷たい飲み物の両方を販売する新しいモデルを披露したのだった。革新はそのときからずっと止まっていない，と同社の食品流通事業部長の鴇田三郎氏は言う。

17 「私たちは，たとえば，より狭い場所にも設置できるような（ふたが上がる）スイングハッチを備えた自動販売機や，バリアフリーのモデル，内蔵電池をもった災害対応の自動販売機を開発してきました」と鴇田氏は言う。

18 最後に挙げたものは，2011 年にマグニチュード 9 の地震が発生したときに役に立った。結果的な電気不足が，富士電機やライバル会社に，エネルギー節約の特徴をもつ自動販売機を生み出させることにもつながった。

19 「社会的な観点から言うと，日本での自動販売機の広がりの陰にある大きな要素は，犯罪率の低さです」と，公益財団法人流通経済研究所の常務理事である山崎泰弘氏は言う。

20 多くの自動販売機が今や電子マネーによる支払いを受け入れている一方で，日本は主として現金依存の社会のままであり，これらの人目を引く箱は，簡単に犯罪の標的になり得る。しかし，一般的に何万円ものお金が中に入っているにもかかわらず，うち破られたことはほとんどないのである。

21 全国的な自動販売機の数は 2000 年まで増え続け，その年には，約 560 万台という最高数に達し，年間販売額 7 兆円を生み出した。市場は，そのとき以来徐々に収縮し，有効な最新のデータによると 2016 年には 4.7 兆円にまで収益が下がった。この落ち込みは，アルコールやたばこを販売する自動販売機の急激な減少も一因だ，と山崎氏は言う。

22 「それでもなお，自動販売機の大きな強みは，日本が慢性的な労働者不足に陥っているときに，人件費をどのように節約できるかということなのです」と山崎氏は言う。

23 コンビニエンスストアは，日本国内でその姿が広がっているもう 1 つの存在で，深刻な人手不足に直面しているビジネス形態であるが，そういった展望にすでに期待をかけている。過去 10 年以上にわたり，運営者たちは，完全に自動化および無人化した 24 時間コンビニエンスストアとしての機能を果たす，島状に集めた自動販売機群を設置してきている。

24 株式会社ファミリーマートは，日本で約 16,600 店のコンビニエンスストアを運営しているが，そのコンセプトを「オートマチック・スーパー・デリス」（食品自販機コンビニ）と呼び，オフィスや病院，物流施設，学校に，そういった目的でこれまでに約 2,300 台の自動販売機を設置してきた。

25　ファミリーマートのロゴのもと，一般的に数台の自動販売機が並び，標準的な温かい飲み物や冷たい飲み物に加え，おにぎりやサンドイッチ，サラダ，パスタ，ヨーグルトといった食べ物なども含んだ広範囲にわたる製品を提供している。

26　「コロナ禍の間は外食するのを避けている労働者や，食事の選択肢が少ない夜シフトの労働者の需要を見込んでいるのです」と，同社広報の吉澤智氏は言う。

解説

「次の文章を読み，それぞれの質問に最適の答えを選べ」

1.「空所（　1　）に最適なものはどれか」

a.「一貫した，変わらない」　b.「精査された」　c.「ゆっくり上昇して」　d.「着実に落ちて」　自動販売機の数について述べている部分だが，空所の直後に still 4 million「依然として 400 万台」とあり，続く第 3 段第 1 文（That figure is expected …）に「2023 年には 396 万台に落ちる」とあるため，自動販売機の数は減少傾向にあることがわかる。よって，正解は d の steadily falling。

2.「空所（　2　）に最適なものはどれか」

空所を含む文は，as が理由を示す接続詞，主語が空所，述語動詞が are being removed であり，「利益の上がらない場所に置かれている（　　）は取り外されつつあるので」という意味である。選択肢の中で可算の自動販売機を示すことができるのは，b の that，c の those，d の what だが，what では「利益の上がらない場所に置かれているもの」という意味になり，自動販売機に限定されないため，不適。また，述語動詞が are のため，主語は複数であることがわかり，that も不適。正解は c の those。

3.「空所（　3　）に最適なものはどれか」

a.「～にもかかわらず」　b.「～に加えて」　c.「～の代わりに」　d.「～のおかげで」　空所直後の coverage は直前の文にある「マスコミなどの報道・広報」のことで，文脈から好意的な報道であると考えられる。空所を含む文は，「報道（　　），売り上げは好調だ」という意味になるので，正解は d の Thanks to「～のおかげで」。

4.「空所（　4　）に最適なものはどれか」

a.「～する限り」　b.「混乱して」　c.「～するために」　d.「非常

にそうなので」 魚介類の自動販売機での販売に関しての第8段（In Nagasaki, meanwhile …）からの続きの内容である。空所の前に「その反応は驚くほど肯定的」とあるので，空所を含む文は，よく売れていることを示すエピソードであると考えられる。a の as far as は直後の接続詞 that とは文法的につながらず不適である。c の in order は文脈がつながらず，これも不適である。b の confused は，米田氏の言葉からは，売り上げが好調なことを喜んでいることがうかがえるため，内容的に不適である。正解は d の so much so。so much so that ～「非常にそうなので～する」

5.「空所（　5　）に最適なものはどれか」

a.「明瞭な指示」 b.「耐震性」 c.「非常食」 d.「内蔵電池」 空所のある段落は，富士電機の新しい自動販売機を具体的に述べているところである。空所直前の disaster-responsive とは「災害対応の」という意味だが，a や b だけでは，災害時に自動販売機としてはあまり役立たないので，不適。また，c は，もともと自動販売機には食料品は入っているものなので，不適。選択肢の中で災害時に最も有効なものと考えると，d の internal batteries が正解となる。

6.「本文によると，次のうちで正しくないものはどれか」

a.「ある飲料品メーカーが，消費者のニーズに応えるために，その製品を多様化させ始めた」

diversify「多様化させる」 第11段第2文（DyDo DRINKO Inc. …）に「（飲料メーカーの）ダイドードリンコがいざというときのために紙おむつやおしりふきを自動販売機で販売し始めた」とあり，第12段最終文（"It's not so much about …）に「利益を生み出すためではなく，お客様の利便性のため」とあるので，内容的に正しい。

b.「日本には，牛肉のステーキや刺身，食用昆虫さえも売る自動販売機がある」

edible「食べることのできる」 第6段第2文（In March, Tanaka …）には和牛ステーキを，第8段第1文（In Nagasaki, meanwhile …）には冷凍刺身を，第5段第1文（There are vending …）には食用昆虫を，それぞれ自動販売機で販売していることが書かれており，正しい。

c.「変化するマスコミ報道のせいで，多くの自動販売機が撤去されつつある」

due to「～のせいで，理由で」第3段第1文（That figure is…）に，「利益の上がらない場所に置かれている自動販売機が撤去されているのは，運営者の利益へのプレッシャーのせいだ」という内容があり，マスコミのせいとは書かれていないため，内容的に正しくない。よって，これが正解。

d.「日本のすべての自動販売機の中で，飲み物を販売するものが50パーセント以上を占めている」

beverage「飲み物」 account for～「～(の割合）を占める」第4段第1文（And while more…）に，「すべての自動販売機のうち半分以上が飲料を販売している」と書かれており，内容的に正しい。

7.「本文によると，次のうちで正しくないものはどれか」

a.「自動販売機の広まりの1つの要因は，人々が多くの硬貨を使えるようになったことだった」

factor「要素，要因」 spread「広まり」第15段第1文（The increase of…）に，「自動販売機数の増加は，流通する硬貨の数が膨れ上がった1967年にスピードアップした」と書かれており，正しい。

b.「人件費の削減が，自動販売機の主要な利点の1つである」

reduction「削減」 labor cost「人件費」第22段第1文（"Still, the big…）に，「自動販売機の大きな強みは，人件費をどのように節約できるかということだ」と書かれており，正しい。

c.「無人の自動販売機は，たとえば島々のような，交通機関が不便なところで役に立っている」

unmanned「無人の」 transport link「交通機関，ルート」第23段第2文（Over the past…）に「完全に自動化および無人化した24時間コンビニエンスストアとしての機能を果たすために，島状に集めた自動販売機群を設置している」とあり，第24段第1文（FamilyMart Co., which operates…）に「オフィスや病院，物流施設，学校に設置している」とある。島々に設置しているという記述は本文にないため，正しいとは言えない。よって，これが正解。

d.「自動販売機は，日本では1960年代に非常に人気が出てきた」

in the 1960s「1960年代に」第14段第1文（Things really started…）に，「1962年にコカ・コーラ社が，自社の飲み物を販売する自動販売機を導入したときに，ことが大きく動き出した」と書かれており，正しい。

8.「本文によると，次のうちで正しいものはどれか」

a.「ある会社の新しいデザインが，障害のある人たちに自動販売機を利用できるようにした」

enable *A* to *do*「*A* に～できるようにする」 disabled people「障害のある人たち」 第17段第1文（“We've developed machines …）に，「バリアフリーモデルを開発してきた」と書かれている。バリアフリーとは，障害のある人たちや高齢者などが生活していく上で障壁となるものを取り除くことであり，バリアフリーモデルの自動販売機によって，障害のある人たちも自動販売機を利用できるようになったと考えられるので，内容的に正しい。よって，これが正解。

b.「日本の現金離れが，多くの自動販売機が今や電子マネーによる支払いを受け入れることにつながった」

electronic payment「電子マネーによる支払い，電子決済」 第20段第1文（While many vending …）に，「多くの自動販売機が今や電子マネーによる支払いを受け入れている一方で，日本は主として現金依存の社会のままである」とあり，日本が現金から離れているとは書かれていないため，正しくない。

c.「自動販売機に保管されているお金は，窃盗を避けるために低い位置に置かれている」

prevent「～を避ける」 theft「窃盗」 第20段（While many vending … seldom broken into.）に，自動販売機と窃盗について触れられているが，現金の保管場所については述べられていないので，正しくない。

d.「自動販売機を標的にした犯罪の増加が，日本では問題となっている」

target「～を標的にする」 第20段（While many vending … seldom broken into.）に，「現金社会の日本では，自動販売機は犯罪の標的になり得るにもかかわらず，ほとんど破られたことがない」と書かれているため，正しくない。

9.「本文によると，次のうちで正しいものはどれか」

a.「約20年前に最高点に達した後，日本での自動販売機からの収入は下方に向いてきた」

income「収入」 decline「傾く，下を向く」 第21段第1・2文（The

number of … latest figures available.）に，「2000 年まで自動販売機の数は増え続け，その年には年間販売額が 7 兆円に達したが，その後，市場は徐々に収縮してきている」と書かれており，内容的に正しい。よって，これが正解。

b．「コロナ禍の間，アルコールやたばこを売る自動販売機は非常に利益をもたらした」

profitable「利益をもたらす」 本文中でアルコールやたばこを販売する自動販売機について触れているのは，第 21 段最終文（The drop is …）だけだが，コロナ禍で売り上げを伸ばしたということは書かれていないため，正しくない。

c．「日本の自動販売機の数は，1980 年代以来減り続けている」

decrease「減少する」 第 21 段第 1 文（The number of …）に，「2000 年まで自動販売機の数は増え続けた」と書かれていることから，1980 年代はまだ増え続けている時代だと考えられる。よって，正しくない。

d．「日本の自動販売機の数は減っているが，総売上額は増えている」

第 21 段第 1・2 文（The number of … latest figures available.）に，「2000 年まで自動販売機の数は増え続け，その年には年間販売額が 7 兆円に達したが，その後，市場が徐々に収縮してきている」と書かれており，自動販売機の数の減少と共に，売上額も減ってきていることがわかる。よって，正しくない。

10.「本文によると，次のうちで正しいものはどれか」

a．「ある会社は，事務用品や文房具を蓄えている特別な機械をもっている」

stock「蓄える」 office supplies「事務用品」 stationery「文房具」 第 5 段最終文（Some offer face …）に「自動販売機でありとあらゆるものを売っている」という内容があるが，具体的に事務用品や文房具について触れられてはいないため，正しくないと言える。

b．「自動販売機群が，住宅地域に設置され，さまざまな食べ物や飲み物を提供している」

cluster「集団，群」 residential「住宅用の」 第 24 段第 1 文（FamilyMart Co., which …）に「自動販売機群をオフィスや病院，物流施設，学校に設置している」と書かれているが，住宅地域に設置しているとは書かれていないため，正しくない。

c.「ファミリーマートは，コロナ禍の間の損失を自動販売機での売り上げで埋め合わせようとしている」

make up for ～「～を補う」 ファミリーマートについて触れられている第24～最終段（FamilyMart Co., which … for the company.）には，ファミリーマートがコロナ禍で損失を出したことは書かれていないので，内容的に正しくない。

d.「ファミリーマートの目的の1つは，夜に働く人たちに食事を提供することである」

aim「目的，目標」 最終段第1文（“We're seeing demand …）に，「ファミリーマートは，コロナ禍の間に外食するのを避けている労働者や，食事の選択肢が少ない夜シフトの労働者の需要を見込んでいる」という内容があり，正しい。よって，これが正解。

V　解答

1—b　**2**—c　**3**—d　**4**—b　**5**—c　**6**—c
7—d　**8**—b　**9**—d　**10**—d

全訳

《ウクライナにおけるロシア語からの切り替え》

[1]　ロシアの侵攻以来，ウクライナ西部のいくつかの都市に数多くの言語クラブが開設された。教師やボランティアの人たちが，ロシア語を話す東部地域からリヴィウのような比較的安全な西の都市へと逃げてきた何百万もの人たちに手を差し伸べ，彼らに日常生活の言語としてウクライナ語を練習して使えるようになるよう勧めているのである。

[2]　研究者によると，ウクライナ人3人のうち推定1人は家庭でロシア語を話していて，その多くは，ロシアの侵攻という蛮行に立腹し，抵抗のしるしとして熱狂的に言語の切り替えをしている。

[3]　ウクライナの膨大なロシア語話者人口は，ロシア帝国の時代からソビエト連邦の台頭までの，ウクライナより強力な隣国による何世紀にもわたる支配の遺物なのである。大部分の人たちは，ウクライナ語のことはよく知っているが，ロシア語を話して成長した44歳のAnna Kachalovaのような人たちにとって，言語の転換は緊張なくできるものではない。言語クラブは，自信をつけるための魅力的な場所を提供している。

4 「私はウクライナ語を理解できます。話せないだけなのです」と彼女は言った。言語の切り替えは重要だと感じているのにもかかわらず，別の言語への突然の転換は難しい，と彼女は付け加えた。「それは，心理的なものなのです」

5 彼女は，リヴィウ図書館でYamovaという民間のボランティア組織が運営する言語クラブで自分の助けになるものを見つけた。ウクライナ語で自分のことを話すには困難さがあるにもかかわらず，とにかく彼女は前に進んだ。

6 「私たちはそこに着いた瞬間から，私の子どもたちも私も，ウクライナ語だけを話すことに同意しました」とKachalovaは言った。彼女は，半分ロシア人で，首都であるキーウの北にある，被害を受けた彼女の地元の町のチェルニーヒウから逃げてきた。「私は今，頭の中で，つまり心の中の会話で，ウクライナ語を使おうとすらしています」

7 ウクライナ人の活動家たちは，西方への移動に，類のないチャンスがあるとみている。

8 「言語を切り替えると，それはアイデンティティを切り替えるようなものなのです」と，共同体という意味のYadinyaという名前の別のクラブを創立したNatalya Fedelchkoは言っている。

9 「今や，彼らがウクライナ語を話す地域にとどまっている間は，言語の転換はより簡単になるだろうと私たちは思ったのです。これらのクラブを活用して，私たちは彼らに，ウクライナ語の話し方に関係なく，みんなが彼らのことを受け入れていると感じてほしいのです」

10 その風潮は，ポップミュージックからソーシャルメディアにまで感じることができる。ティックトックやインスタグラムで，インフルエンサーたちがその日におすすめのウクライナ語の表現を伝えたり，ロシアのラップのような以前に人気のあったジャンルの替わりとしてウクライナのバンドを薦めたりしている。

11 Dantesは，かつてはロシア語か英語のみで歌っていた歌手で，最近「Hug me」というウクライナ語の歌を出したが，その歌は，ロシア語話者に「切り替え」をするように促すものである。

12 しかし，多くの言語活動家たちは，2022年2月のロシアの侵攻のずっと前からウクライナ語を広めようとしていたのだった。

13 Yamova は，ロシアによる2014年のクリミア半島併合の後に，出現した。その同じ年，Fedelchko の Yadinya は，戦争によってではなく，キーウにある彼女の息子の学校がロシア語で教えていたことへの怒りによって発足したのだった。

14 1991年のソビエト連邦崩壊とウクライナ独立宣言のあと，ウクライナは，「ウクライナ化」のいくつもの波を経験しました，と言語と政治の関係を研究している Olga Onuch は言った。ウォロディミル=ゼレンスキー大統領は，最近の波のうちの1つを鼓舞する人でした，と彼女は言った。

15 かつてはコメディアンだったゼレンスキー氏は，ロシア語を話して育ったが，大統領選挙に出る前の2017年にウクライナ語に切り替えた。

16 彼のリーダーシップの下で，キーウは2019年にウクライナの言語法を強化し，学校や公共の場はウクライナ語を使うように命じたのだった。ロシアはウクライナ人のロシア語話者が非難にさらされていると主張して，侵攻する前にこの法律を利用した。

17 それでも，ロシア語はウクライナで依然としてよく広まっている言語である。ウクライナ人の中には，若い頃，ロシア語は一般民衆のための言語であるように感じていた，と話す人もいる。その考え方は，今や多くの人が自分たちの文化への新しい誇りの一部として拒絶しているものである。

18 ウクライナは，ロシアがウクライナのことを「弟」と呼ぶのを嫌っている。何世紀にもわたるロシア支配の間に，知識人や国家主義者がしばしば処刑されたり，収監されたりしていた。彼らはまた，政府が50万人以上のウクライナ人をロシアへと追いやったという，ヨシフ=スターリンの指導下での強制集団移送の被害も受けやすかったのである。

19 今や熱狂的にウクライナ語への切り替えをしている人たちの何人かにとって，それは心が痛む歴史なのである。

20 Yadinya 言語クラブでは，教師である Maria Hvesko は，彼女の生徒の1人である Victoria Yermolenko が丁寧に反対意見を述べた際，ロシアは以前から意図的にウクライナの東部の文化を消そうとしていたと主張した。

21 「この『ロシア化』は，常に意図的なものかどうかは私にはわかりません」と，彼女はためらいがちに言った。

22 彼女が主張するもう1つの理由は，20世紀半ばにおけるソビエトの急激な工業化であった。そのことによって，多くのロシア人技師や技術者，それにソビエト連邦の他の地域からの専門家も，ウクライナ東部地域にやってくることになった。そして，彼らは共通言語としてロシア語を使っていたのだった。

23 Yermolenko は政治的信念からウクライナ語に切り替えた。しかし，彼女は，リヴィウの地元住民たちがこの戦争の日々の中でロシア語が話されるのを聞くと心が痛むであろうことを心配して，地元住民たちへの配慮からもそうしたのだった。

24 「私がしてきたのはたくさんの――再評価を表すウクライナ語は何ですか」と，彼女はロシア語で尋ねた。

25 彼女の先生が単語を伝えると，Yermolenko は，ウクライナ語で自分の考えをまとめた。「そう，私は再評価しているのです。私にとっては，それは非常に強烈なことです。それは，私の世界を 180 度ひっくり返すようなものです」

26 リヴィウにある Yamova 言語クラブの代表である Mariia Tsymbaliuk は，それは言語を学ぶというよりは「人々の習慣を変えることに関係している」と言った。

27 彼女が言うには，多くの生徒たちはウクライナ語の発音方法をあまり知らなかったり，ウクライナ語の話者に対して気づかずにただロシア語で返事をしたりしている。ウクライナ，特にキーウのような大都市地域では，1人がロシア語を話し，もう1人がウクライナ語を話している会話を聞くことがよくある。ウクライナでは，両言語が混ざっているのもよくあることである。

28 どちらもスラブ系言語ではあるが，その2つの言語は異なったものである。両方が話されている環境で育っていなければ，お互いの言語を理解することはできないだろう，とほとんどのウクライナ人が言っている。

29 Tsymbaliuk は，人々がウクライナ語だけを話せるように手助けをするのは国家の責任だと信じている，と言った。

30 ほとんどのウクライナ語話者がロシア語話者のウクライナ人に温かい歓迎を示しているにもかかわらず，緊張はなかなか消えない。中には，戦争のときに人前で不安を声に出して言いたくはない，言語政策よりも結びつきの方に価値が置かれるときなのだから，と言う人もいる。

31 リヴィウの新しいウクライナ語学習の生徒や教師たちは，無視できない社会的様相もあると言っている。Hvesko は，彼女のクラブの参加者のほとんどが財政的に豊かだと言った。

32「苦しい生活をしている他の人たちは，ただ生き残れるように努力しているだけです。彼らは，今，言語のことについて考えることはできないのです」と彼女は言った。

33　大学教授である Onuch は，ロシアの侵攻が言語の切り替えを加速させてきたという見解を立証するデータはまだほとんどないと言った。そして，多くのロシア語話者のウクライナ人にとって，侵攻前，言語はアイデンティティ・ポリティクス（特定のアイデンティティをもつ集団が社会的地位向上を目指す活動）にはあまり結びついていなかった，と彼女は言った。

34「今や彼らはそのことについて考えています。そして，そのことは何かを意味し始めているのです」と彼女は言った。「ロシアの偉大さという考え方を取り除き，すっかりウクライナ語に切り替えることは，1つの力です。彼らは今，全く力がありません。これこそが彼らのもつ唯一の力なのです」

35　Yermolenko は，彼女の決断を前向きな受容として枠づけた。

36「私がロシア語を使いたくないのは，ロシア語が占領者の言語であるからというだけではなくて，ウクライナ語を使いましょう，とても格好いいから，ということでもあるのです」

37　東部から来た多くの人たちと同じように，リヴィウに着くまでに彼女のウクライナ語を話した記憶は，唯一，家族の先祖伝来の村に祖父母を訪ねたことだった，と彼女は言った。彼女の人生の大部分の間，彼女は，ウクライナの言語といえば「小作人とお年寄り」を連想していたのだった。

38　夜の町をぶらつきながら，10代の若者たちがウクライナ語で冗談を言ったりスラングを使ったりしているのを聞くことは，彼女にとってとても重要なことだと感じられた。

39「彼らにとっては，それは何でもないことでしょうが，私たちにとっては奇跡のようなことなのです」と彼女は言った。

解説

「次の文章を読み，それぞれの質問に最適の答えを選べ」

1.「空所（　1　）に最適なものはどれか」

a.「文化」　b.「言語」　c.「国家」　d.「専門的職業」　空所のとこ

ろまでずっと言語の切り替えについての話題が続いていて，空所後もその話題が続くため，正解は，ｂの languages。

2.「空所（　2　）に最適なものはどれか」

ａ.「進行中で」 ｂ.「次第に減少して」 ｃ.「攻撃されて，非難を受けて」 ｄ.「最新の知識を採り入れた」 空所を含む段落の第1文（Under his leadership …）に「キーウが公共の場ではウクライナ語を使うよう法律を強化した」という内容があり，これに対してロシアは批判的だったと推測できる。ａの in progress やｄの up to date では，ロシアから非難される内容ではなく，不適。また，ｂの on the decrease もウクライナ国内でロシア語話者が減ることにわざわざロシアが口をはさむことでもなく，不適である。正解は，ｃの under attack。

3.「空所（　3　）に最適なものはどれか」

ａ.「近い」 ｂ.「触発されて，奮起して」 ｃ.「説得されて」 ｄ.「被りやすい」 空所の直前の文（Throughout the centuries …）に「ロシア支配の間に知識人や国家主義者が処刑されたり，収監されたりした」という内容が書かれている。空所の直前に also があるため，その話の続きであり，ここでもひどい目に遭っていたことが書かれているものと考えられる。なお，population transfer とは「集団移送」のことで，空所の後の部分にあるように，スターリンはウクライナ人を強制的にロシアに移送したのであった。そう考えると，ｂの inspired では，自分たちが自ら移動したことになり，不適。ｃの persuaded では，説得されて移動したことになり，これも不適である。また，ａの close では，「近い」ことがどういう意味をもつのかが不明であり，不適である。最も適切なのは，ｄの subject。subject to ～ で，「～を受けやすい，影響を受ける」の意味。subject にはたくさんの意味があるので要注意である。

4.「空所（　4　）に最適なものはどれか」

ａ.「～を理解する能力のある」 ｂ.「～をよく知って」 ｃ.「～に興味をもって」 ｄ.「～に反対して」 空所の直前には less があり，意味の取り違えをしないように注意が必要である。その less を付けて考えると，ａは「～を理解する能力が低い」，ｂは「～をよく知らない」，ｃは「～に興味をもっていない」，ｄは「～に反対していない」の意味となる。ａでは，理解する能力がないと言い切るのは，内容的に不適であるし，ｃでは，興味をもっていなければ，ウクライナ語を学びに来ることはないだろうし，不適である。また，d では意味がつながらず，不適である。正解は，b の familiar with である。空所の次の段落の第1文（Though they are …）にウクライナ語とロシア語は異なった言語だと書かれており，発音方法も異なることが考えられる。

5.「空所（ 5 ）に最適なものはどれか」

a.「犯罪」 b.「冗談」 c.「奇跡」 d.「当然のこと」 空所の部分を含む箇所は，ウクライナ語に切り替えることを決心し，現在学習中の Yermolenko の言葉である。ウクライナ語で冗談を言ったりスラングを使ったりするという，若者たちにとっては何でもないことが，現在学習中の自分たちにとってはどういうものなのかを考えると，c の miracle が最も適切である。

6.「本文によると，次のうちで正しいものはどれか」

a.「Anna Kachalova は，Yamova という名前の民間ボランティア組織のメンバーである」

第5段第1文（She found help …）に，「Yamova という民間のボランティア組織が運営する言語クラブで自分の助けになるものを見つけた」とあり，運営側ではなく生徒であることから，正しくない。

b.「Anna Kachalova は，現在ロシア語を学んでいるウクライナ人である」

第3段第2文（Though most are …）に，「Anna Kachalova はロシア語を話しながら育った」と書いてあり，現在学んでいるのはウクライナ語であるため，正しくない。

c.「Anna Kachalova は，日常的に使う言語を突然変える必要性に困っている」

be troubled「困って」 on a daily basis「日常的に，日々」 第4段第2文（Despite feeling that …）で「彼女は，言語の切り替えは重要だと感じているが，別の言語への突然の転換は難しいと言った」とあり，正しいと言える。よって，これが正解。

d.「Anna Kachalova は，チェルニーヒウの自分の家を出て，現在はキーウにいる」

第6段第1文（“From the moment …）に，「彼女はキーウの北にあるチェルニーヒウから逃げてきた」とあるが，第５段第１文（She found help …）に，「リヴィウの図書館で言語クラブを見つけた」と書かれており，キーウにいるとは書かれていないため，正しくない。

7.「本文によると，次のうちで正しいものはどれか」

a.「Dantesという名前の歌手は，ウクライナ人とロシア人が仲良くすることを期待してウクライナ語で歌い始めた」

in the hope that ～「～ということを期待して」 get along「仲良くする」 第11段第１文（Dantes, a singer …）に，「彼が出したウクライナ語の歌は，ロシア語話者にウクライナ語への切り替えを促すものだった」という内容があるので，正しくない。

b.「ゼレンスキー氏が大統領に選ばれた理由の１つは，彼の母語がウクライナ語であるからである」

mother tongue「母語」 第15段第１文（A former comedian …）に，「ゼレンスキー氏は，ロシア語を話して育った」とあり，正しくない。

c.「ウクライナ政府は，2014年にロシアがクリミア半島を併合したとき，学校でロシア語を教えることを禁止した」

ban「禁止する」 annex「～を併合する」 第16段第１文（Under his leadership …）に，ウクライナ政府が言語法を強化したのは2019年だと書かれており，正しくない。

d.「ウクライナの活動家たちは，多くの人の西の方向への避難を『ウクライナ化』のいい機会だとみなしている」

activist「活動家」 evacuation「避難」 Ukrainization「ウクライナ化」 第７段第１文（Ukrainian activists see …）に，「活動家たちは，西方への移動に類のないチャンスがあるとみている」と書かれている。何のチャンスかについては，次の文（“When you switch …）に「言語を切り替えることはアイデンティティを切り替えることと同じようなものだ」と書かれ，さらに次の文（“Now, while they …）には，「ウクライナ語を話す地域にとどまっている間は言語の転換はより簡単になると思っている」と書かれている。以上のことから，ウクライナ語を話す地域に避難してとどまることで，ウクライナ語への転換が簡単になり，アイデンティティの切り替えも可能になると読み取ることができる。よって，これが正解。

8.「本文によると，次のうちで正しくないものはどれか」

a.「キーウの人たちにとって，ウクライナ語とロシア語の両方でお互いに話しかけることはよくある」

第27段第2文（It is common …）に，「キーウのような大都市地域では，1人がロシア語を話し，もう1人がウクライナ語を話している会話を聞くことがよくある」とあり，さらに次の文（Mixing the two …）に，「両言語が混ざっているのもよくある」とある。よって，正しい。

b.「ロシア語とウクライナ語はとても似ているので，もしあなたがどちらかを理解できたら，もう一方も簡単に理解できる」

第28段（Though they are … be mutually understandable.）に，「ウクライナ語とロシア語は異なる言語で，両方が話されている環境で育っていなければ，お互いの言語を理解することはできない」という内容があり，正しくない。よって，これが正解。

c.「ロシア語がウクライナでよく使われる言語になった理由に関して，意見の違う人もいる」

as to ～「～に関して」 第20段第1文（At a *Yadinya* …）に，ウクライナのロシア化について，Hvesko の生徒の Yermolenko が反対の意見を言ったことが書かれており，意見の違う人がいることから，正しいと言える。

d.「Victoria Yermolenko は，今やロシア語の代わりにウクライナ語を話そうとしている」

instead of ～「～の代わりに」 第24段第1文（“I've done a …）より，彼女はロシア語を話すことができるとわかるが，第23段第1文（Yermolenko switched to …）に，ウクライナ語に切り替えたと書かれている。よって，正しい。

9.「本文によると，次のうちで正しいものはどれか」

a.「ロシアがウクライナに侵攻して以来，ウクライナ人の約3分の1が自分の母語に執着するようになった」

be attached to ～「～に執着して，愛情を覚えて」 第2段第1文（An estimated 1 …）に，「ウクライナ人3人のうち推定1人は家庭でロシア語を話している」とあるが，ロシアの侵攻後にどのくらいのウクライナ人が母語に執着するようになったかの具体的な数字には触れられていないため，正しいとは言えない。

b.「ウクライナ語話者とロシア語話者の間の対立は，ウクライナでの大きな問題である」

conflict「対立，争い」 第30段（Despite the warm … over language politics.）に，「ウクライナ語話者がロシア語話者のウクライナ人に温かい歓迎を示していても，緊張は消えないが，結びつきに価値が置かれている戦争時に，人前で不安を声に出して言いたくはないという人もいる」という内容があることから，大きな問題にはなっていないことがわかる。よって，正しくない。

c.「ウクライナ東部から来た人たちは，ウクライナ語を占領者の言語だとみなす傾向にある」

see *A* as *B*「*A* を *B* とみなす」 occupier「占領者」 本文全体から，占領しにきたのはロシアで，ウクライナは占領された側であることは明白である。また第36段第1文（“I don’t want …）で，ロシア語話者だったYermolenkoがロシア語を使わない理由として，占領者の言語であることを1つの理由として挙げており，占領者の言語はロシア語であることがわかるため，正しくない。

d.「ロシアに対しての苦闘を通じて，ウクライナ語を使うことはウクライナ人にとって政治的な重要性を帯び始めた」

struggle「苦闘，闘い」 take on ～「～の性質を帯びる」 第33段第2文（And for many …）に，「ロシア語話者のウクライナ人の多くにとって，侵攻前は言語がアイデンティティ・ポリティクスにそれほど結びついていなかった」とあるが，第34段第1文（“Now, they’re thinking …）に「彼らはそのことについて考え，そのことが何かを意味し始めている」とある。よって，内容的に正しいと言える。したがって，これが正解。

10.「本文に最適なのはどのタイトルか」

a.「ウクライナの衝突の間のバイリンガル教育」

b.「今日のウクライナの多文化主義」

c.「ウクライナ戦争の歴史的な起源」

d.「ウクライナでの言語の重要性」

まず，aについては，第2段第1文（An estimated 1 …）に，「ウクライナのロシア語話者の多くが，ロシアの侵攻に抵抗してウクライナ語に切り替えようとしている」と書かれている。また，本文全体に，switch「切り替え」や transition「転換」という言葉がたくさん見られるように，ウクライナ語への切り替えを促しているので，バイリンガル教育とは言えず，不適である。同様の理由で，b についても，多文化主義とは言えないため，これも不適である。c については，確かに第 18 段第 2 文～第 22 段第 2 文（Throughout the centuries … a common language.）で，ロシアによるウクライナ支配や両者の関係についての歴史が述べられているが，本文全体で，そのことを主に伝えたいわけではないため，タイトルとしては不適である。最も適切なのは d で，本文全体を通じて，ロシアにかかわるウクライナでの言語について述べられていることに合致するので，これが正解となる。

講評

例年どおり，全問マーク方式で，試験時間は 2023 年度に引き続き 90 分である。問題の構成については，2023 年度までの問題のうち，2024 年度は誤り指摘と文構造問題がなくなり，以前に出題されていた 450 語前後で 2 題ある長文空所補充問題が復活している。読解問題は，長文空所補充問題が加わったのにもかかわらず，2 題ともかなり長く，特に大問Ⅴは 1,200 語近くの長文であるため，試験時間内に読みこなせるだけのかなりのスピードのある読解力が要求される。

Ⅰの前置詞補充，基本動詞補充，名詞補充，**Ⅱ**の同意表現選択は，これまでと変わらず基本的なものがほとんどで，地道な学習の成果を充分に発揮できる問題である。

Ⅲの長文空所補充問題は，1 つのインタビューが 2 つの問題に分けられているが，どちらも 450 語前後の長文で，それぞれ共通選択肢の空所補充が 5 問出題されている。インタビューは，ポッドキャストを使って政治的分断を乗り越えようとしている 2 人の人物に対してのもので，比較的平易な英語で書かれ，しかも対話形式であるため，読み進めるのはさほど難しくないであろう。選択肢は，A は名詞句，B は不定詞句でまとまっているため，形では判断できず，選択肢の意味と長文の内容をしっかりと照らし合わせながら読み進められる読解力が必要となる。

Ⅳの長文読解問題は，自動販売機の役割とその広がりを題材にした

950 語を超える長文で，空所補充 5 問，内容真偽 5 問が出題されているのは例年と変わらない。英文としてはそれほど難しいものではないが，細かい段落に分かれ，自動販売機に関わる多くの話題が盛り込まれているため，内容を整理しながら読んでいく必要があるだろう。

Vの長文読解問題は，ウクライナにおける言語の切り替えを題材にしたものであるが，1,200 語近くのかなりの長文で，空所補充 5 問，内容真偽 4 問，主題選択 1 問と，2023 年度より空所補充問題が 1 問増えている。英語としては難しいものではないが，英文が長い上に，細かい段落に分けられてさまざまな場所や人物が登場し，しかもしばらくたって再登場する人物もいるため，誰がどういう人で何をしたのかなどを整理しながら話題についていくことが大きなポイントとなる。

講評

一　本文は言葉遣いが難しく、全体の趣旨は捉えにくく感じただろう。ただし、同内容を繰り返し述べているため、慎重に読めば設問に対応していけたはずである。配点から考えてもある程度時間をかけて取り組みたい。漢字・語句は標準的なレベルなので取りこぼさないようにしたい。抜き出し問題も明確なものであった。内容説明の問題では、本文に書いてある言葉だけに安易に飛びつかないように心がける必要がある。説明として要素が必要十分か、正確な分析をすることが求められる。

二　一と比べると文章も短く、読みやすい。趣旨も典型的な論点であり捉えやすいため、あまり時間をかけず、取りこぼさないようにしたい。

三　二と同様、文章も短く、標準的な問題である。表が示されているが、問二以外の設問では直接には関係しないため、その見極めに時間をかけないように注意する必要がある。

るＭＤＧｓの目標には対応するものがないとわかる。では、ＭＤＧｓにとってＳＤＧｓで言うところの⑦〜⑨「経済成長の成果がすべての人々に行き渡ること」（空欄部前）はどう扱われていたのか。ＭＤＧｓでは「貧困削減」が目標として掲げられた（第三段落）のだから、経済成長はその「貧困削減」の手段であったと言える。よってＥがあてはまる。

〔問三〕　傍線部の後で日本を例にとり、「開発途上国の持続可能な開発のためにどれだけコウケンしたか」は、多くの達成指標の一部に過ぎず、「支援への義務付けが、実態上弱まっている」と述べている。先進国と途上国を「同等に扱っている」（第六段落）とは言うものの、「国内の身の周りで何ができるかのほうに関心が置かれ」（第七段落）、『国際開発離れ』が進んでいる」（第八段落）というのである。よってＤが正解。Ａの「国際的な評価」、Ｃの「先進国にかかる負担を軽減する意図」、Ｅ「共有することが可能」「義務が…なくなってしまう」については本文に述べられていない。Ｂ「すべての国が…注力できるようになるわけではない」「開発途上国においては…限られる」について、事実かもしれないが、ここでの筆者の意見とは言えない。

〔問四〕　傍線部の直前「これ」は、さらにその前の〝開発途上国の貧困問題をマルクス経済学的な世界システム論で解釈すること〟を指している。この「世界システム論」について筆者は、歴史から考えれば貧困問題の「一面の真理を突いている」とするが、「今や妥当性を欠いている」とも述べている（第十一段落）。一方、環境問題に関しては「世界システム論」的な構造があるため、ＳＤＧｓによってそれらの解決方法が混同されてしまうとしている（最終段落）。よって「ひとくくりにされ」「誤認される」とするＡが選べる。

〔問五〕　ＳＤＧｓがＭＤＧｓの貧困削減という目標に対し、環境保護という目標を増補・統合したことを述べた後、第八段落からＳＤＧｓの「国際開発離れ」が進んでいる理由を考察している。その理由は、多くの国において貧困削減が進んだことにより国際開発が要らないかのように認識されていること、課題への認識が相対的に低まったこと、いまだに「世界システム論」的な考え方で貧困問題が解釈されていることである。これらをまとめているＣが正解。

D、「その事実をもとに…結論づけた」が本文に根拠がない。
E、「独自の世界観を築いていくことの重要性」について本文に根拠がない。

三

出典　山形辰史『入門 開発経済学——グローバルな貧困削減と途上国が起こすイノベーション』〈4—4 SDGsとその国際開発離れ〉（中公新書）

解答

〔問一〕(3)—A　(4)—D
〔問二〕E
〔問三〕D
〔問四〕A
〔問五〕C

要旨

SDGsは、MDGsで掲げられた開発途上国の貧困削減という目標に、環境保護という目標を増補・統合するかたちで設定され、社会に浸透してきた。ただし、開発途上国の持続可能な開発への貢献が主旨から外れたことによって、「国際開発離れ」が進んでいると言える。国際開発のニーズはまだ大きく、環境問題に起因しない貧困や人権侵害もまだ残っており、開発途上国の貧困削減が先進国の環境問題解決によって促進するわけでもないのである。

解説

〔問一〕(3)は〝ある物事や社会のために役立つように尽力すること〟という意の貢献、(4)は〝広く行き渡ること〟という意の普及。

〔問二〕第四・五段落で、SDGsの目標がMDGsのどのような目標を引き継いだものであるか、述べられていることを確認し、表での対応を読み取る。すると、「経済成長」に関わる「SDGsの目標⑦〜⑨」は、表2に示されてい問われることになる。

解説

〔問一〕 喝破は〝物事の本質を明言すること〟の意。

〔問二〕 傍線部から続く第一・二段落では、「世界」は「現存の国家を元にした地域空間の集積」とされ、それが自明であるかのように認識されているが、「世界美術」「世界文学」は実は「それ自体として存在するわけではない」ことが述べられている。そのため、ゲーテが「『世界文学』の成立条件」とした「国民や民族相互間における美的および道徳的な感情の融合」はいまだ成されていない。それらを説明しているBが正解。

〔問三〕 傍線部直前にあるように、「現在のように地球＝世界として一般的に想定されるようになったのは」「世界地図の作製によってもたらされたものである」。傍線部の引用は、これと「まさしく」でつながれているので、ほぼ同じ内容を意味していることになる。したがって、「像になる」とは、「世界地図の作製」のことだと解釈できる。よって「世界地図の作製に見られるような」とあるAが正解。B・C・Eには地図の「作製」という要素がない。これは傍線部の「像になる」を説明するのに必須の要素である。Dは中世のイメージを地図にする、という内容なので、この説明だと「中世的なもの」をそのまま引き継いでいることになってしまう。

〔問四〕 「世界」とは空欄前後にあるように「誰にとっても実在として確認されたものではない」「虚像」「仮象」であるから、B「仮定的」、C「不確かな」、D「空想的な」のいずれかが入る。Bの「帰納的」は、個々の具体的な事例から導き出されたことを意味するので、不適。Cは、「イメージとしての『世界』は存在してきた」、人文学にとって「重要な課題」だったとある（第十一段落）から、「偶発的」が不適。空欄にはDがふさわしい。

〔問五〕 A、「そもそもの誤りが含まれている」が本文に根拠がない。
B、第七段落以降の内容と合致。
C、「反映する余地がなくなってしまう」は最終段落に反している。

B、「近代民主主義」についても、「大規模な社会的災厄」があったと第四段落に述べられており、不適。
C、「…政治家となった以上は…支持者を利用して権力を維持しようとする」が合致しない。利用するのは支持者ではなく社会の分断である（第十八段落）。
D、本文では「『市民社会』の原則」については述べられていない。
E、「批判性が失われ」ることについては第十七段落、「市民社会を維持するための文化の醸成」については最後の二段落で述べられており、合致する。

二

出典　山室信一「なぜ、『世界』を問題とするのか——人文学の来し方・行方を考えるために」（山室信一・岡田暁生・小関隆・藤原辰史編『われわれはどんな『世界』を生きているのか——来るべき人文学のために』（ナカニシヤ出版）

解答

〔問一〕C
〔問二〕B
〔問三〕A
〔問四〕D
〔問五〕B

要旨

現代では、「世界」とは現存の国家を元にした地域空間の集積だとして認識されているが、その空間区分は自明ではない。それは、人々の世界観の反映であり、時代や地域によって大きく変転してきた。そのため、人が「どんな『世界』に生きているか」を問題とするならば、時間軸と空間軸の二つから考えなければならない。さらに人文学の立場から「世界」を問題とするならば、「世界」を意味づける個人の主観と同時に、それを対象として認識する客観的理性とは何かがれている（第十三段落）。さらに傍線部の後でも、「市民的でないと批判すること」が「市民社会を分断」し、政治家が「その分断を利用して権力を維持しようとする」（第十八段落）ことへの懸念が繰り返し述べられている。それらに合致するCが正解である。

〔問五〕 傍線部直前の「そうした」の指示内容を確認すればよい。その前の「レトリック」とは、文章や言葉に説得力をもたせるための技術のことを意味するが、ここでは、政治家が権力を掌握しやすいように説得力をもたせるために用いた表現のことであり、本来ならば「幻想」であるはずのものを指している。そのため、その「レトリック」の内容である、「『より良い政治家を選択することによって社会を改善する』という構想」を抜き出す。

〔問六〕 傍線部直前の「そのような」の指示内容は前文の内容であるため、「市民社会」とは、「社会の分断を防」ぐこと、「社会的災厄を低下させ」ること、反民主主義的な政治家を人々が「できれば」「選択するような可能性をも低下させる」ことを可能とする「社会的領域」のことだとわかる。また、傍線部直後の内容から「市民社会」を維持する方法＝「市民文化」であるから、傍線部を含む段落の前段落にある「文化」の内容を参照する。「有権者として…市民と、政治化された市民という両極の間に、なんらかの領域」とある。これらのことから、「政治への関与の度合いによる市民の分断」「非民主的政治家の選出」を避ける、とするDが正解。Aは「一体となって」が不適切。一体となるのではなく、間にある領域である。Bは「立法権力」「司法権力」との「協働」が不適切。C「権力の暴走を防止するための制度や機能の整備を推し進める」ことについては、第六・七段落で述べられているが、第八段落で「しかしさらなる問題は…」とされており、筆者の考える、あるべき「市民社会」だとは言えない。Eは「政治家に責任を取らせることができる」が不適切。最後から三つ目の段落にあるように、「あらゆる政治的責任は市民に押しつけられるのであって、政治家は責任をとらない。…市民全体が受け入れるしかないのである」。

〔問七〕 A、最後から三つ目の段落に「民主主義は、より民主主義的な人物を選ぶための制度ではない」と述べられており、不適。

解説

〔問二〕　傍線部「こうした状況」とは、傍線部を含む段落冒頭の「反民主主義的政治家が権力を行使して民主主義を破壊しようとする状況」を指す。その状況が「生じる」のは、傍線部の直後にあるように、「多数派有権者の支持を背景に政治家が（権力を）行使する」からである。第一段落にあるように「人権を否定するような政策を掲げる政治家や政党」を「有権者が支持」し、民主主義だからこそそれらの政治家が多数の支持を得れば権力を行使し、掲げる政策を実行する、ということである。Eが正解。

〔問三〕　空欄(3)は直後で「社会的混乱」が起こると述べられているので、権力を横暴に行使するといった内容の表現があてはまる。よって、B「恣意」、D「専断」、E「暴力」のいずれかである。次に(4)は直前の「少しずつ」と同内容の表現が入り、A「断続」、B「漸進」、D「段階」に絞れる。(5)は、地方自治が現代政治においてどのように行われているかを考えればよい。筆者としては、三権分立と並んで、広く行われていると考えているから、B「一般」がよいだろう。この時点で正解としてBが選べる。(6)も確認すると、前の「その問題」とは、第八段落で述べられている、行政権の専制化などを主張して有権者の支持を得た政治家が出現する可能性があるという問題である。つまり反民主主義的政治家の出現であり、それを考えるために、「民主主義的と人々が判断する公約を掲げた政治家を人々が支持する状況」について考えるということは、一見矛盾している。その矛盾を表しているのが(6)だから、「逆説」があてはまる。

〔問四〕　傍線部「危機的状態」が生じるのは、直前の「そのような市民に関連する用語法の許容、またそうした政治活動自体」によってである。そこで「そのような」「そうした」の指示内容を確認すると、前者の「そのような…用語法」は「『民主主義的』で『リベラル』だと自称する政治家を支持する者を「『市民的』有権者」とすることであり（第十段落）、「保守支持派」は「市民」から除くことである（第十二段落）。後者「そうした政治活動」はその「市民」たちが支持する「新しい政治」を指し、そしてそれが「人々が自発的に権力者に従うという事態」となることが指摘さ

国語

一

出典　越智敏夫『政治にとって文化とは何か――国家・民族・市民』〈序章　政治にとって文化とは〉（ミネルヴァ書房）

解答

〔問一〕　(2)襲　(9)官僚

〔問二〕　E

〔問三〕　B

〔問四〕　C

〔問五〕　「より～う構想

〔問六〕　D

〔問七〕　E

要旨

反民主主義的な政治家が権力を行使して民主主義を破壊する、という権力の暴走を阻止し、社会の混乱を防止するため、人々は制度を作り、改良してきた。しかし三権分立を含めたそれら制度が否定され、行政権の専制が主張される可能性もある。また、市民が政治の道具となることや、支持する政治家を批判する他者を「非市民」として非難することで市民自身が市民社会を分断する事態も起こりうる。そこで、より良い政治家を選択することによる社会の改善を目指すのではなく、社会的災厄を避けるため、「市民文化」によって社会的領域としての「市民社会」を作り出す必要がある。

////////////////////// · memo · //////////////////////

· memo ·

////////////////// · memo · //////////////////

2023年度

問題と解答

■一般方式・英語外部試験利用方式・共通テスト併用方式

問題編

▶試験科目・配点

〔一般方式〕

教　科	科　　　　目	配 点
外国語	コミュニケーション英語Ⅰ・Ⅱ・Ⅲ，英語表現Ⅰ・Ⅱ	150点※
国　語	国語総合（近代以降の文章）	100点

※英語外部試験利用方式では100点に換算する。

▶備　考

- 「外国語（英語）」の平均点を基準点とし，基準点に達した者の「外国語」および「国語」の合計得点（250点満点）を合否判定に使用する。

〔英語外部試験利用方式〕

- 英語外部試験のスコアの高低に応じ，満点を50点として換算し，「外国語」および「国語」の得点に加算する。
- 「外国語（英語）」の平均点を基準点とし，基準点に達した者の「外国語」および「国語」の得点に，外部試験の換算得点を加えた合計得点（250点満点）を合否判定に使用する。

〔共通テスト併用方式〕

- 一般方式の「外国語（英語）」の平均点を基準点とし，基準点に達した者について，大学入学共通テストで受験した3教科3科目（300点満点）と一般方式の「外国語（英語）」（150点満点）の合計得点（450点満点）を合否判定に使用する。

英語

（90分）

（注）満点が150点となる配点表示になっていますが，学部別選抜英語外部試験利用方式の満点は100点となります。

I　From the choices 'a'—'e' below, select the best answers to fill blanks (1)—(5). Each answer can be used only once. (30 points)

A

1. The student was in a hurry because he had to finish his essay (1) the end of this month.
2. Judging (2) what they say, the work seems pretty hard for them.
3. My close friend was born (3) the morning of April 1st.
4. This is a very complicated problem. Let's talk about it (4) a cup of coffee.
5. Please don't leave your luggage there as it will get (5) the way of pedestrians.

a. by
b. from
c. in
d. on
e. over

B

1. We made a plan to (1) the river up to the headwaters.
2. Don't be so simple-minded as to (2) your displeasure in front of other people.

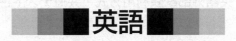

3．Parents should (　3　) their children to do what they like.

4．Children (　4　) to watch television rather than read books.

5．The developing country cannot (　5　) enough food for its population.

a．display

b．encourage

c．explore

d．prefer

e．yield

C

1．The President has shown utter (　1　) to the struggles of the working class.

2．The story says that the king traveled around the country in (　2　).

3．Sports provide her with a welcome (　3　) from the stress of her daily life.

4．My wife and I met through a mutual (　4　) in our college days.

5．The journalist feels a deep (　5　) for the families of the victims.

a．acquaintance

b．disguise

c．diversion

d．indifference

e．sympathy

Ⅱ From the choices 'a' — 'd' below, select the words which are closest in meaning to the underlined words or phrases (1) — (10). (20 points)

1. It was sensible (1) of her to let go of the business and transfer it to him.

a. emotional

b. generous

c. sophisticated

d. wise

2. Some scientists say they have difficulty in predicting the precise consequence (2) of an increase in average temperature.

a. change

b. outcome

c. possibility

d. strategy

3. We were in great trouble, but one of us had no comprehension (3) of the seriousness of the situation.

a. attention

b. concern

c. conversation

d. understanding

4. Most people working for this corporation seek to enhance (4) their status at work in whatever ways they can.

a. raise

b. realize

c. secure

d. utilize

5. To meet the international expectations, the whole process needs to be

(5) transparent.

a. able to accelerate

b. easy to modify

c. open to public scrutiny

d. ready to implement

6. Action is urgently (6) called for so as to avert catastrophe.

a. approved

b. needed

c. proposed

d. suspended

7. Can you tell me in detail why jobs are hard to (7) come by these days?

a. maintain

b. obtain

c. pass

d. support

8. Everyone knows that he is always trying to get something (8) for nothing.

a. in an inefficient manner

b. in vain

c. without payment

d. without value

9. Most of the classmates agreed that it was necessary to (9) do away with their school uniform.

a. abolish

b. alter

c. regulate

d. rethink

10. All the employees working at the factory could not figure out(10) the reasons behind the conclusion the employer had come to.

a. interpret

b. proclaim

c. reject

d. tolerate

Ⅲ Select the sentence that is grammatically incorrect in each group. (15 points)

1. a. Completing the program within a week seemed nearly impossible even for the engineer who many regard as a genius.

b. Despite the growth in industrialization, a number of factors contributed since the following years to economic decline.

c. Microchip technology has made it possible for biologists to work on conservation projects for endangered wildlife, resulting in population growth.

d. The health expert recommended that the patient get up and move around for at least two minutes every hour to reduce health risks.

2. a. Indonesia is the country which the G20 Summit was held in 2022, and economic issues during the pandemic, among other global issues, were discussed by the leaders.

b. Salmon and tuna are abundant sources of omega-3 fatty acids, substances which have been linked to a variety of benefits for both body and mind.

c. The movie captures the deep concern that the technology, which seems to promise us a comfortable future, may deprive us of our freedom and humanity.

d. When plans for redevelopment in the region were announced, issues arose concerning their scale as well as their environmental impact.

3. a. Having watched the presidential debate yesterday, I was pleased when

the candidate asked whether enough was being done to reduce the gender gap.

b. Kalari is an Indian martial art and it is said to be the oldest one in the country, originating more than 3000 years ago.

c. Not until the Patent Office finishes all procedures including examination and registration, you can legally claim a design right as your own.

d. The lack of gasoline grew so serious that angry citizens blocked roads and protested outside government offices to demand more.

4. a. In early human history, the older members of the community were storytellers and historians, passing on values and beliefs to their descendants through their oral tradition.

b. The company's target of reducing emissions by thirty percent by the end of the decade seems unrealistic.

c. The manager could not help but wonder how different the situation would have been if he had made a different choice at that moment.

d. There is a rumor that the technology giant will release a brand-new computer capable to analyze billions of pieces of information in an instant.

5. a. According to a survey, reading digital comics is much more common among teenagers and approximately two-thirds of them have experience with such technology.

b. In terms of space exploration, the government has been decreasing its budget, and as a result, the number of private space-related companies is increasing.

c. The gallery is located in an old renovated factory which, before its closure in 2002, processes fruit and vegetables grown in the orchards and farms of the river valley.

d. What started sixty years ago as a mobile ice-cream shop has grown into the industry's leading global chain.

Ⅳ From the choices 'a'—'d' below, select the best answers to fill blanks (1)—(9). (18 points)

1. The average income of the young families in these areas has become (1) than a decade ago.

a. cheaper

b. less

c. lower

d. scarcer

2. The lecturer gave a speech in front of a large audience the other day and we found it (2).

a. impressed

b. impression

c. impressive

d. impressively

3. While living in Tokyo, he (3) often go fishing with me when he had free time.

a. ought to

b. should

c. was used to

d. would

4. The chief executive officer is a wonderful leader and she has great influence on (4) around her.

a. few

b. other

c. those

d. who

5. My sister and I stayed in England for sightseeing for a week, and I enjoyed the trip and (5).

a. did my sister so

b. did so my sister

c. my sister so did

d. so did my sister

6. We were flying over the Mediterranean and the captain (6) they estimated the arrival would be delayed 15 minutes.

a. explained to us what

b. explained to us why

c. explained us what

d. explained us why

7. (7), a failure can be the first step toward a major breakthrough.

a. As is often science in the case

b. As is often the case in science

c. As science is often in the case

d. As science is often the case in

8. The report suggests that the cost of the current advertising campaign (8) the benefits the company receives.

a. all proportion out of is to

b. all proportion to is out of

c. is out of all proportion to

d. is to all proportion out of

9. The degree (9) for its survival was so large that people created songs and rituals in celebration.

a. to the salmon migration which depended on the tribe

b. to the salmon migration which the tribe depended on

c. to which the tribe depended on the salmon migration

d. which the salmon migration depended on to the tribe

V Read the following passage and select the best answer for each question.

(35 points)

Even before climbing star Alex Honnold's stunning "free solo" climb of Yosemite's El Capitan in 2017, rock climbing was becoming popular. Now, with its debut at the Tokyo Olympics, the once minor sport is set to reach new heights. Yet the popularity of rock climbing and its sister sport, bouldering (where climbers scramble up large rocks without the use of ropes or harnesses), is raising questions about the damaging environmental effects of climbing chalk — an essential climbing tool.

Made from magnesium carbonate ($MgCO_3$), climbing chalk is the same substance that gymnasts and weightlifters use to improve their grip on bars and weights. In fact, it was first introduced to rock climbing in the 1950s by John Gill, who was a gymnast in college before he turned his attention to bouldering. (1) then, amateur and professional climbers alike have come to depend on the chalk's drying and friction-inducing properties — and have been leaving "chalk graffiti" (marks which remain on rock faces) around the world. The resulting chalk marks have become so bad in the United States that parks are beginning to restrict its use. Utah's Arches National Park allows only colored chalk that nearly matches rocks, while Colorado's Garden of the Gods National Natural Landmark banned all chalk and chalk substitutes. Native American tribes have declared areas under Indigenous control off-limits to climbers, not only because of ugly chalk marks but also to preserve spiritually important areas.

Beyond the (2) pollution, new research suggests chalk may be harming the plants that grow on rocks. A 2020 study on the effects of climbing chalk found that it negatively impacted both the growth and survival of eight species of ferns and mosses in laboratory settings. Wiping it off doesn't seem to help; chemical trails on cleaned rocks changed the rock surface's chemical balance, which could affect the ability of plants to grow there in the future. That (3) because some climbing spots, such as "erratic boulders," host unique ecosystems. These erratic boulders — rocks scattered across the globe by glaciers at the end of the Ice Age — are islands of plant life, different from the land they sit on. As such, they may hold information about that era and how these plants travel.

It's not even clear whether chalk improves climbing performance at all. Some studies found no additional benefits for grip, while others found the opposite. Some climbers may find it helpful, says Daniel Hepenstrick, a co-author of the 2020 study. But more likely it's a psychological aid. "When you face a problem on a rock, what do you do?" he says. "You powder your hands and go on."

Adding to climbing chalk's potentially problematic nature is where it comes from. Magnesium carbonate is processed from magnesite, a mineral buried deep within the Earth. According to *Climbing Magazine*, more than 70 percent of the world's supply comes from mines in China's Liaoning Province, where satellite photos show magnesium carbonate powder piled up around one mining and processing plant. The Chinese government has strengthened laws around mining to reduce its environmental impact and proposed restoration of the area. But De-Hui Zeng, an ecologist who is studying the substance, says his research matches Hepenstrick's. Zeng says soil samples with high magnesium levels from the mining sites showed reduced nutrients, low microbial life, and plant death.

Hepenstrick emphasizes that his study — one of the first to examine chalk's effect on the environment — is (4) conclusive. Additional work needs to be done to understand the full effects of climbing chalk. But that's easier said than done. The environmental impact of rock climbing, in general, isn't well known. Access is one limitation, as most scientists are not climbers. Even in accessible areas, the variable landscape itself can present a challenge to measuring climbing's effects. "It's been difficult to understand the mechanisms that are potentially impacting the sensitive cliff environments," says Peter Clark, a doctoral candidate who is studying cliff ecology.

Climbing groups such as Access Fund, an organization that provides guidelines to the climbing community, are taking a wait-and-see approach to Hepenstrick's report before making any policy adjustments. "It's data for us," says executive director Chris Winter. "If there is a conservation concern, we take that quite seriously." Until additional studies can be conducted, (　5　) is mostly left to climbers, who "do care about nature," says Hepenstrick, an occasional climber himself. "You could inform climbers that using climbing chalk in a certain way could have an impact, and they would take the possibility seriously."

Colored chalk that blends into rocks is one way to reduce visual pollution. It can also help preserve the spirit of exploration at the root of climbing, says Shawn Axelrod, owner of an outdoor company which sells two types of colored chalk. "Chalk marks give you the path," he says, suggesting that reducing the visibility of chalk supports the problem-solving spirit of the sport. Otherwise, "there is no individuality, no creativity, no challenge to decide what is the next step." But while colored chalk can help reduce visual damage, it doesn't prevent environmental damage. Most colored chalks contain magnesium carbonate along with other ingredients, which Axelrod declined to disclose in his own products due to business reasons.

Beyond adhering to "Leave No Trace" goals, there may be other alternatives. Gill says that when he was young, climbers used organic products from trees or plants to improve grip. But he says these options were pushed aside in favor of chalk. Aside from natural options, the most radical idea of all may be to skip gripping aids altogether. "Back then, it was a different world. A few marks here and there were hardly noticeable," says Gill about the sport's early days. "My friend, Patagonia founder Yvon Chouinard, declined to use chalk when we bouldered because he considered it cheating. Perhaps today he would say it was ugly as well, and maybe even worse."

1．Which best fits blank (　1　)?

a．Before

b．Later

c．Since

出典追記：Jackie Snow, Rock climbing is getting more popular—and that concerns conservationists, National Geographic

d. Until

2. Which best fits blank (2)?

a. biological

b. environmental

c. industrial

d. visual

3. Which best fits blank (3)?

a. depends

b. happens

c. helps

d. matters

4. Which best fits blank (4)?

a. all but

b. far from

c. likely to be

d. nothing but

5. Which best fits blank (5)?

a. development

b. ignorance

c. pollution

d. responsibility

6. According to the article, which of the following is true?

a. Bouldering is a totally different sport from rock climbing.

b. Climbing chalk has come to be seen as a problem for the environment.

c. Climbing chalk was first used by a college student who was keen on rock climbing.

d. Rock climbing had already been an Olympic event before the Tokyo Olympics.

7. According to the article, which of the following is true?

a. Climbers have been prohibited from climbing in some areas by Native American tribes.

b. Some people who are not climbers use climbing chalk to write graffiti.

c. Using chalk is a decent practice in holy places provided that it is harmless.

d. Wiping chalk off a rock can prevent change on its surface.

8. According to the article, which of the following is <u>not</u> true?

a. Chalk may just give climbers a sense of security.

b. Erratic boulders around the world used to be on islands in the Ice Age.

c. Plants that grow on erratic boulders could help us learn about the Ice Age.

d. Zeng agrees with Hepenstrick that chalk can damage plants on rocks.

9. According to the article, which of the following is true?

a. A study found that plants on rocks can be damaged by any gripping aids.

b. Because climbers are environmentally conscious, Hepenstrick expects them to act on the information properly.

c. Climbing groups criticize Hepenstrick's report for a lack of evidence.

d. Scientists who are able to climb can get a whole picture of the impacts of climbing.

10. According to the article, which of the following is true?

a. Alternative gripping aids have achieved the same essential status as chalk.

b. Even now, the founder of Patagonia thinks chalk marks on rocks are unattractive.

c. One argument for the use of chalk is that it makes it easy to follow the traces of previous climbers.

d. The ingredients in Shawn Axelrod's chalk are unknown to the public.

Ⅵ　Read the following passage and select the best answer for each question.

(32 points)

If you're new to Nagoya and in need of a social community, you might want to try picking up some trash. In fact, community service is how many new residents have started their lives in Nagoya since 2019, when the international social group Small World first started holding monthly trash pick-ups. In Japan's fourth-biggest city, a center of industry and jobs that attracts workers from all over, Small World is one of the biggest and most diverse social groups in the city, with a network of over 3,000 people. While known more broadly for being a place to meet both international and Japanese people, the organization has decisively environmental goals.

"Whatever event we're doing, we try to leave as little of a (1) as we can," says Matt Chima, an English teacher from the U.K. and one of the group's organizers. "We use reusable or decomposable products and serve vegetarian food at our social events." In addition to trash pick-ups, Small World runs a vegan food event and promotes climate events and marches in Nagoya. Since 2019, Small World has picked up nearly a ton of trash in downtown Nagoya. But the work of Small World is just the tip of the iceberg in an international community that is highly engaged in environmental field work and activism.

For Katrin Funk, a German employee at a manufacturing company in Nagoya and a Nagoya resident, being a part of Small World ended up launching a career in sustainability. Funk says she grew up in Germany assuming that politicians and companies would solve society's environmental problems. But after coming to Japan, a country behind Germany in terms of sustainability according to the Sustainable Development Index by the Sustainable Development Report, and meeting more environmentally conscious people, she grew (2) to act. She started by helping organize the city's Fridays for Future team, part of the global climate movement started by Swedish activist Greta Thunberg. She runs climate marches, gives public lectures on environmental issues and organizes large-scale charity events around sustainability.

"I didn't want my future children to ask me, what did you do when we still had a chance to change?" Funk says. "I love how the international community gets so active here even though it's not their home country. It's the perfect partnership between doing something good for the environment, having fun and connecting with different cultures." Funk became so involved that she had decided to quit her job at the manufacturing company to focus on activism, but instead she was offered a position running sustainability training for the entire company. "Now I run a mandatory two-hour training for all employees," Funk says. "These people in my company never got to know about the climate crisis. They just assumed somebody else would do something about it. I get a lot of comments from people saying that they want to act now."

Small World has educated a lot of green-conscious individuals in Nagoya's international community. Vegans have a place to make friends and discover the area's under-the-radar vegan food scene with Small World's events, and the trash pick-ups always end with Chima, Funk, and others sharing an eco-habit for the community to try, like using zero-waste magnesium soap for laundry.

Nagoya's environmental events focus on both individual action as well as broader (3) change. Small World's charity events involve eco-friendly DIY workshops that focus on skills like how to make a shopping bag out of an old T-shirt, while local activists from Japan and abroad give talks on urgent climate and social issues.

These events have attracted members of the international community who wouldn't have (4) considered themselves activists. Shehran Azim, a British engineer living in Nagoya, first went to the trash pick-up to make friends. But by the end of the year, he was participating in climate protests, trying out vegan food and running a workshop on how to turn old laptops into cameras and TV screens. "I'm not vegan, not zero-waste. I'm just a guy who wants to do a little bit for the planet. A lot of people are also like me," Azim says. "When you're a foreigner, you need a community and, in Nagoya, Small World is the best community to be a part of. A lot of foreigners here go to Small World for the community, and through that get involved in climate activities because of their friends."

Environmental activism among the international community has also helped support Japanese activists. Miho Murata, a college student from Miyoshi, Aichi Prefecture, has been extremely active in organizing climate demonstrations in Nagoya, and says that international participation is key. "We need to get to a turning point where Japanese people think, 'I'm going to do something good for the Earth because other people do it too,'" Murata says. The trash pick-up is an ideal starting point to gather like-minded people who can make a difference together. "You know you're meeting kindhearted people," says Chima. "These people are devoting time on their weekends to clean up the streets."

Both Chima and Funk had plans for large-scale events in 2020 that were partially hindered by the coronavirus pandemic. But with such enthusiasm from the community, new initiatives are still in the works. Small World plans to collect data on the most polluted areas of the city. Meanwhile, on the trendy social app Clubhouse, Funk started an environmental-conscious group that has already attracted thousands of participants, including politicians and CEOs. "Making a difference doesn't have to be life-changing," Chima says. "We just need to make smarter choices."

1. Which best fits blank (1)?
   a. backbone
   b. footprint
   c. handful
   d. headline

2. Which best fits blank (2)?
   a. determined
   b. maintained
   c. reluctant
   d. uncertain

3. Which best fits blank (3)?

出典追記：The Japan Times, May 1, 2021

a．economical

b．generational

c．political

d．social

4．Which best fits blank (4)?

a．anything

b．been

c．otherwise

d．therefore

5．According to the article, which of the following is not true?

a．According to some official data, Germany ranks higher in sustainability than Japan.

b．Food for eco-conscious people is served at Small World's social events.

c．Members of Small World have been holding vegan food events every month since before the pandemic.

d．Small World provides a meeting place for people from different countries to socialize and learn new ideas and skills.

6．According to the article, which of the following is true?

a．A member of Small World considers it good when people contribute to a country other than their own.

b．Katrin Funk joined an environmental campaign when she lived in her home country.

c．Katrin Funk left her company to devote herself to environmental activities.

d．Small World has been involved with Greta Thunberg in organizing climate marches.

7．According to the article, which of the following is true?

a．Katrin Funk gives sustainability training to the staff of Small World in

Nagoya.

b. One aim of the trash pick-up events is to promote eco-friendly habits for residents.

c. People who join Small World's events usually end up becoming vegan and zero-waste.

d. Small World holds workshops on how to convert old clothes and electronics into other useful items and sell them.

8. According to the article, which of the following is not true?

a. According to one person, the participants who attend trash pick-ups in Nagoya are seldom friendly and considerate.

b. A member of Small World has been trying to connect eco-conscious people with one another by means of social media.

c. Miho Murata believes that international participation will help promote climate activities in Japan.

d. Small World's members were so passionate about their activities that the pandemic did not discourage them.

9. What title best suits the article?

a. Environmental activism of an international community in Nagoya.

b. Global environmental movement started by a Swedish activist.

c. Interaction between Nagoya's citizens and people from other countries.

d. Making good use of trash in downtown Nagoya.

同体よりも、単一言語の国民国家のほうが、熟議民主主義に参加しやすい。

D　熟議においてコミュニケーションの様式が特定の集団に有利に働くものであったり、用語の意味内容が一定でなかったりする場合は、一部の人びとによって熟議が独占される危険性がある。

E　ダンテは一部の特権階級が独占していたラテン語ではなく、誰もが自然に習得できる俗語で書くことで、ラテン語を理解できない一般の人びとに文学を開放したかったのだろうと筆者は考えている。

言語を用いて対話することで相互理解を形成することができるから。

C　共通語を用いることで意思疎通をはかることはできても、政治的対話においては修辞的・語用論的な要素についての知識が必要で、その知識がなければ熟議を理解することができないから。

D　母語以外の言語で政治的争点を議論することはだれにとっても困難を伴うため、熟議民主主義がうまく機能するためには、すべての参加者が土着語を使用できることが望ましいから。

E　理性的な熟議によって合意が成立するには、参加者間の相互信頼や相互理解が不可欠で、そのためには言語を共有する者たちの間で時間をかけて形成されてきた文化的同質性の土壌が必要であるから。

〔問四〕　傍線⑷「多くの作品を当時のヨーロッパ唯一の書き言葉であったラテン語ではなく、当時は『俗語』であったイタリア語で著している」とあるが、ダンテがイタリア語で作品を著した目的を、次の文の空欄に当てはまるように、本文から十五字以内で抜き出しなさい（句読点、括弧等は一字に数える）。

ダンテは［　　　　　　　　］を目的としてイタリア語で作品を著した。

〔問五〕　本文の内容に**合致しない**ものを左の中から一つ選び、符号で答えなさい。

A　熟議は十分に熟慮して議論することで、民主主義の弊害である多数派が少数派を排除する可能性を回避するにはよい手段のように見えるが、その熟議においても非排除的であることは難しい。

B　母語の話し手は育ての親から直接学ぶのに対して、ダンテの時代にラテン語を扱うことができるのが聖職者や貴族などに限られていたのは、文法を学ぶことができる階級が限られていたからである。

C　対話や熟議においてはお互いを文化的に同質な仲間だと感じることが大切なので、地域的・政治的にナショナルな共まるで満場一致で決定したかのように振る舞われるということ。

〔問二〕 傍線(2)「筆者の問題意識」は、ヤング、キムリッカの指摘とどのような関係にあるか。その説明としてもっとも適当なものを左の中から選び、符号で答えなさい。

A 筆者はナショナルな境界線を越える熟議において外的排除が生じることを問題視しているが、ヤングとキムリッカは一定程度同質的な市民同士の熟議における内的排除を問題視している。

B キムリッカは母語での熟議が行われない場合に用語の内容を全員が共有していないことによる内的排除を問題視しているが、筆者とヤングはそれ以前に生じる外的排除を問題視している。

C ヤングはネイションにおける熟議において内的排除が生じることを問題視しているが、筆者とキムリッカは言語が共有されない人びとによる熟議で外的排除が生じることを問題視している。

D キムリッカは言語も領土も文化も異なるコミュニケーション共同体による熟議は成り立たないことを問題視しているが、ヤングと筆者は言語の違いによる外的排除を問題視している。

E 筆者とキムリッカはナショナルな共同体において言語的な問題から外的排除が生じることを問題視しているが、ヤングは言語が異なるために内的排除が生じることを問題視している。

〔問三〕 傍線(3)「熟議民主主義が成立するのは、言語を共有する集団でなければ難しい」とあるが、その理由の説明としてもっとも適当なものを左の中から選び、符号で答えなさい。

A 共通の文化を持つ国民からなるネイションの内部においてすら差異を乗り越えられないため、文化が異なる他者との差異を超えたナショナルな対話や熟議を行うことがより難しくなるから。

B 熟議が成り立つためには、相手が自分の利益や意見を考慮してくれるという信頼を持てることが必要だが、共有するができるのは聖職者や貴族など一部の階級の者だけであった。しかも、彼らは数が少ないために、高い地位と名誉が保証されていた。そのためラテン語がしばしば、地位と金を得るための手段と化していたことにダンテは憤っていた。こうしたことから、彼はあえて俗語の重要性を説き、俗語で多くの詩をつくることで、いわば文学の「世俗化」・「民主化」を試みたのである。

（白川俊介『ナショナリズムの力――多文化共生世界の構想』による。出題の都合上、一部中略した箇所がある）

注　ヤング……アメリカの政治哲学者。
イ・ヨンスク……韓国出身の社会言語学者。
キムリッカ……カナダの政治学者。

〔問一〕傍線(1)「熟議の名のもとに特定の人びとの声がいわば擬似普遍性を帯びて喧伝される」の説明としてもっとも適当なものを左の中から選び、符号で答えなさい。

A　熟議というコミュニケーションはそもそも排他的な方法であり、特定の個人や集団が熟議に参加する資格を与えられず、参加できたとしても彼らの権利要求が軽く扱われるということ。

B　熟議の名を冠している以上、いかなる個人も参加する権利を有するが、実際にはさまざまな障壁があり、参加できるのは熟議のための資源を持つある一定の人びとに限られているということ。

C　「外的排除」と「内的排除」という二種類の排除によって熟議に参加できなかった人びとの声が、いかにも普遍的な真実であるかのように取りざたされて独り歩きするということ。

D　熟議から排除された人びとの意見は反映されていないにもかかわらず、特定の人びとにとって都合のいい意見が、民主的な手続きを経て出された結論であるかのように吹聴《ふいちょう》されるということ。

E　熟議と言いながら十分に論議し尽くされないまま予定調和的に決定した内容でも、熟議を経たことが免罪符となり、解の重要な源泉なのである。

ここでキムリッカのいう言語とは「土着語」である。彼によれば、ふつうの人びとは、土着語によってしかうまく政治的争点を議論できない。二つ以上の言語を流暢《りゅうちょう》に話せて、母語以外の言語で政治的争点をめぐって十分に議論できるのは、一般的にエリートだけである。さらに、政治的対話における多くの修辞的・語用論的な要素もそれぞれの言語に固有なものである。したがって、たとえ技術的な意味で外国語を理解できたとしても、こうした修辞的・語用論的な要素についての知識を持たなければ、熟議を理解できない。それゆえに、政治的な熟議は土着語でおこなわれるほど参加しやすくなると期待できるというのである。

もっとも土着語の重要性が指摘されるのはさほど新しいことではない。その思想史的系譜をたどれば、ルネッサンス初期のフィレンツェの詩人ダンテ・アリギエーリにまでさかのぼることができるだろう。ダンテはしばしばイタリア文学最大の詩人と称されるが、ここで重要なことは、彼が(4)多くの作品を当時のヨーロッパ唯一の書き言葉であったラテン語ではなく、当時は「俗語」であったイタリア語で著しているという点である。ここで議論を深めるために、ダンテの議論に少し立ちいってみたい。

ダンテは『俗語論』において、俗語とは「こどもがことばを聞きわけられるようになるとすぐに、自分の周りの人々から習い覚える言葉のことだと述べた。もっと簡単にいえば、私たちがなんの規則もなしに、乳母たちをまねしながら学びとることば」である。これとは対照的に定義されているのが「グラマティカ」、すなわち当時唯一の文語であったラテン語である。それは「俗語から派生した二次的な言語」である。

このようにラテン語と俗語を区別したうえで、ダンテは「この二つの言語のうち、より高貴なるものは俗語である」としている。それは以下の理由による。すなわち、先のダンテの俗語の定義にあるように、俗語とは乳母から受けとった言葉だとされている。いいかえれば、ダンテにとって俗語とは「母語」である。人はだれしも育ての親から言葉を学ぶが、その場合に文法書によって学ぶ者はいないだろう。言語とは育ての親から理屈抜きに口うつしで学ぶものである。したがって、俗語は「われわれが真の最初になじむことば」であり、どちらかといえば人為的なグラマティカに対して、俗語は自然なものである。

そのような俗語でダンテが詩を書こうとした理由は、『新生』でダンテ自身が述べているように、端的にいえば、ラテン語の詩を理解することが困難な婦人にもわかってもらうためである。ラテン語は当時唯一の書き言葉であったとはいえ、それを扱うことこの指摘は、(2)筆者の問題意識と大いに重なる。というのも、そもそもナショナルな境界線を越える対話や熟議においては言語的な問題から内的排除以前に外的排除が起こる可能性が高く、したがって、「普遍的コミュニケーション共同体」において、何語で議論するのかがきわめて重大な問題となるように思われるからである。具体的には、キムリッカの次のような指摘がわかりやすい。

> デンマーク人とイタリア人は同じ言語を話しておらず、同じ領土を共有していない。それだけではなく、同じ新聞を読まず、同じ番組を見ず、さらには同じ政党に所属しているわけでもない。そうしたヨーロッパを横断するような議論の場とはいったいどのようなものなのだろうか。

このキムリッカの指摘は看過すべきものではない。ヨーロッパレベルのコミュニケーション共同体を考えたとき、おそらくそこでの熟議は何らかの共通語（主に英語）でなされるだろう。そうであれば、英語を話すことのできないものは、その時点で熟議のプロセスから排除されるからである。

キムリッカは、リベラル・ナショナリズムの立場からこう論じる。民主主義は言語の境界を越える場合よりも言語単位に基づくほうが真に参加しやすく、(3)熟議民主主義が成立するのは、言語を共有する集団でなければ難しい。なぜなら、理性的な熟議によって合意が成立するのは、熟議の参加者がお互いを理解し、信頼している場合だからである。「自分以外の他者が本当にこころよく自分の利益や意見を考慮してくれる」と思うことができなければ、そもそも熟議は成り立たないだろう。キムリッカによれば、相互信頼や相互理解には何らかの共同性が必要である。その共同性の基盤となるのが、あらゆる社会的実践や制度の背景にある「伝統と慣習という共有された語彙」を含む「社会構成文化」である。これを共有していることが一因となり、人びとはお互いを文化的に同質な仲間だと感じるのである。さらに別の箇所でキムリッカは、「社会構成文化」は多くの場合「ナショナルな文化」であると述べ、事実上、社会構成文化を共有する集団はナショナルな共同体であるという。ここで重要なことは、「社会構成文化」は「共有された言語を基盤とする」というキムリッカの指摘である。つまり言語の共有が、熟議が成立するための相互信頼や相互理

三　次の文章を読んで、後の問に答えなさい。（25点）

　ヤングによれば、熟議というコミュニケーションの方法は、そもそも西欧近代の特定の制度的文脈（議会や法廷など）に由来するものであり、そもそもエリート主義的かつ排他的で、男性支配的なものである。そのうえで彼女は、熟議のための資源を持つある一定の人びとによって熟議が独占される危険性を指摘している。それによれば、熟議からの排除には次の二種類がある。すなわち、ひとつは「外的排除」である。これは熟議のプロセス自体から特定の個人や集団が排除されてしまうことである。ごくありきたりな例でいえば一昔前までは（あるいは一部の地域では現在も）女性や子供、あるいは白人社会における黒人がそうだったわけである。もうひとつは「内的排除」である。これは、熟議のプロセスには形式的に組みいれられているが、熟議におけるコミュニケーションの様式《モード》が特定の人びとに有利であったり、そこで使われる用語を全員が共有していないなどの理由で、ある集団の権利要求が軽く扱われるといった、熟議のプロセス内部における排除である。このような二つの排除によって、(1)熟議の名のもとに特定の人びとの声がいわば擬似普遍性を帯びて喧伝《けんでん》されることについて、彼女は敏感であった。

　ヤングは、外的排除よりも熟議の過程における内的排除を問題にした。形式的にはいちおう熟議に参加しているために可視化されにくいからである。彼女はここで、一定程度同質的な市民によって構成された社会（ネイション）における熟議を前提としているように思われる。とすれば、一定程度同質的な市民同士の熟議においてさえ、一見すると非排除的なようだが、実際には差異を乗り越えられていないということになろう。つまり、ネイションの内部においてすら越境できていないのである。そうであれば、さまざまな意味で異なる他者とのナショナルな境界線を越える対話や熟議は越境可能であるどころか、いっそう排除的であろう。ここでイ・ヨンスクの次の指摘を引用したい。

> 近年「公共性」についての議論がさかんにおこなわれている…（中略）…そうした議論の中身に入る前に、わたしはきわめて素朴な観点からその「討議」や「会話」はいったい何語でおこなわれるのかという疑問がすぐにわいてしまう。

取り組みが全国各地で行われたが、周囲と隔絶して特別に作られた閉じた空間は、日本的風景の類型を複製したにすぎず、観光客が鑑賞するための消費財以上にはなりえない。

C　よい風景とは、風土を反映する風景であり、その土地の気候や植物相を無視して、例えば豪雪地帯の山間部にオレンジ色の素焼きの瓦と白い塗り壁などを特徴とするステレオタイプな「南欧風」の外観の住宅を建設しても、それはあるべき風景を破壊するものとして批判されるだけである。

D　昔の街並みを再現した川越市の「菓子屋横丁」や京都市の「花見小路」、長浜市の「黒壁スクエア」などは、「スペインらしさ」のパッチワークである「志摩スペイン村」や、「オランダらしさ」のパッチワークである「ハウステンボス」を参考に作られたことで成功した事例である。

E　日本的風景が「和風」となったのは、人々がこの国の風土に合わせて快適な生活空間や生活習慣を作り上げてきたためであり、現在の平均的な日本人の生活に必要とされていないものが失われていくのはやむを得ないことであるが、和風の街並みを懐古する日本人の思いが修景事業を後押ししている。

D　日本的な風景として、例えば豪雪地帯と言えば白川郷の合掌造りの家を思い浮かべることは、風景と風土とが不可分のものであることを前提としている点で、環境決定論との共通性が認められるから。

E　伝統的な和風の生活様式や和風の行動様式を日本的な風景の一環としてとらえることは、風土がその地域に住む人間の生活や気質を決定すると考える環境決定論と原理的には変わりないから。

〔問三〕　空欄(3)に入れるのにもっとも適当なものを左の中から選び、符号で答えなさい。

A　日本的風景ではなく、単なる「日本ぽい風景」にすぎない

B　風土の刻印に抵抗する無国籍な人工物と何ら変わりがない

C　生活空間に一方的に刻印された風土の記号の集積にすぎない

D　ステレオタイプな街並みと一線を画すものにはなりえない

E　姿を消しかねないものの価値を無理に見出す行為にすぎない

〔問四〕　傍線(4)「ステレオタイプな和風の街並み」とあるが、これについて具体的に言い換えた表現を、本文から十一字で抜き出しなさい（句読点、括弧等は一字に数える）。

〔問五〕　この文章における筆者の主張としてもっとも適当なものを左の中から選び、符号で答えなさい。

A　風景は、地形、気候、植物相などからなる風土と一体のものであり、風景をテーマとする古典的な著作はジャンルを問わず風土との関係を前提として風景の意味を考察してきたが、日本の「原風景」が次々と姿を消した現代では、機能主義的な建築物が都市計画の中心となっている。

B　「修景」という熟語が公文書を中心として多用されるようになり、自治体の主導により和風の街並みを再現する

〔問一〕　傍線⑴「風土への適応という観点」の説明としてもっとも適当なものを左の中から選び、符号で答えなさい。

A　風土に適応するためにながい年月試行錯誤が繰り返された末に、それぞれの地域に個性的な伝統が生み出されてきたという観点。

B　風土を反映する風景があるべき風景であり、風土を無視した人工的な風景は、あるべき風景とはかけ離れたものであるという観点。

C　家屋の外観や街並み、食文化、日用品、自然環境など、生活のすべてが風土への適応という観点で評価されるという観点。

D　風景はその土地の地形や気候、植物相などからなる風土と一体のものであり、風土に応じて生活様式が決定されるという観点。

E　風土に適応するためのながい年月の努力の結果として生まれた人工物と自然物が備わった風景を、よい風景と見なすという観点。

〔問二〕　傍線⑵「一種の環境決定論であると言うことができます」とあるが、なぜそう言えるのか。その説明としてもっとも適当なものを左の中から選び、符号で答えなさい。

A　風景のうちに見出すものをすべて風土の記号と考えることは、その地域に特有な要素でさえも日本的なものの類型と見なすことにつながる点で、環境の影響を過大に評価する環境決定論と同じだから。

B　日本の風景を日本固有の自然環境との関連において理解することは、先入観をもって風景を眺めることとなり、どんな風景に対しても日本的な要素を求めてしまう点で、環境決定論に似ているから。

C　風景に風土を紐《ひも》づける考え方は、自然環境の強い影響下にあって必然的に地域性を帯びた風景が生まれたという発想である点で、人間の生活様式が決定する要因をその環境に求める環境決定論に通ずるから。

町域全体の一パーセント以下にすぎません。同じように、白川村では、有名な合掌集落を始めとする「重点景観形成地区」の狭い範囲だけが修景の対象です。川越市の「菓子屋横丁」、京町屋の家並みを再現した京都市の「花見小路」、長浜市の「黒壁スクエア」なども、事情は基本的に同じです。

現地に身を置けば、大抵の場合、特別に作られた空間の範囲は、否応《いやおう》なくわかります。建物の外観に統一感が与えられ、しかも、道路の舗装の素材によって周囲から区別されて閉じた空間を作っているのが普通だからです。地方中小都市の貧寒とした無個性な街並みの中に、あるいは、何もない山林の中に、特別な舗装の道路と暗色と白色を中心とする外観の家並み、しかも、土産物屋と飲食店を主体とする家並みが急に現れ、観光客が集まっているのが見えれば、そこが何か特別な場所であることは、誰にでも見当がつくでしょう。

これらの事業が目指すのは、現実の住民の生活空間の充実ではなく、観光資源としての「和風テーマパーク」の造成にすぎません。修景によって産み出された街並みは、入場料を徴収しない点を除けば、本物のテーマパークである「日光江戸村」（栃木県日光市）や「東映太秦《うずまさ》映画村」（京都府京都市）と何ら異ならないことになります。和風の家屋を並べ、和風の街並みを作り、里山を保護し、「日本ぽい風景」を作り出す……、本物のテーマパークである、「志摩スペイン村」（三重県志摩市）がステレオタイプな「スペインらしさ」のパッチワークであり、「ハウステンボス」（長崎県佐世保市）がステレオタイプな「オランダらしさ」のパッチワークであるとするなら、同じように、修景によって産み出された日本各地の公営の和風テーマパークは、それぞれの地域に実際に住む人々の生活の実態から少なからず乖離したステレオタイプな「和風」のパッチワークであり、「日本ぽさ」の、「オリエンタリズム」のパッチワークに他ならないのです。

（清水真木『新・風景論——哲学的考察』による。出題の都合上、一部中略した箇所がある）

注　カバラ……ユダヤ教の神秘思想。数秘術という暗号解読法によって旧約聖書を解読しようとした。
小布施町…長野県の北東部に位置する町。
白川村……岐阜県の北西部に位置する村。後出の川越市は埼玉県の南西部に、長浜市は滋賀県の北部に位置する市。

壁、歌舞伎、琴や三味線の音などはいずれも、この意味において和風と見なされているものです。

風土と風景を一体のものと見なす風景論が想定するよい風景、つまり類型化された日本的風景とは、和風の風景を指します。日本的風景とは、和風の人工物と自然物を物理的な要素とする風景に他ならないことになります。

たしかに、古いものに具《そな》わる古さは、それ自体として決して無価値ではありません。なぜなら、新しいもののすべてが古いものになりうるわけではないからです。万物は例外なく、新しいものとしてこの世に生《うま》れ、しかし、多くは、古いものとなりえぬまま、時間の暴力に負け、この世から姿を消します。古くなりうるというのは、すでにそれ自体として一つの価値なのです。

けれども、古くからあるもの、あるいは、昔は使われていたものを、実際の生活の要求とは関係なく無理やり修復、再現、維持、管理し、これらを強引に組み合わせて和風の空間をデザインしても、これは、現代の平均的な日本人の生活から乖離《かいり》したもの、よそよそしいものになることを避けられません。それは、［(3)］のです。現代では、日本人のかなりの部分は、伝統的な日本家屋に暮らしているわけではなく、いわゆる「和食」がつねに食生活の中心を占めているわけではなく、普段の生活において着物を身につけているわけではなく、人力車や駕籠《かご》や牛車を日常の移動手段としているわけではないからです。もちろん、忍者や侍など、本物のテーマパークの小道具以外の何ものでもありません。

それにもかかわらず、二〇世紀の終わりごろから、「修景」という不思議な二字熟語——「景観を修復すること」の短縮表現なのだと思います——が公文書を中心として多用されるようになり、それとともに、(4)ステレオタイプな和風の街並みが全国のいたるところに姿を現しました。具体的には、三〇年くらい前から、「修景事業」「街並み整備事業」などの名のもとに、住宅や商店の外観を、大抵の場合は暗色と白色の和風に統一し、これをいわゆる「街づくり」の刺戟《しげき》とする試みが全国の多くの自治体で進められています。もっとも有名なのは、小布施町《おぶせまち》の事例でしょう。小布施町は、多くの旅行者が訪れる観光名所になり、この意味において「成功」した事例であると普通には考えられています。

しかし、小布施町において進められてきた「街並み修景事業」の対象は、町が設立した美術館である北斎館と和菓子店の小布施堂本店を中心とする狭い範囲にとどまります。対象となる面積は、テーマパークとしては十分な広さであるとはいえ、り除かれるべき不純物、夾雑物《きょうざつぶつ》となります。

しかし、風景が風土への適応の努力の結果として形作られたものであり、風土の記号にすぎぬとするなら、風景を眺めるとは、目の前の人工物や自然物について、これを人間の生活空間に一方的に刻印された風土の記号と見なし、いわば「テクスト」として解釈する作業となります。いや、正確に言うなら、この作業は、普通の意味におけるテクストの解釈ではなく、カバラ的な暗号解読であり、それ自体は決して姿を現すことのない抽象的な「風土」という名の隠れた神の恣意的な追想にすぎません。これは、雪の上に遺《のこ》された足跡を手がかりに雪男の姿を心に描くようなものであると私は考えます。

日本全体の風土についても、事情は同じです。すなわち、風土論の延長上には、日本に固有の風土への適応こそ風景のあるべき姿であり、日本の「原風景」であるという主張が姿を現します。これは、(2)一種の環境決定論であると言うことができます。

風土と風景がこのような仕方で結びつけられうるかぎり、類型としての日本的なものの輪郭《りんかく》を辿《たど》ることは困難ではないでしょう。すなわち、日本的風景なるものがありうるとするなら、それは、風土の刻印がいたるところに認められる風景であり、風土に対する受動的な適応の結果であることが明らかであるような風景となります。

当然、それは、「あべのハルカス」（大阪府大阪市）や「横浜ランドマークタワー」（神奈川県横浜市）などの無国籍的な機能主義的な人工物、つまり――『旧約聖書』の「創世記」が描写するバベルの塔の建設が神への反抗であったのと同じ意味において――風土の刻印に抵抗するように見える人工物からなるものであってはなりません。反対に、「日本的風景」は、伝統的な和風の建築や街並み、和風の食生活、和風の行動様式、和風の日用品、和風の植物相など、風土への受動的な従順な適応の努力の産物の組み合わせに求められねばならないでしょう。

なお、私がここで「和風」と呼ぶのは、現在の日本人の平均的な生活の内部において実質的な役割を担っているかどうかには関係なく、過去における使用の実績とエキゾティズムのうち、少なくともいずれか一方を基準として選び出され、そして、類型化された植民地的な日本らしさです。人力車、いわゆる「忍者」の装束、和傘、提灯《ちょうちん》、女性の袴《はかま》、駄菓子、なまこ

二　次の文章を読んで、後の問に答えなさい。（25点）

　風景をテーマとする古典的な著作、特に建築学、地理学、土木工学の視点から風景の意味を主題的に取り上げる著作の多くは、風景の評価にあたり、「風土」（または環境）との関係を当然のように前提とします。そして、風土との関係を自明の前提とするかぎり、風景は、地形、気候、植物相などからなる風土と一体のもの、あるいは風土の一部として理解されねばなりません。当然、よい風景とは、風土を反映する風景であり、反対に、風土を無視して作り上げられた人工的な風景は、否定的に評価されます。

　この考え方に従うなら、それぞれの地域の風景の評価には、(1)風土への適応という観点が必要となります。新潟県の豪雪地帯、群馬県の平野部、高知県の海沿い……、それぞれの地域では、個性ある風土への適応を目指してながい年月のあいだに試行錯誤が繰り返され、この試行錯誤の結果として、伝統的な家屋、伝統的な街並み、伝統的な自然環境、伝統的な日用品、伝統的な農作業のスタイル、伝統的な食生活などが産み出されてきたに違いありません。よい風景とは、風土への適応の努力の結果が活《い》かされたこのような人工物と自然物によって形作られたものでなければならないことになるでしょう。

　たとえば、豪雪地帯の風景を形作るのにふさわしい人工物を挙げるよう求められ、雪と寒さに対する工夫が施された伝統的な日本家屋を最初に心に浮かべる人は少なくないでしょう。風景が風土への適応を目指すべきものであるなら、オレンジ色の素焼きの瓦と白い塗り壁、光沢を欠いた黒い鉄製の外構用建材などを特徴とするステレオタイプな「南欧風」の外観の住宅を豪雪地帯の山間部に建設し、庭にヤシやゲッケイジュやオリーブを植えたりプールを造ったりすることは、あるべき風景の破壊に他なりません。

　けれども、よい風景とは風土に適応した風景であるという見解が妥当であるなら、よい風景のうちに私たちが見出《みいだ》す伝統的な生活の産物は何もかも、風土を反映するものであり、風土の記号と見なされることになってしまいます。家屋の細部に施された工夫、食物を保存し調理する技術、安全上の観点から行われた植樹や植林など、すべてが風土への適応という観点から評価されねばなりません。また、風土との関係で説明することができないものは、よい風景に属さぬもの、空間から取道具として国家権力やメディア資本の監視下に置かれているため、インターネットが草の根的な力を持ち、アナーキーな力を有していると考えることもまた間違いである。

C　情報化社会にあって私たちは、〈書かれたことば〉を前に意味を生きる日々ではなく、ものとしてのテクストを処理する刻々へと追い込まれたために、そこに生まれた思考の空白地帯に〈国家の意志〉という全く別の思想がどこからか忍び込むことに気づくことができない。

D　インターネットは情報が行き来する単なる網ではなく、また私たち個と個を繋いでくれる網でもなく、〈書かれたことば〉が様々な形式に姿を換えながら生息する地であると同時に、資本や国家権力が、許容する範囲を超えた私たちを一網打尽に捕らえる網である。

E　かつて〈書かれたことば〉は人々を思想や物語や詩に導くための入り口であり、道標であり、案内人であったが、二〇世紀以降のデジタル・テクストは複製に複製を重ねたことで意味の希薄なものとなり、思想や物語や詩に辿り得る入口、道標、案内人としての役割を終えた。

て短時間で処理を進め、思想や物語や詩に辿り得る入口、道標、案内人となったもの。

〔問六〕傍線(6)「そうした言語場にあっては、〈ものとしてのテクストが存在している〉という事実だけが愛おしまれる」のはなぜか。その説明としてもっとも適当なものを左の中から選び、符号で答えなさい。

A　〈書かれたことば〉としてストレージに貯蔵されたテクストは、読まれる前に処理され、操作され、意味を持たないテクストのまま、享受舞台＝言語場の中で〈もの〉として存在し続けるから。

B　猛烈な速度を強いられる言語場では、意味を造形したりテクストを玩味したりする余裕はないため、テクストは意味が立ち現れないまま、操作する物的対象としての〈ものとしての価値〉しか持たなくなるから。

C　圧倒的な速度が強いられ、単なる享受舞台へと変質した言語場の中には、「情報」と呼ばれる洗練された文字や妖怪が特別な身体性を纏って登場し、いつ終わるとも知れない演技を続けるだけの場になるから。

D　ＩＴの進化の中で、人間はテクスト生成時の表現の選択、彫琢、吟味などに思考を巡らせることを楽しむよりも、言葉を貨幣との交換価値を持つ記号として消費することを好むようになったから。

E　テクストそれ自体よりも、ものとしてのテクストを愛おしむ物心崇拝が中心となり、テクストの乗り物であるメディアの優位が極大化した結果、本来的な意味での〈書かれたことば〉は失われてしまったから。

〔問七〕本文の内容に合致するものとしてもっとも適当なものを左の中から選び、符号で答えなさい。

A　大量印刷によって一度存在様式を変えた〈書かれたことば〉は、科学技術の進展によりデジタル・テクストとなって再び存在様式を変えたが、豊かな意味となる契機を失い、思考から遠ざけられたことで、もはや知の身体としての〈書かれたことば〉とはいえなくなった。

B　インターネットがいつでもどこでも繋がると考えるのは間違いで、インターネットは私たちを操作するための

B　書写の時代には個人が時間と労力をかけながらその痕跡を示す一回性のものであった〈書かれたことば〉が、大量印刷によって無個性で複製可能なものとなり、非自然的な言語となってしまった時代。

C　印刷技術の発明によって〈書かれたことば〉が何度でも複製されることが可能になったために、あるときは思想として、あるときは物語として、形を変えて生まれ変わることのできる断片となった時代。

D　活版印刷の発明によって書物の大量印刷が可能となったことで、〈書かれたことば〉が短い断片ではなく背後に大きな全体を背負うテクストとして、人々の知識欲を満たし、思考を導くものとなった時代。

E　書物の大量印刷が可能になったことにより、それまでは狭い世界でしか流通していなかった思想や物語や詩を、大量の〈書かれたことば〉として大衆の間にも広く普及させることが可能となった時代。

〔問五〕　傍線⑵「二〇世紀以降のデジタル・テクスト」とはどのようなものだと筆者は見ているか。その説明としてもっとも適当なものを左の中から選び、符号で答えなさい。

A　複製されることを前提としている点で、もはや〈書かれたことば〉そのものではなく、インターネット上で複製と貯蔵を繰り返し、様々な形式に姿を換えながら時空を移動するという、驚異的な生態を示すもの。

B　機械に親和的な非自然言語ではあるが、人とのインターフェイスにおいて初めて自己を全うする〈ことば〉をストレージに貯蔵して、〈書かれたことば〉から言語の存在論的な価値を剥ぎ取ってしまうもの。

C　複製されることを前提として、背景となる大きな思想の全体から切り取られ断片化されることで、思考の余地を極小化させるとともに、〈書かれたことば〉を意味が削ぎ落とされた記号に変質させるもの。

D　ストレージでは、ただ貯蔵され複製されるのを待っているが、人とのインターフェイスにあっては、〈テクストの断片化〉を要求し、〈書かれたことば〉の超複製という過程の一つの生態を示すもの。

E　〈書かれたことば〉として自己を翻訳するテクストであるが、ＩＴの進化に伴う〈テクストの断片化〉によっ

〔問二〕　傍線(4)の「ショ」、(5)の「ヒ」と同じ漢字を用いるものを左の各群の中から選び、符号で答えなさい。

(4)　ショヨ

A　ユイショのある寺に参る。
B　ショテイの手続きを踏む。
C　ショミンの文化が発達する。
D　契約書にショメイをする。
E　日本文化のショソウを描く。

(5)　ヒソウ

A　失敗をしてヒクツな考えに陥る。
B　各地に甚大なヒガイをもたらす。
C　得意な踊りをヒロウする。
D　ヒニクな口調で相手を責める。
E　ヒガンの初優勝を決める。

〔問三〕　傍線(7)(8)(9)のカタカナを漢字で書きなさい（楷書で正確に書くこと）。

〔問四〕　傍線(1)「技術的複製可能性の時代」とはどのようなものだと筆者は見ているか。その説明としてもっとも適当なものを左の中から選び、符号で答えなさい。

A　希少だった書物の大量生産が可能になり、鉛筆やペンなどの手書きの筆記具が大衆に普及したこともあって書物の流通が促進され、人々が文字を〈学ぶ〉だけでなく〈楽しむ〉こともできるようになった時代。

とも一定にまとまった「冊（＝本）」を、書かねばならない。ここで最低限、次のことは言える――、私たちは、言語についての存在論的な問いを発し続け、言語と言語場のありようを見据え、言語的な武装をせねばならない。

インターネットがいわゆる草の根的な力、アナーキーな力を有していることは間違いない。しかしそうした力もしばしば、国家権力によってねじ(7)フせられてしまう。国家権力の存在は、国境を越えようとする〈ＴＡＶnet資本〉と、国家権力の利害の(8)ショウトツにおいて、しばしば露見する。国家権力はインターネットを断ち、〈ＴＡＶnet資本〉は利潤のために市場から撤退もする。あるいは、国家権力による検索語の操作などは、テクストとしての検索語をテクストたらしめないという、テクスト生成の言語場の文字通り直接的な操作である。〈ＴＡＶnet 資本〉自身も、検索語と共に強制される語句から、自分自身に不利益な語句を真っ先に消去はしても、個人に不利益だからと簡単に変更してはくれない。絶対に間違ってはいけない、インターネットはどこでも「繋《つな》がる」のではない。資本や国家権力が許容する範囲においてのみ繋がるのであり、使えるのである。インターネットは、私たち個と個を網のように繋いでくれるものでもあると同時に、私たち個に投げられた、私たちを一網打尽に捕らえる網である。投げられた網の上は、見上げねばならない。網の隙間に見える様々な姿を取った巨大な漁師たちの姿を、見失ってはならない。いつでもどこでも私たちがＴＡＶ《テクスト・オーディオ・ヴィジュアル》を手にし得ると喧伝《けんでん》されているcloud《クラウド》〈雲〉は、一方で、見上げる私たちから、巨大な漁師たちを、資本や国家権力を、(9)オオい隠す〈雲〉でもある。

（野間秀樹『言語存在論』による。出題の都合上、一部中略した箇所がある）

注　王羲之……東晋時代の中国の政治家、書家。
ＴＡＶnet 資本……テクストと視聴覚のアイテムをネット空間で探索、流通、貯蔵させる資本。

〔問一〕　傍線(3)とほぼ同じ意味の熟語を左の中から選び、符号で答えなさい。

A　当惑　B　猶予　C　推敲《すいこう》　D　萎縮　E　躊躇《ちゅうちょ》

意味、漠然たる意味としてしか意味が立ち現れないままに、単なる処理の対象としての〈物象化〉〈物神化〉が進行する。人の存在と共に在るはずの〈意味〉が、希薄化し、そこではテクストがものとして立ち現れ、しばしば人への抑圧態のごとく振る舞う。ものとしてのテクストを処理しては、息もつかせず、次のテクストがやって来る。〈書かれたことば〉を前に、意味を生きる日々ではなく、ものとしてのテクストを処理する刻々へと、追い込まれてゆく。

　幾度も強調したように、ことばは意味を「持つ」ものではなく、意味と〈なる〉のであった。〈書かれたことば〉はただただ読み手にあって意味と〈なり得る〉のであった。思考を拒むまでの、圧倒的な速度の中で過ぎゆく断片的な〈書かれたことば〉は、読み手にあってしばしば意味となり損なう。ことばが意味を「持つ」ものではなく、ことばは人にあって意味と〈なる〉ものであると見る視座は、人に圧倒的な速度が強いられる言語場で、何が起こるかを、教えてくれる。言語場における速度の中でことばが意味となり損なうのである。意味を立ち現し得る速度に人がついていけない。ついて行っていると、錯覚しているのは、ことばをものとしてのみ、扱っているからに過ぎない。猛烈な速度を強いられる言語場では、ことばはしばしば朧気《おぼろげ》な意味としてしか、立ち現れない。テクストに向き合って、意味を造形する歓《よろこ》びや、テクストを玩味し、意味を拵《こしら》える楽しみよりも、いつしか、テクストそれ自体の、〈ものとしての価値〉、処理、操作する、物的対象としての享受へと変質してしまう。そうした変質した享受舞台＝言語場の中に「情報」と呼ばれる洗練された、文字《キャラクター》が、妖怪《キャラクター》が登場する。そしていつやむとも知れぬ演技を続ける。(6)そうした言語場にあっては、〈ものとしてのテクストが存在している〉という事実だけが愛《いと》おしまれるのである。

　ものとしてのテクストが私たちだけの特別な身体性を纏《まと》って存在していることを愛おしむ物心崇拝《フェティシズム》。しばしばテクストそれ自体よりも、その乗り物が、メディアの優位が、極大化する。メディアはもう早くからメッセージと呼ばれた。思考から遠ざけられた〈書かれたことば〉。而してそれはもはや本来的な意味での〈書かれたことば〉から、テクストから、限りなく遠い。思考のこうした空白地帯には決まって全く別の思想がどこからか忍び込む。例えば、〈国家の意志〉といった思想が。――〈書かれたことば〉のありかたの現在を見たのち、私たちがいかに生きるべきかに係《かか》わるこうした問いへと進むのは、本書の主題ではない。そして紙幅も足りない。思考は紡がれ、連ねられ、束ねられねばならない。強度を失う。少なくうは、絶えざる超翻訳、超複製の動的進行過程である。

　モバイル化、クラウド化に象徴されるＩＴの進化は、〈より短時間で〉と、人間のために速度をひたすら速めた一方で、前述のように人間にもまた速度を強いることとなった。ストレージ内部のような、人との直接的なインターフェイスが必要のないところでは、機械のために翻訳されたデジタル・テクストは、人の要求によっていくらでも巨大化していく。他方、速度の進化は、人とのインターフェイスにあっては、〈テクストの断片化〉を猛烈に要求することとなった。

　テクストの断片化は、今一つ、重要な結果をもたらす。断片化されたテクストは、その生成においても受容においても、短時間での処理を要求する。テクストについての思考の余地は極小化へと向かう。圧倒的な速度の前に、テクスト生成においての(3)逡巡《しゅんじゅん》、表現の選択、彫琢《ちょうたく》、吟味は遠ざけられ、テクスト受容における玩味、批判といった諸々《もろもろ》の〈思考〉が退けられる。もともとデジタル・テクストは〈書かれたことば〉から言語の存在論的な価値を剝ぎ取り易《やす》い。王羲之《おうぎし》の真跡などと違うのはもちろん、古くなればぼろぼろになるような書物とも違って、そもそもの始めから超複製が前提となっている存在だからである。それはどこにでも、いつでも、必要な時に、どこからか取り出せるという、〈ＴＡＶnet《タヴネット》資本〉に支えられた没思想的な幻想を強制されている。背景となる大きな思想の全体から切り取られ、断片化されたテクストはさらに、内容を問わない、単なる記号論的な「情報」に作り替えられ易く、そのことによって貨幣との交換可能性は極大化される。思想を形造っている意味が享有されるのではなく、ことばが文字通り記号として消費されるのである。人々の思想は切り刻まれて引用され、意味の可能性が削《そ》ぎ落とされる。テクストの内容ではなく、内容を持たない、あるいは内容の希薄な記号が消費される。そして記号は単に商品のように消費されるだけではない。それはあたかも、私たちが生息する環境のごとくにまで肥大化し、風景化する。空気のように(4)ショヨの事態として、私たちはそのただなかに在ることを強いられる。そしてそのショヨの事態のごときものの背後には、しばしば資本や国家の影が見え隠れする。

　今日の断片化されたテクストは、テクストの背後に、例えば書物といった、より大きな全体を背負うことができない。〈書かれたことば〉の断片は思想や物語や詩を背負いきれず、それらに辿り得る入口、道標、案内人であることをやめんとする。〈書かれたことば〉が豊かな意味となる契機が失われ、〈書かれたことば〉が意味となり損なったり、限りなく(5)ヒソウなとば〉は思考と共に在った。

(2)二〇世紀以降のデジタル・テクストに代表される〈書かれたことば〉の存在様式は、謂《い》わば超複製可能技術時代の〈書かれたことば〉である。合言葉はこうだ——複複製に進路をとれ。テクストはしばしば最初から物理的に複製されることを前提に、作られる。自らは意図せずとも、デジタル・テクストとしての〈書かれたことば〉は、入力されるそもその始めから、ストレージに貯蔵され、複製されることを、前提としているのである。デジタル・テクストにとって、貯蔵されるとは、複製されることの別な名づけである。ここで記録と呼ばず、貯蔵と呼ぶのは、人との接触面《ヒューマン・インターフェイス》においてのみ、記録と呼びたいからである。

テクストのデジタル化とは、人とのインターフェイスにおいて初めて〈書かれたことば〉として自己を全うする〈ことば〉を、つまり人において初めて意味を実現する〈ことば〉を、機械に親和的な形式に翻訳することである。機械に親和的な形式に翻訳された〈ことば〉は、もはや〈書かれたことば〉そのものではない。而《しか》していつでも〈書かれたことば〉へと再翻訳し得るところの、自然言語ならぬ、非自然言語、〈機械のためのことば〉である。

インターネットは情報が行き来する、単なる網なのではない。単なる交通形態なのではない。それは〈書かれたことば〉が様々な形式に姿を換えながら生息する地でもあり、棲《す》み処《か》でもある。Eメールはただ送られるのではない。複製という観点から見るなら、それは複製を繰り返しながら、貯蔵を繰り返しながら、翻訳を繰り返しながら、棲み処を変えるのである。デジタル・テクストがそれ以前のテクストと根本的に異なるのは、テクストそれ自身が、あるときは機械のために、あるときはソフトウェアのために、そしてあるときは人のために、自己を翻訳しながら時空を移動するという、驚異的な生態を示すことにある。テクストの〈文字化け〉は、自己を翻訳するテクストという生態の落とし子である。ただ、人がそのインターフェイスに拒まれているだけだ。

デジタル・テクストの翻訳＝貯蔵＝複製にあって、翻訳、貯蔵、複製のそれぞれが、それぞれの一様態、一生態についての名づけである。今日、デジタル・テクストにおいては、貯蔵されたものが複製されるのではない。貯蔵そのものが、〈書かれたことば〉の動的で巨大な超複製という過程の一つの生態なのである。インターネット上をことばが行き来するありよ

国語

（七〇分）

一　次の文章を読んで、後の問に答えなさい。（50点）

グーテンベルク以降の大量印刷された書物に代表される〈書かれたことば〉の存在様式は、ヴァルター・ベンヤミンが芸術について述べたことばに倣い、言語にも宛《あて》がってみるなら、(1)技術的複製可能性の時代の〈書かれたことば〉である。〈書かれたことば〉は複製へと進路を採った。鉛筆やペン、万年筆、ボールペン、そして紙など、手書きの筆記具の大衆的な普及は、書物の流通を別な平面から支えるものであった。〈実利〉だけでなく、〈学ぶ〉ことと〈楽しむ〉ことも、書物の普及を支えていた。一文字一文字を〈かたち〉にする物理的な時間も労力も、書写の時代に比べると、格段に減った。大量印刷された書物に〈書かれたことば〉は、あるときは思想と呼ばれ、あるときは物語と呼ばれ、そしてあるときは詩と呼ばれた。教科書が大量に作られ、辞書が大量に売れた。〈書かれたことば〉は知の身体であった。

かくして〈書かれたことば〉は短い断片ではなく、ひとまとまりの長さを有するテクストとして、流通するのであった。人々に記憶され、人々の間で交わされる断片は、より大きな一冊の書物からの抜粋や引用という形での断片であった。つまり断片はしばしば背後により大きな全体を背負っていた。「冊（＝本）」の文字が断片をつなぎ合わせた形に重ね合わせて見られてきたことを、今一度思い起こそう。〈書かれたことば〉の断片は思想や物語や詩を背負い、それらに辿《たど》れる入口であり、道標であり、案内人であった。〈学ぶ〉ためにせよ、〈楽しむ〉ためにせよ、〈生きる〉ためにせよ、〈書かれたこ

解答編

英語

I

解答　A. 1－a　2－b　3－d　4－e　5－c
B. 1－c　2－a　3－b　4－d　5－e
C. 1－d　2－b　3－c　4－a　5－e

◀解　説▶

「下の‘a’－‘e’の選択肢から，空所（　1　）－（　5　）に最適な答えを選べ。それぞれの答えは一度しか使えない」

A. 1.「その学生は，今月末までにエッセイを書き終えねばならなかったため，急いでいた」

期限や限界を表す前置詞を選ぶ。答えは，aのby「～までに」。

2.「彼らの言うことから判断すると，その仕事は彼らには非常に難しいようだ」

pretty（副詞）「非常に」 judging from ～「～から判断して」根拠を表す前置詞を選ぶ。答えはbのfrom。

3.「私の親しい友人は，4月1日の朝に生まれた」

日付の限定がない場合は，in the morning「朝に」となるが，of April 1stと限定されているため，on the morning … となる。答えは，dのon。

4.「これはとても複雑な問題だ。コーヒーを飲みながらそれについて話そう」

complicated「込み入った，複雑な」 overで「～しながら」の従事の意味を表す。「話す」や「眠る」という意味の動詞とよく一緒に使われる。答えは，eのover。

5.「歩行者の邪魔になるでしょうから，荷物はそこに置かないでください」

pedestrian「歩行者」 in the way of ～で「～の行く手をふさいで，～の邪魔になって」の意味。wayは「通り道，行く手」。答えはcのin。

B．1．「その川の源流までさかのぼって探検する計画を立てた」
up to～「～に至るまで」 headwater「源流，上流」「源流まで川を（　　）する」に入る動詞を考える。答えは，c の explore「探検する」。

2．「自分の不機嫌を他人の前で見せるような愚かなことはするな」
simple-minded「愚かな，無邪気な」 so … as to *do*「～するほど…」 displeasure「不快，不機嫌」「不機嫌を（　　）するほどの愚かな」に入る動詞を考える。答えは，a の display「外に見せる」。

3．「親は，子どもに好きなことをするよう奨励すべきである」
「子どもに好きなことをするように（　　）」に入る動詞を考える。encourage *A* to *do* で「*A* に～するよう励ます，仕向ける」の意味。答えは，b の encourage。

4．「子どもは本を読むよりむしろテレビを見る方が好きだ」
元々 prefer は，prefer *A* to *B* で「*B* よりも *A* の方が好きだ」の意味（この to は前置詞）。問題文は，この *A* と *B* が to 不定詞になっている場合で，本当なら prefer to watch television to (to) read books。しかし，to がたくさんあってわかりにくいため，「～より」の意味を示す前置詞 to の代わりに rather than が使われている文である。答えは，d の prefer。

5．「開発途上国は，住民たちに十分な食べ物を生み出すことができない」
developing country「開発途上国」 population「全住民」「住民たちに十分な食べ物を（　　）できない」に入る動詞を考える。yield は，「～を譲る」という意味以外に「～を産出する」という意味ももつ。答えは，e の yield。

C．1．「大統領は，労働者階級の闘争に対して断固とした無関心を示した」
struggle「闘争，争い」 working class「労働者階級」 utter は形容詞で「かなりの，全くの」という訳で覚えている人もいるだろうが，utter には「きっぱりとした，断固とした」という意味が含まれている。そう考えると，e の sympathy「同情」は意味的に入らない。答えは，d の indifference「無関心」。indifference to～で「～への無関心」の意味。

2．「その物語によると，王様は変装して国中を旅した」
in disguise「変装して」 答えは，b の disguise「変装，偽装」。

3．「スポーツは，彼女に日常生活のストレスからの喜ばしい気分転換を与えてくれる」

provide *A* with *B*「*A*に*B*を供給する」 diversion from～で「～からの気分転換」の意味。形容詞 diverse「異なった」は，diverse from（≒different from）～で「～とは違った」の意味になり，同様に，diversion from～で「～とは違った気分」という意味と考えればよい。答えは，cの diversion。

4.「私の妻と私は，大学時代にお互いの知人を通じて出会った」

mutual「お互いの」「お互いの（　　）を通じて出会った」に入る可算名詞を考えると，入るのは，aの acquaintance「知人」。

5.「そのジャーナリストは，犠牲者のご家族に深い同情の気持ちを感じている」

victim「犠牲者」「深い（　　）を感じる」に入る語を考えると，入るのは，eの sympathy「同情」。

II　解答

1－d　2－b　3－d　4－a　5－c　6－b
7－b　8－c　9－a　10－a

◀解　説▶

「下の‘a’－‘d’の選択肢から，(1)―(10)の下線の語句に最も近い意味の語句を選べ」

1.「彼女がそのビジネスから手を離して彼に譲渡したのは，賢明なことだった」

sensible「賢明な，分別のある」 let go of～「～から手を離す」 transfer「～を譲渡する」 a.「感情的な」 b.「寛大な」 c.「しゃれた」 d.「賢い」 最も近いのはdの wise。

2.「科学者の中には，平均気温の上昇の正確な成り行きを予測するのは困難だという人もいる」

predict「～を予測する」 consequence「結果，成り行き」 temperature「気温」 a.「変化」 b.「結果」 c.「可能性」 d.「戦略」 最も近いのはbの outcome。

3.「私たちは，大変な問題を抱えていたが，私たちのうちの一人は，状況の深刻さを全く理解していなかった」

comprehension「理解（力）」 seriousness「深刻さ」 a.「注意力」 b.

「関係，関心」 c.「会話」 d.「理解」 最も近いのはdのunderstanding。

4.「この会社で働く大部分の人は，できる限りの方法で，仕事での自分の地位を高めようと努めている」
corporation「会社，企業」 enhance「～を高める，強める」 status「地位」 a.「～を上げる」 b.「～を実現する」 c.「～を確実なものにする」 d.「～を利用する」 最も近いのはaのraise。

5.「国際的な期待に応えるためには，その過程全体が透明性をもつ必要がある」
transparent「透明な，包み隠しのない」 a.「加速することのできる」 b.「修正しやすい」 c.「公衆の視線に対して開かれている」 d.「実施の準備ができている」 最も近いのはcのopen to public scrutiny。scrutinyは「監視」の意味。

6.「大惨事を避けるためには行動が緊急に必要である」
urgently「緊急に」 called for「要求されて」 avert「～を避ける」 catastrophe「大惨事」 a.「認定されて」 b.「必要とされて」 c.「提案されて」 d.「一時中断されて」 最も近いのはbのneeded。

7.「この頃，仕事を手に入れるのがなぜ難しいのか詳しく話してくれませんか」
in detail「詳しく」 come by～「～を手に入れる」 a.「～を維持する」 b.「～を手に入れる」 c.「～に合格する」 d.「～を支援する」 最も近いのはbのobtain。

8.「彼はいつも物をただ取りしようとしているのをみんなが知っている」
for nothing「ただで」 a.「効率の悪い方法で」 b.「無駄に」 c.「支払いせずに」 d.「無価値で」 for nothingには「無駄に」という意味もあるが，それでは文脈に合わない。最も近いのは，cのwithout payment。

9.「クラスメイトのほとんどが，制服は廃止する必要があることに同意した」
do away with～「～を廃止する」 a.「～を廃止する」 b.「～を作り変える」 c.「～を調整する」 d.「～を再考する」 最も近いのはaのabolish。

10.「その工場の全ての従業員が，雇用主が到達した結論の後ろにある理由を理解することができなかった」

employee「従業員」 figure out ～「～を理解する」 conclusion「結論」 employer「雇用主」 a.「～を解釈する」 b.「～を宣言する」 c.「～を拒否する」 d.「～を我慢する」 最も近いのはaのinterpret。

Ⅲ 解答 1－b　2－a　3－c　4－d　5－c

◀解　説▶

「それぞれのグループで文法的に正しくない文を選べ」

1. b. since→during

sinceは「(過去のある時点) 以来ずっと」(例：since I came to Japan「日本に来て以来」) という意味であり，the following years「次の数年(間)」という期間を表す語句は伴わない。during the following yearsで「次の数年の間に」という意味になる。

2. a. which→where

関係代名詞であれば，その関係代名詞が導く節 (the G20 Summit was held in 2022) の中で，whichは主語か目的語か補語の役割をしているはずだが，どれもしていない。the G20 Summitが開催された場所を示しているだけであり，場所を示す関係副詞のwhereを使う。

3. c. you can→can you

否定語 (Not) が強調のために文頭にきているため，主節の主語と動詞に倒置が起こり，疑問文と同じ形になるので，can youの語順となる。

4. d. to analyze→of analyzing

capableは，capable to *do* の形はとらず，後ろに動詞がくる場合は，capable of *doing* となる。

5. c. processes→processed

processesの主語は，which (先行詞はfactory) であるが，before its closure in 2002「2002年に閉鎖になる前は」とあるので，過去のことである。その動詞は過去形processedを使う。

Ⅳ **解答**　1－c　2－c　3－d　4－c　5－d　6－b
7－b　8－c　9－c

◀解　説▶

「下の‘a’-‘d’の選択肢から，空所（　1　)―(　9　）に最適な答えを選べ」

1.「これらの地域の若い家庭の平均収入は，10年前より低くなった」
income「収入」は，high，low，large，small などでその多い少ないを表すので，正解は，c の lower。

2.「その講演者は，先日，大勢の観衆の前でスピーチを行い，私たちはそのスピーチは深い感動を与えるものだと思った」
空所の前の it は a speech のことである。まず，a．impressed「感動させられて」や b．impression「印象」では，find O C の文型となって「OがCであるとわかる」の意味となるが，impressed では speech が感動させられるのではないし，また，impression では「それが，印象だとわかった」となって意味が通じず，どちらも入らない。さらに，d．impressively では「私たちは，感動的にスピーチを見つけた」となり，意味がつながらない。答えは，c．impressive「感動を与えるような」。これも find O C の文型である。

3.「東京に住んでいる間に，彼は自由時間があると私と一緒によく魚釣りに行った」
過去の話題であるが，a．ought to や b．should では「(現在)～すべきだ」となり，意味が通じない。c．was used to では，to の後ろに動詞の原形がきて，「～するのに使われた」という意味になってしまい，意味が通じない。答えは，d．would。過去の習慣の「(昔は）よく～したものだ」という意味で，often と一緒に使われることが多い。なお，c．was used to は，過去の習慣を表す used to *do*「よく～したものだ」と混同しないように。

4.「その最高経営責任者は，素晴らしいリーダーで，彼女の周囲の人たちに大きな影響を与えている」
1つずつ入れて考えてみると，a．few「ほとんどいない～」では，文脈に合わない。また，b．other は，others と複数になるか，後ろに名詞を伴うかして使われるものであるため，入らない。さらに，d．who は関係代名詞で，先行詞が必要であるが見当たらないため，使えない。答えは，c．those「人たち」。通常 those who *do* で「～する人たち」で使われるが，問題文では，those who are around her の who are が省略されていると考えられる。

5．「私の妹と私は，観光のために1週間イングランドに滞在して，私はその旅を楽しんだが，妹も同様だった」

So V S という倒置の形で「S も V する」という意味になる。答えは，d．so did my sister。なお，選択肢にはないが my sister did so でも同じような意味を表す。

6．「私たちは，地中海の上を飛んでいて，機長がなぜ到着が15分遅れると推定されるかを説明した」

まず，explain「説明する」は他動詞であるが，S V O O の文型はとらないため，「～に」を表すときには，前置詞 to が必要になる。そうすると，a．explained to us what か b．explained to us why のどちらかとなる。動詞 estimated「～だと推定する」の目的語を見ると，the arrival would be delayed 15 minutes と完全な文になっていて，名詞の役割をする what の入る余地はない。答えは，b．explained to us why となる。

7．「科学にはよくあることだが，失敗が大きな成功の第一歩となる可能性がある」

as には多くの意味があるが，接続詞の意味「～するとき，～なので，～するように，～するにつれて」などに加えて，関係代名詞の役割もすることがある。選択肢の a と b は関係代名詞の用法，c と d は接続詞の用法と考えられる。c や d の文では，as がどの意味であっても，文そのものが意味をなしていないため，どちらも不適である。a と b については，as は関係代名詞として，後ろにきている節（a failure can be …）の内容を先行詞としていると考えられるが，a．As is often science in the case では，「そのことはその場合においてしばしば科学である」と意味が通じず，不適である。答えは，b．As is often the case in science である。直訳すれば「そのことは科学においてはしばしば事実であるが」となる。be the case で「実情である，事実である」という意味を表す。

8．「そのレポートは，現在の広告キャンペーンの費用は，会社が得る利益にまったく釣り合っていないと伝えている」

6つの単語の並べ替えの問題で，is が that 節の述語動詞になるだろうと推測できるが，一つずつ見ていくことにする。まず，a や b では，直前の campaign と all proportion とのつながりが示されておらず，不適である。また，d では，to all proportion が何のことを指しているのか不明で意味がわからず，不適である。答えは，c．is out of all proportion to。out of proportion to ～ で「～に不釣り合いで」の意味。all は強調の「すっかり，まったく」などの意味。

9.「その部族は生存をサケの渡りに依存している程度が非常に大きく，人々は祝いの歌や儀式を創り出した」

長くて意味のわかりづらい選択肢が並んでいるため，答えを出すのに時間がかかったかもしれない。ポイントは，which の先行詞が何であるかを考えた上で，全体の意味をとることである。まず，a については，which の先行詞は migration で「その部族に依存しているサケの渡りに対して」と訳せるが，直前の degree「程度」と degree to … では意味的にもつながらない。また，b についても，which の先行詞は migration であり，「その部族が依存しているサケの渡りに対して」と訳せるが，a と同様，前の degree とつながらない。さらに，d については，先行詞は degree で，「サケの渡りがその部族に依存している程度」と訳せそうだが，文をよく見ると，depend on ～ で「～に依存する」となるはずで，depended on to の to は意味がないものであり，さらに，degree と the salmon migration … の節との関係もうまく成り立っていない。答えは，c．to which the tribe depended on the salmon migration。which の先行詞は degree で，to the degree で「その程度まで」の意味である。

V　解答

1－c　2－d　3－d　4－b　5－d　6－b
7－a　8－b　9－b　10－d

◆全　訳◆

≪クライミング用チョークの影響≫

クライミングのスターであるアレックス=オノルドの2017年のヨセミテのエル・キャピタンへの驚くような単独登頂より以前でも，ロック・クライミングは人気があるものになってきていた。今や，東京オリンピックでのデビューとともに，そのかつてのマイナーなスポーツは，新たな絶頂期に到達しようとしている。しかし，ロック・クライミングやその姉妹関係にあるスポーツのボルダリング（ロープや安全ベルトを使わずに大きな岩をよじ登るもの）の人気が，クライミングに不可欠な道具であるクライミング用チョークの環境に危害を与える影響に関する疑問を投げかけている。

炭酸マグネシウム（$MgCO_3$）から作られているクライミング用チョークは，体操選手や重量挙げ選手がバーやおもりへのグリップをよくするために使うのと同じ物質である。実際のところ，それは，ジョン=ギルによって 1950 年代に初めてロック・クライミングに紹介されたのだった。彼は，興味をボルダリングに向ける前は大学で体操の選手だった。そのとき以来，アマチュアのクライマーもプロのクライマーも同じく，そのチョークの持つ乾燥性や摩擦誘因性に頼るようになり，世界中に「チョークの落書き」（岩の表面に残る痕跡）を残してきているのである。その結果として生じるチョークの痕跡が，アメリカで非常にひどくなったため，公園はその使用を制限し始めている。ユタ州のアーチーズ国立公園は，なんとか岩と調和しそうな色のついたチョークだけを許可しているが，その一方，コロラド州のガーデン・オブ・ザ・ゴッズ国定自然ランドマークは，チョークとその代替物全てを禁止した。アメリカ先住民たちの部族は，チョークの醜い痕跡のせいだけでなく，精神的に重要な地域を保存するためにも，クライマーたちに固有種保護のための立ち入り禁止となる宣言地域を持っている。

新しい研究は，視覚的な汚染の範囲を超え，チョークが岩の上に生える植物に害を与えているかもしれないと示唆している。クライミング用チョークの影響に関する 2020 年のある研究が，実験室の環境の中で，チョークがシダ類やコケ類の 8 種の成長にも生存にも否定的に影響を与えたことを発見した。ふき取っても役立ちそうにはない。それは，拭われた岩の上に残る化学的な痕跡が，岩の表面の化学的バランスを変えてしまうからで，それが，植物のそこで成長しようとする能力に将来的にも影響を与える可能性もあるのだった。そのことは，いくつかのクライミングのスポットが，「迷子石」のように，独特の生態系を宿しているため，問題なのである。これらの迷子石——氷河期の終わりに氷河によって地球全体に運ばれた岩——は，それらが現在位置している土地とは異なる，植物生態の孤立地域である。そういうものであるため，迷子石はその時代に関してやその植物がどのようにして移動するのかに関しての情報を保持しているかもしれないのである。

チョークが果たしてクライミングの出来栄えをよくするのかどうかさえも明らかになっていない。研究の中には，グリップには何の助けにもならないとわかった研究もあれば，その逆のことを見出した研究もあった。チョークが役立っていると思うクライマーもいる，とあの2020年の研究の共著者であるダニエル=ヘペンストリックは言う。しかし，それは，心理的に助けとなるものである可能性が高い。「岩の上で問題に直面したとき，あなたはどうしますか？　手にパウダーをつけて登り続けますね」と彼は言う。

クライミング用チョークの問題の可能性がある性質を付け加えるようなことが，その産出場所で起こっている。炭酸マグネシウムは，地中深くに埋まっている鉱物であるマグネサイトを加工して作られる。クライミング・マガジンという雑誌によると，その全世界の供給のうちの70パーセント以上が中国の遼寧省の鉱山から来ていて，衛星写真では，そこには炭酸マグネシウムの粉末が採掘加工工場の周りに山のように積まれているのが見える。中国政府は，環境への影響を減らすよう採掘関係の法律を強化し，地域を元の状態に戻すよう提案してきた。しかし，その物質について研究している生態学者である曽徳慧は，彼の研究はヘペンストリックの研究と同じような結果が出ていると言う。曽は，採掘場所の高レベルのマグネシウムを含む土壌サンプルには，栄養分の低下や微生物の減少，植物の死が見られたと言っている。

ヘペンストリックは，チョークの環境に対する影響を詳しく調べた最初の研究の一つである彼の研究は決して決定的なものではないと強調している。クライミング用チョークの詳細な影響を理解するためには，さらに研究を加える必要があるのである。しかしそれは，言うは易し行うは難しである。一般的に言って，ロック・クライミングの環境への影響は，よくわかっていない。科学者のほとんどがクライマーではないので，接近しにくいことも制限の一つであると考えられている。接近が可能な場所でさえも，変化しやすい地形そのものが，クライミングの影響を想定するのに課題をつきつける可能性がある。「繊細な岸壁の環境に影響を与える恐れがあるようなメカニズムを理解するのは以前から難しいのです」と，岸壁の生態学を研究している博士候補生のピーター=クラークは言う。

クライミングを好きな人たちにガイドラインを提供している組織であるアクセス・ファンドのようなクライミングの団体は，方針の調整をする前に，ヘペンストリックの報告に対して静観の方法をとっている。団体の常務理事であるクリス=ウィンターは，「それは，私たちのためのデータであり，もし，環境保全に懸念があるのなら，私たちはそれを真剣に受け止めます」と言っている。さらなる研究が行われるまでは，責任は大部分をクライマーたちに委ねることになる。「クライマーたちは，自然についてとても気にかけているのだから」と自らも時折クライマーとなるヘペンストリックは言う。「クライマーたちに，クライミング用チョークをある方法で使うことは影響があるかもしれないと伝えることができるだろうし，そうすると，彼らはその可能性を真剣に受け止めることだろう」

岩と混じりあう色のついたチョークが，視覚的な汚染を軽減する一つの方法である。それは，クライミングの根底にある探検の精神を守るのにも役立つ可能性がある，と2種類の色付きチョークを販売しているアウトドア会社のオーナーであるショーン=アクセルロッドは言う。「チョークの痕跡は，道を教えてしまうのです」と彼は，チョークの見えやすさを減らすことは，そのスポーツの問題解決精神を支援することになることを示唆しながら言っている。そうでなければ，「個性も，創造性も，次のステップは何であるかを決める冒険もないのです」。しかし，色付きのチョークは視覚的な危害を減らすのに役立つ一方で，環境的な危害は避けることができない。ほとんどの色付きチョークは炭酸マグネシウムを含んでいて，他の成分も一緒に入っているが，アクセルロッドは，自分の製品に他にどんな成分が入っているのかを明らかにするのを，ビジネスの理由により断っている。

「跡形を残さない」という目標へのこだわりを超えれば，ほかの選択肢があるのかもしれない。ギルは，自分が若い頃，クライマーたちはグリップをよくするために，木や植物から作ったオーガニックな製品を使っていたという。しかし彼はチョークが好まれるようになり，そういう選択肢は横に押しのけられた，と言う。自然物の選択肢は別にして，すべてのうちで最も根本的な考え方は，グリップを補助するものをすっかり省いてしまうことであるかもしれない。「あの頃は，今とは違う世界でした。あちこちに印が残っていても数は少なく，ほとんど気づかないくらいでした」と，ギルはそのスポーツの初期のころのことについて話す。「私の友人であるパタゴニア創始者のイヴォン=シュイナードは，チョークを使うのはずるいことだと考え，私たちがボルダリングをする際には彼はチョークを使うのは辞退していました。おそらく，今日，彼であれば，チョーク使用はそのうえ醜くもあると言うだろうし，もしかするともっとひどいと言うかもしれないだろうに」

◀解　説▶

1．当該部分より前には，チョークがクライミングに使われるようになったきっかけが書かれており，「そのとき（　　）アマチュアもプロもチョークに頼るようになった」という内容になっている。a．Before や d．Until であれば，その時以前にチョークに頼っていたことになり文脈に合わない。また b．Later は直後の then とは意味がつながらず不適である。答えは，c．Since で「そのとき以来」となる。

2．当該部分は，「(　　) の汚染を超え，新しい研究はチョークが岩の上の植物に害を与えているかもしれないと示唆している」という内容である。話題が，ここから環境へのチョークの影響に移るのだが，その前のパラグラフでは，チョークの落書きや痕跡のひどさについて述べられているので，（　　）には，それに関する語が入ると考えられる。a．biological「生物学的な」や b．environmental「環境上の」，さらに c．industrial「工業的な」では内容に合わず，答えは，d．visual「視覚的な」である。

3．選択肢はすべて動詞で，当該部分の主語となる That は，前文（Wiping it off …）の内容（チョークの化学的な痕跡が，岩の表面の化学的バランスを変え，植物に将来的にも影響を与える可能性があること）を受けている。当該部分を含む文の内容は，「そのことは，いくつかのクライミングのスポットが，独特の生態系を宿しているため，（　　）である」であり，独特の生態系があるためにチョークが将来的にも植物に影響を与えるということが何であるのかを考えると，例えば「支障が出る」など否定的な意味の語が入ると推測できる。a．depends「頼る」や b．happens「起こる」，c．helps「役に立つ」では文脈に合わない。答えは，d．matters「問題となる，重大である」。

4．当該部分は，ヘペンストリックが自分の研究に関する見解を述べている箇所である。「ヘペンストリックは，自分の研究は，決定的な（　　）であると言っているのだが，その後の文には「さらに研究を加える必要がある」と言っているため，（　　）には conclusive「決定的な，最終的な」を否定する語句が入るものと推測できる。選択肢はどれも意味がとりにくいものばかりだが，a．all but「ほぼ～」や c．likely to be「～でありそう」，d．nothing but「～にすぎない」は否定的な意味ではないため，答えは，b．far from「決して～でない」である。

5．当該部分を含む文は，「さらなる研究が行われるまでは，（　　）は大部分がクライマーたちに残されることになる」という内容である。少し前の部分では，クライマー団体は静観の方針であると書かれ，すぐには対策をとらないようであることがわかる。また直後には，自分もときどきクライマーになるヘペンストリックが，クライマーというのは自然のことを気にかけているものだとクライマーたちを信頼しているようであることがわかることから，さらなる研究が行われてきちんとした結果が出るまではどう行動するかはクライマーたち任せになる，という意味になると推測できる。a．development「開発」では，クライマーが開発するわけではないため不適である。また，b．ignorance「無視」は静観することとは異なるため，これも不適である。さらに，c．pollution「汚染」では全く文脈に合わない。答えは，d．responsibility「責任」。ここでの責任は，チョークを使うかどうかを決める責任，あるいは使うことへの責任という意味だと考えられる。

6．「本文によると，次のうちで正しいのはどれか」

a．「ボルダリングはロック・クライミングとは全く異なるスポーツである」第 1 段第 3 文（Yet the popularity of rock climbing …）に，ボルダリングは，ロック・クライミングと姉妹関係にあるスポーツだと書かれており，正しくない。

b．「クライミング用のチョークは，環境にとって問題だと見なされるようになってきた」第 1 段第 3 文（Yet the popularity of rock climbing …）に，クライミング用チョークの環境に危害を与える影響に関する疑問を投げかけられていると書かれ，さらに第 3 段第 1 文（Beyond the（　2　）pollution, …）に，新しい研究によって，チョークの植物に対する危害の可能性が示唆されたことが書かれていることから正しいと言える。

c.「クライミング用のチョークは，ロック・クライミングに熱中している大学生によって，まず使用された」 be keen on～「～に熱中して」 第2段第2文（In fact, it was first introduced …）に，チョークをロック・クライミングに紹介したジョン=ギルは，ボルダリングに興味を向ける前は大学で体操の選手だったと書かれており，ボルダリングに興味を持った時も大学生であったかどうかは書かれていないため，正しいとは言えない。

d.「ロック・クライミングは，東京オリンピックの前にすでにオリンピック種目であった」 第1段第2文（Now, with its debut at the Tokyo Olympics, …）によると，ロック・クライミングは東京オリンピックでデビューしたとあり，正しくない。

7.「本文によると，次のうちで正しいのはどれか」

a.「クライマーたちは，アメリカ先住民たちの部族によっていくつかの地域でクライミングをすることを禁止されている」 be prohibited from *doing*「～することを禁じられている」 Native American「アメリカ先住民」 tribe「部族，種族」 第2段最終文（Native American tribes have declared …）に，アメリカ先住民たちは，クライマーたちに立ち入り禁止を宣言した地域を持っていると書かれており，正しいとわかる。

b.「クライマーでない人たちの中には，クライミング用チョークを落書きをするために使う人もいる」 graffiti「落書き」 第2段第3文（(　1　) then, amateur and professional …）には，クライマーたちは，クライミング用チョークを使うようになって「チョークの落書き」ともいえるチョークの痕跡を世界中に残しているとは書かれているが，クライマー以外が落書きをするためにクライミング用チョークを使っているわけではないため，正しくない。

c.「チョークを使うことは，危害を与えないという条件の下では，神聖な場所でのふさわしい活動である」 decent「適正な，礼儀正しい」 holy「神聖な」 provided that S V「もし～であるのなら」 第2段最終文（Native American tribes have …）には，アメリカ先住民たちの部族は，宗教的に重要な地域を保存するためにクライマーたちに立ち入り禁止を宣言する地域を持っているということが書かれているため，チョークが神聖な場所にふさわしいとは考えられず，正しくない。

d．「チョークを岩からぬぐって取ることは，岩の表面での変化を防止することができる」 wipe *A* off *B*「*B* から *A* をぬぐいとる」 第3段第3文（Wiping it off doesn't seem to help；…）に，拭っても役に立たず，岩の上に残る化学的な痕跡が岩の表面の化学的バランスを変えるといった内容のことが書かれているため，正しくない。

8．「本文によると，次のうちで正しくないのはどれか」

a．「チョークは，クライマーたちにちょっと安心感を与えるだけなのかもしれない」 a sense of security「安心感」 第4段第3・4文（Some climbers may find it helpful, … a psychological aid.）に，チョークが役立っていると思うクライマーもいるが，それは心理的な援助である可能性が高いと書かれており，正しい。

b．「世界中の迷子石は，氷河期には島々の上にあった」 erratic boulders「迷子石」 the Ice Age「氷河期」 第3段第5文（These erratic boulders—…）に，迷子石は氷河期の終わりに氷河によって地球全体に運ばれた岩で，運ばれた先とは異なる植物生態の孤立地域であると書かれており，正しくない。なお，本文に書かれている island とは，「（島状に）孤立した地帯」のことである。

c．「迷子石の上に生えている植物は，私たちが氷河期のことを学ぶ手助けをしてくれる」 第3段最終文（As such, they may hold information …）で，迷子石が氷河期の情報を持っているかもしれないと言っており，正しい。

d．「曽は，チョークが岩の上の植物に害を与えるかもしれないという点でヘペンストリックと意見が同じである」 第5段第5文（But De-Hui Zeng, an ecologist …）に，曽は自分の研究でヘペンストリックの研究と同じような結果が出ていると言っていると書かれており，正しい。

9．「本文によると，次のうちで正しいのはどれか」

a．「ある研究が，岩の上の植物はどんなグリップ補助剤によっても害を受けると見い出した」 gripping aid「グリップを補助するもの」 第6段第1・2文（Hepenstrick emphasizes that … of climbing chalk.）に，チョークが環境に影響があることを調べたヘペンストリックの研究は決定的なものではなく，まださらに研究を加える必要があると書かれており，まだ最終的な結果が出ていないことから，正しくないと言える。

b.「クライマーたちは，環境的に意識が高いため，ヘペンストリックは，彼らが情報に適切に従って行動することを期待している」 conscious「意識して，意識が高い」 act on ～「～に従って行動する」 properly「適切に」 第7段第4・5文（Until additional studies can be … the possibility seriously.”）で，ヘペンストリックは，クライマーたちは自然に対して気にかけていて，チョークの影響を伝えたら彼らはその可能性を真剣に捉えるだろうと言っていることから，正しい。

c.「クライミングの団体は，ヘペンストリックのレポートを根拠が不足しているため批判している」 criticize「～を批判する」 evidence「根拠」 第7段第1文（Climbing groups such as Access Fund, …）に，クライミングの団体は静観の方針であることが書かれており，正しくない。

d.「クライミングのできる科学者たちは，クライミングの影響の全体像をつかむことができる」 第6段最終2文（Even in accessible … studying cliff ecology.）に，接近が可能な場所でさえも，変化しやすい地形そのものがクライミングの影響を想定するのに課題をつきつける可能性があり，繊細な岸壁の環境に影響を与える恐れがあるようなメカニズムを理解するのは難しいと書かれており，全体像を把握することは難しいと考えられるため，正しくない。

10.「本文によると，次のうちで正しいのはどれか」

a.「グリップを補助する代替品は，チョークと同じ重要な地位を獲得した」 alternative「代わりとなる」 第8段第5文（But while colored chalk can help …）に，視覚面で代替品となる色付きチョークは環境面での危害を避けることはできないとあり，さらに第9段第3文（But he says these options were …）に，以前からあったオーガニック製品もチョークの出現とともに使われなくなったことが書かれてあり，代替品がチョークと同じ地位となったと考えられず，正しくない。

b.「現在でさえ，パタゴニアの創始者は，岩の上のチョークの痕跡は美しくないと考えている」 founder「創始者」 unattractive「魅力がない，美しくない」 最終段最終文（Perhaps today he would say …）には，彼ならチョークを使うのはずるいだけでなく醜くもあると言うだろうとあるが，he would say と仮定法が使われていることから実際に彼が言ったわけでなく，正しくない。

c．「チョークの使用を支持する議論の一つは，それは前のクライマーの後をたどりやすくするということである」 argument「議論」 trace「跡」 previous「以前の」 第 8 段第 3 文（“Chalk marks give you the path, …）に，チョークの痕跡は道を教えてしまい，見えにくくなったら問題を解決するという精神を維持できるということが述べられており，チョークの跡が見えにくい方が有益であるということで，正しくない。

d．「ショーン=アクセルロッドのチョークの成分は，一般の人たちには知られていない」 ingredient「成分」 第 8 段最終文（Most colored chalks contain …）に，炭酸マグネシウム以外の成分を公開するのは断っていると書かれており，正しい。

Ⅵ　解答

1－b　2－a　3－d　4－c　5－c　6－a
7－b　8－a　9－a

◆全　訳◆

≪名古屋の国際コミュニティの環境保護活動≫

もしあなたが名古屋に来たばかりで，仲良くできる仲間たちが必要であれば，ゴミ拾いをしてみたいと思うかもしれない。実際，地域サービスで行われているのが，国際交流グループであるスモール・ワールドが初めて月例ゴミ拾いを始めた 2019 年以来，新しい多くの居住者が名古屋で生活を始める方法なのである。日本で 4 番目に大きな都市の中で，あらゆるところから労働者たちを引き付ける産業や仕事の中心地において，スモール・ワールドは，3,000 人を超える人たちのネットワークを持つ，その都市で最も大きくて最も多様な交流グループの一つなのである。その組織は，諸外国の人たちにも日本の人たちにも出会える場所だと広く知られている一方で，決然とした環境に関わる目標を持っているのである。

「私たちはどんなイベントをしていても，できるかぎり跡は残さないようにしています」と，イギリス出身の英語教員で，その組織の世話役の一人であるマット=チマは言う。「私たちは，交流イベントでは，再利用あるいは分解可能な製品を使い，ベジタリアン食品を提供しています」 スモール・ワールドは，ゴミ拾いに加え，名古屋でヴィーガン食品のイベントを実施したり，気候に関するイベントやデモ行進を行ったりしている。2019 年以来，スモール・ワールドは名古屋の中心部で 1 トンに近いゴミを拾ってきた。しかし，スモール・ワールドのその仕事は，環境問題に関する野外活動や運動に大いに取り組む国際的なコミュニティのほんの氷山の一角にしかすぎないのである。

名古屋の製造会社のドイツ人従業員で，名古屋の住人であるカトリン=フンクにとって，スモール・ワールドの一員になることが，結果的には持続可能性の分野におけるキャリアを開始することになった。フンクは，ドイツで育ち，政治家や会社が社会の環境問題を解決するものだと思い込んでいたと話す。しかし，サステナブル・ディベロップメント・レポートの持続可能性指標によると持続可能性に関してドイツより遅れている国である日本に来て，環境保護に非常に関心のある人たちに出会ってから，彼女は活動をしようと決心するようになった。彼女は，スウェーデンの活動家であるグレタ=トゥーンベリによって始められた世界的な気候変動に対する活動の一環であるフライデー・フォー・フューチャーのチームを名古屋で組織する手伝いをすることから始めた。トゥーンベリは，気候変動の解決を求めるデモ行進を運営したり，環境問題に関する公開講演を催したり，持続可能性をめぐる大規模なチャリティ・イベントを編成したりしている。

「私は，私の将来の子どもたちに，変えられる可能性があったときにあなたは何をしたの，と尋ねられたくなかったのです」とフンクは言う。「私は，この国際的なコミュニティが，たとえ母国でなくてもここでどのようにしてこんなに活動的になっていくかがとても楽しみなのです。それは，環境にいい何かをすること，楽しんでること，そして異文化とつながることが完璧につながったものなのです」 フンクは大きく関わるようになったため，活動に集中するため製造会社での仕事を辞める決心をしていたのだが，それどころか，彼女は全社員のための持続可能性の研修を運営する立場を提案されたのだった。「今や私は，すべての従業員向けの2時間の必修研修を企画運営しています」とフンクは言う。「私の会社のこれらの人々は，気候の危機について知ることは全くありませんでした。彼らはただ誰かほかの人がそれについて何かをしてくれるだろうと思っていただけでした。私は，彼らから，今すぐに行動したいというたくさんのコメントをもらっています」

スモール・ワールドは，名古屋の国際コミュニティの環境問題に関心のある多くの個人に啓発指導をしてきた。ヴィーガンの人たちは，スモール・ワールドのイベントで，友達を作る場所ができ，地域のノーマークのヴィーガン食品のあるところが見つけられるのである。ゴミ拾いはいつも，チマ，フンクや他の人たちが，例えば，ゴミゼロのマグネシウムの洗濯石鹸の使用など，地域の人たちが挑戦できるような環境にいい習慣を共有して終わるのである。

名古屋の環境保護に関わるイベントは，個人的な活動にも，そしてさらに広い社会的な変化にも，両方に焦点を当てている。スモール・ワールドのチャリティ・イベントでは，古いTシャツからショッピングバッグを作る方法のような技術に焦点を当てた，環境に優しい DIY のワークショップも開催したり，日本や海外の地域活動家が気候や社会の緊急課題に関する話をしたりもしている。

これらのイベントは，そうでなければ自分たちが活動家であるとは思わなかった国際コミュニティの人たちの心を引きつけてきた。名古屋に住むイギリス人技師であるシェーラン=アジムは，最初は友達を作るためにゴミ拾いに行ったのだった。しかし，その年の終わりまでには，彼はヴィーガンの食べ物を試してみたり，古いラップトップをカメラやテレビのスクリーンに変える方法に関するワークショップを運営したりして，気候変動反対活動に参加していた。「私は，ヴィーガンでもないし，ゴミゼロ推進者でもありません。私は，地球のために少しだけ何かをしたいと思っている一人の人間であるだけなのです。多くの人が私と同じようだと思います」とアジムは言う。「外国に行ったら，仲良くなれる仲間が必要で，名古屋ではスモール・ワールドが参加するのに一番いいコミュニティなのです。ここでは多くの外国人たちが仲間を求めてスモール・ワールドに行き，それを通じて，友達の影響で気候変動に関する活動に参加するのです」

その国際コミュニティの中の環境保護活動は，日本人の活動家たちを支援する助けにもなっている。愛知県みよし市の大学生である村田美穂は，名古屋で気候デモを組織しようと非常に活発に活動していて，国を超えた人たちの参加がカギとなると言う。「私たちは，日本人が『他の人もしているから，私も地球のためにいいことをする』と考えるような転換期にたどり着く必要があります」と村田は言う。ゴミ拾いは，一緒に変化を起こせる同じような意見を持った人たちを集める理想的な出発点なのである。「あなたは，心優しい人たちと出会えるだろうとわかっているでしょ」とチマは言う。「その人たちは，自分の週末の時間を街の清掃に使っているのですから」

チマもフンクも，2020年に大規模なイベントを計画していたが，一部はコロナのパンデミックで妨げられた。しかし，コミュニティからの熱い要望があり，新しい構想が現在も進行中である。スモール・ワールドは，その都市の最も汚染されている地域のデータを集めることを計画している。また同時に，フンクは，はやりのソーシャルアプリであるクラブハウス上で，政治家や企業のCEOも含む何千人という人たちの興味をすでに引いている環境保護に関心のあるグループを開始した。「変化を起こすことは，人生を変えることである必要はないのです」とチマは言う。「より賢明な選択をする必要があるだけなのです」

◀解　説▶

1．当該部分は，スモール・ワールドの世話人の一人であるチマが活動の基本的な方針について語り，「できる限り（　　）は残さない」と言っているところである。その後の文で，再利用あるいは分解可能な製品を使っていると言っているところから，ゴミなどは一切残さないといった内容になるものと推測される。a．backboneは「背骨，(運動などの) 主力」，b．footprintは「足跡」，c．handfulは「一握りの量」，d．headlineは「表題」の意味で，答えはbである。c．handfulも考えたかもしれないが，何の一握りなのかが示されていないため，不適である。

2．当該部分の前では，母国ドイツより持続可能性について遅れをとっている日本に来て，環境保護に関心のある人たちに出会ったこと，後では，気候変動に対する活動の一環としてのチームを組織する手伝いを始めたことがそれぞれ書かれている。それらを考えると，当該部分には彼女は活動することにしたといった内容が入るものと思われる。a．determinedは「決意した」，b．maintainedは「維持された」，c．reluctant「気が進まない」，d．uncertain「確信が持てない」の意味で，答えはaである。

3．ここのカギとなるのは，話題が「環境」に関するイベントや組織であることで，その組織が個人レベルだけでなくどういう変化を期待しているのかを考えることになる。a．economical「経済的な，安価な」では環境に関する組織が値段の変化をまず期待しているとは考えられず，不適である。また，b．generational「世代の」やc．political「政治に関する」

は，話題には出てこないため不適である。答えは，d．social「社会的な，社会生活の」。当該部分のある第 6 段だけでも，その活動の中で，個人レベルの活動だけでなくさまざまな人たちをも巻き込んでいき，社会としての変化が起こりつつあることが描かれている。

4．当該部分は，「イベントが，自分たちが活動家であると（　　）思っていなかったメンバーたちの心を引き付けてきた」という内容になる。一つずつ入れて考えてみると，a．anything では，anything が have の目的語になるが，意味が通じない英文となり，不適である。また，b．been では，consider *A* *B*「*A* を *B* だとみなす」の consider が受け身の形になるが，後ろに themselves activists と *A* *B* に当たるものがあるため，文法的に適切ではない。さらに，d．therefore は，「それゆえに」という意味の副詞だが，文の中で意味がつながらない。答えは，c．otherwise。「そうでなければ」という意味の副詞で，ここでは，これらのイベントがなかったら，あるいは参加していなかったらの意味。

5．「本文によると，次のうちで正しくないのはどれか」

a．「ある公式データによると，持続可能性において，ドイツは日本より高いランクにいる」 sustainability「持続可能性」 第 3 段第 3 文（But after coming to Japan, …）に，サステナブル・ディベロップメント・レポートの持続可能性指標によると，持続可能性に関して日本がドイツより遅れている国であると書かれており，正しい。

b．「環境保護に関心を示す人たちのための食べ物が，スモール・ワールドの交流イベントで提供されている」 eco-conscious「環境保護に関心のある」 第 2 段第 2 文（“We use reusable or decomposable products …）に，イベントでベジタリアン食品を提供していると書かれており，正しい。

c．「スモール・ワールドのメンバーたちは，パンデミックの前から毎月ヴィーガン食品のイベントも実施してきている」 vegan「ヴィーガン，ミルク・卵・チーズなども食べない完全な菜食主義」 スモール・ワールドは 2019 年にゴミ拾いを開始し，第 2 段第 3 文（In addition to trash pick-ups, …）に，ゴミ拾いに加え，ヴィーガン食品のイベントを実施していると書いてあるが，ヴィーガン食品イベントはいつから始めたのか，またその頻度については言及していないため，正しくない。

d．「スモール・ワールドは，さまざまな国から来た人たちが交流し，新しい考えや技術を学べるような出会いの場所を提供している」 socialize「社交的に活動する」 第5段第1・2文（Small World has educated … soap for laundry.）に，スモール・ワールドは名古屋の国際コミュニティの個人に対して啓発活動をしたり，友達を作る場所になったりしていることや，第6段第2文（Small World's charity events involve …）に，古いTシャツからショッピングバッグを作る技を伝えるワークショップをしたりしていることが書かれていることから，正しい。

6．「本文によると，次のうちで正しいのはどれか」

a．「スモール・ワールドのメンバーの一人は，自分の国以外の国に貢献することはいいことだと考えている」 contribute to ～「～に貢献する」 第4段第2文（"I love how …）に，フンクは，外国からの人たちが，たとえ母国でなくてもここでどのようにしてこんなに活動的になっていくかがとても楽しみだとあり，正しい。

b．「カトリン=フンクは，自分の母国に住んでいるときに環境問題の運動に加わった」 campaign「組織的活動，キャンペーン」 第3段第3文（But after coming to Japan, …）で，彼女が行動を起こしたのは日本に来てからであることがわかり，正しくない。

c．「カトリン=フンクは，環境問題の活動に専念するために会社を辞めた」 devote *oneself* to ～「～に専念する」 第4段第4文（Funk became so involved that …）に，彼女は活動に集中するために会社を辞めようと決めていたが，会社側が彼女に持続可能性の研修会を行う新しいポジションを提供したことが書かれており，正しくない。

d．「スモール・ワールドは，気候に関するデモ行進を企画準備してグレタ=トゥーンベリと関わってきた」 be involved with ～「～と関わる」 第3段第4文（She started by helping …）には，フンクは，グレタ=トゥーンベリによって始められたフライデー・フォー・フューチャーという世界的な気候変動に対する活動の名古屋でのチームを組織する手伝いをすることから始めたとはあるが，一緒に関わって気候に関するデモ行進を組織したとは書かれておらず，正しくない。

7．「本文によると，次のうちで正しいのはどれか」

a．「カトリン=フンクは，名古屋でスモール・ワールドのスタッフに持続可能性の研修を実施している」 第4段第4文（Funk became so …）の後半（but instead she was offered …）に，勤めていた会社で持続可能性の研修を運営する立場を提案された，とあり，スモール・ワールドのスタッフに対しての研修ではないため，正しくない。

b．「ゴミ拾いイベントの目的の一つは，環境に優しい習慣を住民たちに広めることである」 habit「習慣」 resident「住民」 第５段第２文（Vegans have a …）の後半（and the trash pick-ups always end …）に，ゴミ拾いはいつも地域の人たちが挑戦できるような環境にいい習慣を共有して終わると書かれており，正しい。

c．「スモール・ワールドのイベントに参加する人は，たいていの場合，最終的にはヴィーガンやゴミゼロ推進者になる」 end up *doing*「最終的に～する」 第７段第４～６文（“I'm not vegan, … me,” Azim says.）に，スモール・ワールドの気候変動反対活動に参加しているシェーラン=アジムは，自分はヴィーガンでもゴミゼロ推進者でもなく，みんな地球のために少しだけ何かしたいだけだということを言っており，正しくない。

d．「スモール・ワールドは古い服や電気製品を他の役に立つものに変えて売る方法に関するワークショップを開催している」 convert「～を変形する」 第６段第２文（Small World's charity events involve …）や第７段第３文（But by the end of the year, …）には，古いＴシャツからショッピングバッグを作る方法や古いラップトップをカメラやテレビのスクリーンに変える方法に関するワークショップを開催しているとは書かれているが，それを販売するとは書かれておらず，正しくない。

8．「本文によると，次のうちで正しくないのはどれか」

a．「ある人によると，名古屋でゴミ拾いに参加する人たちは，めったに親切で思いやりがあることがない」 considerate「思いやりのある」 第７段最終２文（“When you're a foreigner, … of their friends.”）には，外国に行ったら仲間が必要で，名古屋ではスモール・ワールドが参加するのに一番いいコミュニティだ，ここでは多くの外国人たちが仲間を求めてスモール・ワールドに行くということが書かれており，親切でなかったり，思いやりがなかったりしたら行きたいと思う人はなくなるはずと思われるため，正しくない。

b．「スモール・ワールドのメンバーの一人は，ソーシャルメディアを使って，環境に関心のある人たちをお互いに結びつけようとしている」 by means of～「～を使って」 最終段第4文（Meanwhile, on the trendy social app …）に，フンクがクラブハウス上で環境保護に関心のあるグループを始めていると書かれており，正しい。

c．「村田美穂は，国を超えた参加が日本で気候変動に関する活動を推進する手助けをするだろうと信じている」 第8段第2文（Miho Murata, a college student …）に，名古屋で気候デモを組織しようとしている村田は，国を超えた人たちの参加がその活動へのカギとなると言っていることから，正しい。

d．「スモール・ワールドのメンバーたちは，自分たちの活動に非常に熱心で，パンデミックが彼らのやる気をそぐことはなかった」 passionate「熱烈な」 discourage「～のやる気をなくさせる」 最終段第1・2文（Both Chima and Funk had plans … in the works.）に，コロナのパンデミックで活動の一部ができなくなったが，メンバーたちの熱い要望で新たな構想が現在も進行中である，ということが書かれており，正しい。

9．「本文に最適なのはどのタイトルか」

a．「名古屋の国際コミュニティの環境保護活動」

b．「一人のスウェーデンの活動家によって始められた世界的な環境運動」

c．「名古屋の市民と外国から来た人々との交流」

d．「名古屋の中心地でのゴミの上手な活用」

まず，bについては，確かに第3段最終2文（She started by helping organize … around sustainability.）に，スウェーデンの活動家が始めた世界的な環境運動について述べられてはいるが，本文全体でその活動について伝えたいわけではなく，タイトルとしては不適である。また，cについては，話題に挙げられているスモール・ワールドは，確かに，第1段最終文（While known more broadly for being …）に諸外国の人たちにも日本の人たちにも出会える場所として知られていると書かれてはいるが，環境問題に関する活動に重点を置いていて名古屋の市民と外国人市民との交流を中心にしているわけではないため，不適である。さらに，dについては，第2段第3文（In addition to trash pick-ups, …）や第5段第2文（Vegans have a …）の後半（, and the trash pick-ups always end …）で，「ゴミ拾い」が有効に活用されていることが読み取れるが，「ゴミ」そのものを有効に活用しているわけではないため，不適である。最も適切なのはａである。本文全体で，環境保護啓発に力を注ぐ名古屋の国際的なコミュニティであるスモール・ワールドの活動について伝えようとしているものである。

❖講　評

例年どおり，全問マークシート方式だが，試験時間は 90 分と 2022 年度より 10 分短くなっている。問題の構成については，2022 年度に 500 語程度の長文補充問題２題が出題されなくなり，前置詞・基本動詞・名詞補充，同意表現選択，誤り指摘，文構造問題が各１題，長文読解問題２題となったのが，2023 年度もほぼそのまま踏襲されている。設問数は，2021 年度までの 66 問から 2022 年度には 57 問へと減り，2023 年度は文構造問題が１問増え，58 問になっている。読解問題は２題ともこれまでと変わらず 1,000 語前後のかなりの長文であるため，10 分短縮された試験時間内に読みこなせるだけの，かなりのスピードのある読解力が要求される。

Ⅰの前置詞・基本動詞・名詞補充，Ⅱの同意表現選択，Ⅲの誤り指摘は，これまでと変わらず基本的なものがほとんどで，学習の成果を十分に発揮できる問題である。

Ⅳの文構造問題は，１～４は，語彙・文法問題の性格の強いものになったが，５以降はこれまでどおり，文構造の理解を確認する問題である。１～４は，Ⅰ～Ⅲと同様，学習の成果をしっかり発揮できる問題で，５～９は，意味だけでなく，英語としての組み立てを把握しておく必要がある。

Ⅴの長文読解問題は，クライミング用チョークの環境への負担を題材にした 1,000 語を超える長文で，空所補充５問，内容真偽５問が出題されているのは例年と変わらない。英文としてはそれほど難しいものではなく，設問も難問はないが，文章自体が長く，しかも何人もの名前が出てくるので，まずはトピックセンテンスを捉え，何をした人なのか，どういう考えの人なのかを整理しながら，パラグラフごとの話の流れを十分につかんで読み進めることが大切である。

Ⅵの長文読解問題は，環境問題に取り組む名古屋の国際コミュニティを題材にした 1,000 語程度の長文で，空所補充４問，内容真偽４問，主題選択 1 問と，2022 年度と変わらない。文章は長いが，話題としては，比較的身近なものであり，英文そのものも難しいものではないので，登場人物の関わりを捉えながら，パラグラフごとの話の流れをしっかりつかんで読んでいけば，十分に対応できるだろう。

三 従来大問三は古文であったが、二〇二三年度から現代文の出題となった。二と同様、文章も短く、標準的な問題である。箇所指摘問題も段落ごとの趣旨を把握できていれば明確。全体の時間配分を考えるとあまり時間をかけられないが、取りこぼしのないようにしたい。

盤は「『伝統と慣習という共有された語彙』を含む『社会構成文化』」であって、言語・文化の共有が重要だとされる。「信頼」と「理解」とその基盤にある「文化」の共有という要素を備えているEが正解。Bは「文化的に同質な仲間」という「共同性」の基盤に言及していないので、説明不十分。

〔問四〕最終段落冒頭で「そのような俗語」つまりイタリア語で「ダンテが詩を書こうとした理由」が述べられている。それは「ラテン語の詩を理解することが困難な婦人にもわかってもらうため」である。これをまとめ直したのが、本文の最後の部分となる。

〔問五〕A、「外的」「内的」排除があるという内容に合致。

B、最後の二段落の内容と合致。

C、「単一言語の国民国家」であっても「内的排除」は起こり得るため、「熟議民主主義に参加しやすい」とは言えない。

D、第一段落の内容に合致。

E、最終段落の内容に合致。

❖講　評

一　本文の趣旨は比較的わかりやすいが、言葉遣いが難しい箇所があり、じっくり読む必要がある。配点から考えても全体の半分ほどの時間をかけて取り組みたい。語句・漢字は標準的なレベルなので取りこぼさないようにしたい。内容説明の問題では、本文に書いてある言葉に安易に飛びつかないように心がける必要がある。説明として要素が必要十分か、正確な分析をすることが求められる。

二　一と比べると文章も短く、読みやすいが、選択肢には紛らわしいものがあり、慎重に検討する必要がある。箇所指摘問題に時間をかけすぎないように注意が必要である。

◆要　旨◆

熟議の過程では、同質的な市民によって構成された社会の内部においてさえ差異を乗り越えられず排除が起こる。であれば、ナショナルな境界線を越える対話や熟議はいっそう排除的である。そもそも何語で議論するのか、という問題があるし、理性的な熟議による合意の成立には言語の共有が重要な源泉となるのである。さらに、ふつうの人びとが議論に参加できるためには土着語でなされる必要がある。土着語の重要性はダンテが当時俗語とされたイタリア語で詩を書いたことからも説き起こすことができる。

◆解　説◆

〔問一〕「特定の人びとの声」が「擬似普遍性」を持つということを説明する。まず傍線部直前の「このような二つの排除」の内容を確認すると、熟議から「特定の個人や集団が排除」される「外的排除」と、「ある集団の権利要求が軽く扱われる」「内的排除」という二つである。つまり熟議といいながらも「排除」されている人びとがおり、「特定の人びとに有利」になっている。そこで傍線部の内容は、「特定」の人びとの意見であるにもかかわらず「普遍性」を持つかのように広く「喧伝」されてしまうということであるとわかる。それぞれの要素を言い換えられているDが正解。Aは「擬似普遍性を帯びて喧伝」の説明がない。

〔問二〕まず傍線部直前の「この指摘」が筆者の問題意識と「重なる」と述べていることを確認する。「この指摘」とはイ・ヨンスクの指摘である。ただし、本問で対象とされているのはヤングとキムリッカの指摘であることに注意したい。それぞれ確認すると、ヤングは第二段落で熟議における「内的排除」を、キムリッカは傍線部の後で「外的排除」として「何語で議論するのか」が問題となることを指摘している。どちらも説明しているCが正解。Eは「言語が異なるため」がヤングの指摘（内的排除）の説明として不適。

〔問三〕傍線部直後に「なぜなら、理性的な熟議によって合意が成立するのは、熟議の参加者がお互いを理解し、信頼している場合だから」と理由が述べられている。さらに「相互信頼や相互理解」には「共同性」が必要であり、その基

〔問三〕空欄は直前の、「現代の平均的な日本人の生活から乖離したもの、よそよそしいもの」を指している「それ」と同内容になる。そしてここは筆者が「類型化された日本的風景」としての「和風の風景」（二つ前の段落）と呼ぶものについて述べている部分なので、空欄には「日本的」と言いながら実際の「生活から乖離」している、といった内容が入ればよい。

〔問四〕「具体的に言い換えた」という条件に注意。第十段落の「類型化された日本的風景」は具体的とは言えない。また、最終段落の「『和風』のパッチワーク」も比喩的な表現を用いていて、不適切。

〔問五〕A、「日本の『原風景』が」以降が本文に根拠がない。

B、傍線部(4)の段落以降の内容と合致。

C、「よい風景とは、風土を反映する風景」という立場を筆者はむしろ批判している。

D、「成功した事例である」が最終段落に照らして不適。

E、「和風」は「風土に合わせて」作られたものとは限らず、「和風の街並みを懐古する」という点も本文に根拠がない。

三

出典 白川俊介『ナショナリズムの力――多文化共生世界の構想』（勁草書房）

解答

〔問一〕D 〔問二〕C

〔問三〕E

〔問四〕文学の「世俗化」・「民主化」

〔問五〕C

◆要　旨◆

風景の評価が「風土」との関係を前提とするならば、生活の産物は風土を反映する記号と見なされることになり、風土に対する受動的な適応の結果と見なすことになる。そのような考えによるなら、日本的風景とは類型化されたものを指すことになるが、これは現在の日本人の平均的な生活からは乖離したものになってしまう。「修景」によって産み出された公営の和風テーマパークとも言うべき和風の街並みも、生活から乖離したステレオタイプな「和風」のパッチワークに他ならない。

◆解　説◆

〔問一〕　傍線部は「この考え方に従」って「風景の評価」を行う場合に必要な観点である。「この考え方」とは、第一段落の「風景の評価にあたり、『風土』（または環境）との関係を当然のように前提とし」「風景は……風土と一体のもの、あるいは風土の一部」とする考えを指す。これを前提として第二段落に「個性ある風土への適応」を目指した「試行錯誤の結果」としてその土地の伝統的な生活スタイルが作られたことを説明し、「よい風景とは」「風土への適応の努力の結果が活かされたこのような人工物と自然物によって形作られた」ものであると述べられている。以上の要素がそろっているEが正解。Bは「適応」とはどういうことかに言及できていないので、説明不足。

〔問二〕　傍線部の主語である「これは」の指示内容は、直前の文の「日本に固有の風土への適応こそ……主張」である。この主張は「風土論の延長上」にあると述べられ、「すなわち」と前述と同じ内容を示す接続詞で結ばれていること、「事情は同じ」だとされていることに注目すると、前段落までに述べられた風景と風土との関係のことを「一種の環境決定論」だとしていることがわかる。また直後の段落でも「日本的風景」は「風土に対する受動的な適応の結果であることが明らかであるような風景」であると述べられる。つまり、風土によって風景が決定されることを「環境」によって「決定」されることと同種の論だと言っているのである。Cが「風土論」「環境決定論」両者の共通性を説明していると言える。

としての価値〉」について、「処理、操作する、物的対象」としてだけ享受するように変わったことを指している。そこから「〈ものとしてのテクストが存在している〉という事実だけ」が「愛おしまれる」理由は、テクストを「処理」する「もの」としか見ないためであると言える。要素のそろっているBが正解。Cは「言語場」の内容説明はされているが、「演技を続けるだけの場になるから」という理由付けが不適。

〔問七〕A、「大量印刷……」について第一・二段落、「デジタル・テクスト……」について第三段落以降の内容と合致。

B、最終段落一文目に「インターネットがいわゆる草の根的な力……間違いない」と述べられているのに合致しない。

C、「思考の空白地帯」に「例えば、〈国家の意志〉」が忍び込むということが最後から二つ目の段落に述べられているが、「気づくことができない」とは述べられていない。

D、最終段落に「インターネットは、私たち個と個を網のように繋いでくれるものでもある」とあるのに合致しない。

E、「デジタル・テクスト」は断片化したことで意味が希薄化したのであり、「複製を重ねたことで」希薄化したわけではない。また「思想や物語……の役割」を終えたとも述べられていない。

二

出典　清水真木『新・風景論——哲学的考察』（筑摩書房）

解答

〔問一〕E　〔問二〕C

〔問三〕A

〔問四〕公営の和風テーマパーク

〔問五〕B

在論的な問いを発し続ける必要がある。

▲解　説▼

〔問一〕「逡巡」は〝決心がつかず、ためらう〟の意。

〔問二〕⑷は〝すでに与えられている〟という意の「所与」、⑸は〝物事の表面〟という意の「皮相」。

〔問四〕傍線部を含む一文を確認し、「技術」とは「大量印刷」ができることを意味するのを押さえる。また傍線部直後に「複製へと進路を採った」と述べられているため、大量印刷技術によって複製が可能となった時代における〈書かれたことば〉がどのようなものと述べられているかを読み取っていく。第一段落に「〈書かれたことば〉は知の身体であった」とされ、第二段落では「ひとまとまりの長さを有するテクストとして、流通」し「入口」「道標」「案内人」となって、人々の「思考と共に在った」と述べられている。以上の要素がそろっているDが正解。「知識欲を満たし」は、ことばが「知の身体」として「〈学ぶ〉ため」「〈楽しむ〉ため」「〈生きる〉ため」に人々に受け取られたことを言い換えたものである。

〔問五〕傍線部から始まる第三段落以降に述べられる「二〇世紀以降」の〈書かれたことば〉の特徴を確認する。デジタル・テクストについての記述は傍線部以降七つの段落にわたるので、部分的な説明しかできていない選択肢に注意すること。デジタル・テクストは「貯蔵され、複製されることを、前提とし」（第三段落）、「〈書かれたことば〉から言語の存在論的な価値を剝ぎ取り易い」もので、「背景となる大きな思想の全体から切り取られ、断片化され」「記号として消費される」（第八段落）。また「人の存在と共に在るはずの〈意味〉が、希薄化」して、「思想や物語や詩」の「入口、道標、案内人」（第九段落）たりえないものである。以上の要素をまとめたCが正解。

〔問六〕「そうした言語場」とは傍線部前文の「そうした変質した享受舞台＝言語場」である。さらに指示内容を確認すると、この「言語場」とは「人に圧倒的な速度が強いられる言語場」「猛烈な速度を強いられる言語場」を指す。「変質」とは、人々がテクストに「意味を造形する歓び」「意味を拵える楽しみ」を持つのではなく、テクストを「〈もの

国語

一

出典　野間秀樹『言語存在論』（東京大学出版会）

解答

〔問一〕　E

〔問二〕　(4)—B　(5)—D

〔問三〕　(7)伏　(8)衝突　(9)覆

〔問四〕　D

〔問五〕　C

〔問六〕　B

〔問七〕　A

◆要　旨◆

印刷技術によって〈書かれたことば〉は複製が可能となり、ひとまとまりの長さを有するテクストとして大量に流通するようになった。そこでは人々は背後に大きな全体を持つ〈書かれたことば〉を用いて思考していた。しかし二〇世紀以降〈書かれたことば〉がデジタル・テクストとなり複製を前提に作られるようになると、テクストは〈機械のためのことば〉となって、複製と貯蔵を繰り返し断片化し、生成においても受容においても短時間での処理を人に要求する。そのため思考の余地は極小化され、意味が享有されず、記号として消費されるだけになってしまう。ことばは意味を「持つ」のではなく、人によって意味と「なる」ものと見るならば、このような思考の空白という問題に対して、言語についての存

2022年度

問題と解答

■一般方式・英語外部試験利用方式・共通テスト併用方式

問題編

▶試験科目・配点

〔一般方式〕

教　科	科　　　　目	配 点
外国語	コミュニケーション英語Ⅰ・Ⅱ・Ⅲ，英語表現Ⅰ・Ⅱ	150点※
国　語	国語総合（漢文を除く）	100点

※英語外部試験利用方式では100点に換算する。

▶備　考

- 合否判定は，「外国語（英語）」に基準点（平均点）を設け，基準点に達した者の「外国語」および「国語」の合計得点（250点満点）で行う。

〔英語外部試験利用方式〕

- 英語外部試験のスコアの高低に応じ，満点を50点として換算し，「外国語」および「国語」の得点に加算する。
- 合否判定は，「外国語（英語）」に基準点（平均点）を設け，基準点に達した者の「外国語」および「国語」の得点に，外部試験の換算得点を加えた合計得点（250点満点）で行う。

〔共通テスト併用方式〕

- 合否判定は，一般方式の「外国語（英語）」に基準点（平均点）を設け，基準点に達した者について，大学入学共通テストで受験した3教科3科目（300点満点）と一般方式の「外国語（英語）」（150点満点）の合計得点（450点満点）で行う。

英語

（100 分）

（注）満点が 150 点となる配点表示になっていますが，英語外部試験利用方式の満点は 100 点となります。

I　From the choices ‘a’—‘e’ below, select the best answers to fill blanks (1)—(5). Each answer can be used only once. (30 points)

A

1. The train we are going to take is leaving (1) five minutes.
2. Our general meeting starts (2) three in the afternoon today, as usual.
3. I couldn’t bring my luggage aboard the plane as it was overweight (3) five kilograms.
4. You said you bought your new smartphone (4) more than one hundred thousand yen, but isn’t that too expensive?
5. That’s the girl (5) whom I borrowed a pen at the reception desk, now I must return it to her.

a. at
b. by
c. for
d. from
e. in

B

1. Please do not (1) too much of me.
2. When you drive, you mustn’t (2) the traffic rules for the safety of yourself

and others.

3. These photos (3) me of my happy high school days.

4. My sister is about to (4) her dream of opening her own restaurant.

5. I am going to stay in the park all day today and (5) people's behavior for my research.

a. expect

b. observe

c. realize

d. remind

e. violate

C

1. Washing your hands after coming in from outside is essential for public (1).

2. We have to finish our project by the end of this month at any (2).

3. I found an old (3) of the magazine I used to read in the dentist's waiting room.

4. My chief (4) is the weather on the day of our excursion.

5. Discriminating against minority groups when recruiting is against our company's policies on (5).

a. concern

b. cost

c. hygiene

d. issue

e. inclusion

Ⅱ From the choices 'a' — 'd' below, select the words which are closest in meaning to the underlined words (1) — (10). (20 points)

1. The trigger (1) of the horrible fight between those two groups was a traffic jam.
   a. cause
   b. effect
   c. profile
   d. responsibility

2. The government has an obligation (2) to protect the basic human rights of the people.
   a. a duty
   b. a possibility
   c. a will
   d. an ability

3. I cannot tolerate (3) your speaking ill of my brother like that.
   a. answer
   b. correct
   c. demand
   d. stand

4. The soldiers will be withdrawn (4) from the front line by the end of this year.
   a. fought
   b. removed
   c. sent
   d. welcomed

5. Education plays an important role in cultivating (5) one's mind and abilities.
   a. confusing
   b. controlling
   c. dividing

d. enriching

6. You shouldn't cut in on somebody else's conversation unless it is something quite important.
(6)

a. interact

b. interest

c. interpret

d. interrupt

7. I met your mother by chance at the station yesterday.
(7)

a. actually

b. happily

c. unexpectedly

d. unfortunately

8. There are a lot of factors which could account for the decrease in sales at our shop.
(8)

a. approve

b. explain

c. produce

d. study

9. It is next to impossible for me to complain about the noise to her in person.
(9)

a. absolutely

b. almost

c. extremely

d. well

10. We set about our new project very carefully.
(10)

a. abandoned

b. continued

c. fixed

d. started

Ⅲ Select the sentence that is grammatically incorrect in each group. (15 points)

1. a. Basketball, invented in 1891 by James Naismith, a physical educator in Massachusetts, is now one of the main U.S. sports along with baseball and American football.

   b. Owing to the popularity of YouTube cooking shows, the number of people who cook at home is increasing.

   c. The people who live on that island are very welcoming to anyone who goes there to experience their culture.

   d. The variety of animals, ranging from monkeys to penguins, are impressive considering the size of the zoo.

2. a. From the time she has become a high school student, Jessica has been interested in theater and dance performances.

   b. Leonardo Da Vinci would have been the greatest inventor who ever lived if the technology his inventions required had existed back then.

   c. Though he felt nervous speaking in front of such a large audience, he was able to deliver his speech without a single mistake.

   d. While Japanese is difficult to learn to write because it has three writing systems, it is not so difficult to learn to speak.

3. a. All I wanted to do was watching TV at home, but my friends insisted on going out to eat somewhere.

   b. Dogs, the very first species to be domesticated by humans, have evolved over time to become "man's best friend."

   c. The Arctic Circle is home to breathtaking landscapes, amazing wildlife, and enchanting wonders that cannot be found outside of it.

d. Traveling alone in an unfamiliar place can be frightening at first, but the freedom to explore makes it an enjoyable experience.

4. a. Hans Rottenhammer was the first German artist to specialize in so-called "cabinet paintings."

b. I have always wondered, during walking around Prague, what is behind the curtained windows of the romantic buildings.

c. There is new evidence indicating that the first human beings arrived in North America tens of thousands of years earlier than previously thought.

d. When she saw the snake on the ground in front of her, she froze in an instant, unable to move.

5. a. After several attempts to get the car started, I gave up and decided to have it taken in for repairs.

b. Because of existing technology, vaccines were quickly produced, and testing started immediately.

c. By using smartphones for hours a day, people's eyes, especially that of children, can be damaged from the blue light.

d. While we were in New York City, we went sightseeing in Times Square, ate famous New York pizza, and walked in Central Park.

Ⅳ From the choices 'a'—'d' below, select the best answers to fill blanks (1)—(8). (18 points)

1. If I didn't have so much homework, I (1) you with preparing for the important test.

a. have helped

b. help

c. will help

d. would help

2. The researchers divided people into two groups. One group had language lessons with a person, while (2) group watched lessons on a screen.

a. another

b. other

c. others

d. the other

3. As the topic of the visitor's speech was interesting, (3) joined his guest lecture.

a. a handful people

b. any more people

c. hardly any people

d. quite a few people

4. The question (4) at the meeting this afternoon is whether we should postpone our plans or cancel them completely.

a. discussing

b. is discussed

c. to be discussed

d. to be discussing

5．At the age of 75, my grandmother is (　5　) to play table-tennis every Saturday.

a．enough active still

b．enough still active

c．still active enough

d．still enough active

6．Due to technological development, (　6　) is increasing.

a．changing societies at the speed which

b．societies which are changing at the speed

c．the changing societies which at the speed

d．the speed at which societies are changing

7．The more often people overcome troubles together, (　7　).

a．emotional connections become stronger between them

b．emotional connections between them become stronger

c．the stronger become emotional connections between them

d．the stronger emotional connections between them become

8．Food scientists are people who have (　8　) quite amazing.

a．accomplished things that few of us give much thought to but that are actually

b．actually thought that accomplishment are much to give few of us things but

c．given things to few of us but that are actually thought much accomplished

d．things but accomplishment that actually give much thought to few of us is

V　Read the following passage and select the best answer for each question.

(35 points)

As an endurance runner who sometimes covers long distances over several days, Yoshihiro Machida was used to getting sore and damp, sweaty feet after a long run. If he crossed a stream or ran into a puddle of water, his feet would get wet and cold. But about 10 years ago, Machida, 58, traded his usual socks for a five-toed pair made of *washi*, or Japanese paper. "At first, the socks felt (　1　) and a little uncomfortable. It felt like walking on sand," Machida recalls. But, he adds, "I didn't get sore feet, even after running for days." Compared with his regular running socks, the washi socks, made by the Japanese company ITOI LSR under the brand ITOITEX, were also lighter and dried more quickly.

With washi clothes, you just need to take them off and leave them for a few hours, and — miraculously — "the odor is gone," Machida says, adding that his washi undershirt also keeps him odor-free, even after a 30-hour run in Japan's hot, humid summer. Lightweight and thin but also strong, absorbent, and durable, washi is attracting growing attention as a sustainable and eco-friendly (　2　) to both natural and artificial fibers. In Japan, the fabric is used mainly for household products, from *shoji* (sliding partition doors and screens) to lanterns and umbrellas. Garments known as *kamiko*, which means paper clothes, were worn by samurai, merchants, and Buddhist monks for centuries. To this day, the monks of the well-known Todaiji Temple in Nara, a former Imperial capital in the Kansai region, wear kamiko paper robes during the *Shuni-e* ceremony held in early March each year, a tradition that goes back 1,200 years.

But it was only two decades ago that advances in technology and growing demand for sustainable garments (　3　) efforts to use washi in everyday clothes and other products, according to Hiroshi Yamauchi, a member of the board of Oji Fiber, which makes OJO+ washi thread. Now, makers of outdoor wear and even fashion houses are increasingly turning their attention to washi as a sustainable and functional material for products ranging from underwear and jeans to towels and even shoes. Washi has been used by Japanese fashion designer Issey Miyake as well as

Tod's, the Italian high-fashion brand, which used ITOITEX's washi in 2018 inside its driver's shoes. Wildling, a German shoe company, makes 100,000 pairs of ITOITEX washi shoes a year at its factory in Portugal, while some Japanese companies make a variety of washi products from underwear and shirts to towels and stuffed animal toys.

Washi has a wide range of features that make it ideal, particularly for products that are used in contact with human skin, points out Daizo Kubota, director of ITOI LSR. For one thing, washi naturally absorbs moisture, pollutants, bacteria, odors, and even ultraviolet rays. Like charcoal, which also comes from trees and plants, washi has tiny holes where trillions of micro-organisms live. There is data showing that these micro-organisms absorb moisture, pollutants, odors, and other matter from the air, but the mechanism behind this activity is still a mystery, explains Yamauchi. Washi is also said to absorb about twice as much water as cotton, and also releases moisture quickly because of its many tiny holes. (4), socks and apparel made of washi dry very fast, making it ideal for sports and outdoors wear. Washi also feels comfortable to the skin because it minimizes friction.

For all these reasons, as many runners have found, wearing washi socks keeps feet relatively clean and sweat-free even after trekking long distances. Washi is also a good material for shoes because it is light and breathable, so feet do not get warm and sweaty, according to Anna Yona, CEO and founder of Wildling. Because washi releases moisture quickly, even if you walk into water, shoes made of washi will dry rapidly and keep everything odor-free, explains Yona, who describes wearing washi shoes as feeling "close to being barefoot." At the same time, washi has low thermal conductivity, which means that in cooler climates, it retains the body's warmth.

Since it is made from trees and other plants, washi is eco-friendly, making it an attractive material at a time when sustainability has become critical to protect the environment. In a test by Oji Fiber, OJO+ washi thread buried in soil with 33% moisture and kept at 30℃ started to break down after nine days, whereas polyester thread remained unchanged. The main source of washi used by clothing manufacturers is the *abaca*, closely related to the banana plant, which is native to the Philippines and also known as Manila hemp. Abaca, also grown in Indonesia and Ecuador, matures in three years and is increasingly replacing traditional washi sources such as *kozo*, a mulberry bush, and *mitsumata*, the oriental paper bush, due to declining supplies.

Despite its many advantages, however, wider use of wearable washi still faces several (5). In Japan, washi fabric costs five to six times as much as cotton imported from China and Southeast Asia. Producing washi is also labor-intensive and time-consuming, and requires a high level of technical skill. After the abaca plant is cut down, it is stripped of its tough fiber, which is then processed into pulp. The pulp is then processed into very thin sheets of paper, which are slit into thin tapes. "This takes time and effort because the washi sheet is very thin and if you cut it too fast, it might tear and the whole machine has to be stopped," says Yamauchi. The washi tape is then twisted into thread, which is used to make fabric.

Because of the complex production process, products made from washi have long been restricted to the field of crafts, explains Kubota, who adds that industrialization is the key to making washi more accessible as a source for clothing and other wearable products. Another drawback is that washi is not as strong as leather nor as soft as many artificial fabrics. Washi is durable and can be washed thousands of times, but it needs additional strength for use in shoes, so ITOI LSR mixes polyester into the sides of the shoes where the feet do not touch. Osaka-based Montbell, which makes outdoor products, uses washi together with cotton for its brand fabric, which is used to make trousers that look like denim but are cooler in summer. These compromises are helping to make the use of washi increasingly popular with both manufacturers and consumers. Still, Kubota says that the best option is to use the fabric in the most natural form possible.

1. Which best fits blank (1)?

 a. heavy

 b. sticky

 c. stiff

 d. thick

2. Which best fits blank (2)?

出典追記：Nikkei Asia, March 19, 2021

a. alternative

b. concern

c. fabric

d. product

3. Which best fits blank (3)?

a. ceased

b. paused

c. revived

d. tolerated

4. Which best fits blank (4)?

a. Consequently

b. Generally

c. However

d. Surprisingly

5. Which best fits blank (5)?

a. directions

b. hurdles

c. oppositions

d. solutions

6. According to the article, which of the following is true?

a. Despite using special five-toed socks for more than 10 years, Machida switched to washi ones for his training.

b. In order to remove odors from washi clothes, it is necessary to wash them in water first before letting them dry.

c. Machida got sore feet while running with washi shoes until he became used to them.

d. Monks at a famous temple in Nara continue to wear paper garments during a special event every year.

7. According to the article, which of the following is true?

a. Due to its special characteristics, washi is excellent for products that touch human skin.

b. Products made from washi are manufactured only in Japan, though they are exported to several foreign countries.

c. Though washi does not absorb as much moisture as cotton, it is more useful because it can also absorb things such as bacteria and odor.

d. Washi has often been used to make everyday clothing, but it continues to be ignored by fashion brands and designers.

8. According to the article, which of the following is <u>not</u> true?

a. An added benefit of washi is that it helps keep in body heat in colder weather.

b. In an experiment, Oji Fiber proved that washi breaks down easily by placing it in warm, moist ground.

c. The feeling of wearing washi shoes is similar to that of having nothing at all on your feet.

d. Washi shoes will dry quickly from sweat but take considerably more time to dry if they are put in water.

9. According to the article, which of the following is <u>not</u> true?

a. Making washi is a simple process, so many companies are able to use the material for their products.

b. Nowadays, most of the washi used for clothing comes from the abaca plant, which is replacing the *kozo* and *mitsumata*.

c. Part of the washi-making process is removing the fiber from a plant and turning it into pulp.

d. The cotton imported from China and Southeast Asia costs, at most, 20% of the price of washi fabric in Japan.

10. According to the article, which of the following is true?

a. A company from Osaka combines washi with polyester to make a fabric it uses in some of its jeans.

b. Because of washi's incredible strength, ITOI LSR can make shoes from it without any other artificial materials.

c. Industrialization is necessary to help washi become a material that is more widely used in clothing.

d. Washi still cannot be used as a replacement for leather because it is not as soft.

Ⅵ Read the following passage and select the best answer for each question.

(32 points)

The World Food Program was awarded the Nobel Peace Prize in October 2020 for its efforts to combat a sharp rise in global hunger during the coronavirus pandemic, which has swept around the world with disastrous impact. The Nobel committee said that work by the organization, a United Nations agency, to address hunger had laid the foundations for peace in nations devastated by war. "In the face of the pandemic, the World Food Program has demonstrated an impressive ability to (1) its efforts," Berit Reiss-Andersen, the chair of the Norwegian Nobel Committee, said as she announced the prize in Oslo. "The combination of violent conflict and the pandemic has led to a dramatic rise in the number of people living on the edge of starvation," she added.

As the effects from the global pandemic began in the spring of 2020, the World Food Program estimated that the number of people experiencing life-threatening levels of food insecurity could more than double by the end of 2020, to 265 million. The World Food Program — the largest humanitarian organization addressing hunger and promoting food security internationally — provided assistance to nearly 100 million people in 88 countries in 2019.

The Nobel committee's recognition of a United Nations agency came as the United States under President Trump very publicly reduced support for the U.N. After he took office in 2017, the United States backed out of several United Nations organizations and cut funding for others, although World Food Program contributions by the U.S. increased. Mr. Trump contended that the United States was providing an outsized financial responsibility for the global organization as compared with other countries. In the spring of 2020, Mr. Trump stopped funding to the World Health Organization, a U.N. agency that was coordinating the global response to the pandemic.

The World Food Program, established in 1961 after a proposal by President Dwight D. Eisenhower, has been a major behind-the-scenes player helping people affected by some of the world's most devastating humanitarian disasters, including famine in Ethiopia in the 1980s, wars in Yugoslavia in the 1990s, the Indian Ocean tsunami in 2004, and the Haiti earthquake in 2010. Several United Nations and World Food Program leaders mentioned in their responses to the Nobel Peace Prize that the program depended on voluntary funding to be able to carry out its work.

The organization has often faced problems funding some of its largest operations, such as in South Sudan, where seasonal rains and conflict have (2) food availability for a long time. Most recently, it began a campaign to fund its Yemen operations, where a long conflict has led to the world's worst humanitarian crisis. "The world is in danger of experiencing a hunger crisis of unimaginable proportions if the World Food Program and other food assistance organizations do not receive the financial support they have requested," the Nobel committee said.

The Nobel Peace Prize comes with a cash award of 10 million Swedish kroners, about 1.1 million U.S. dollars. Yet the agency has met with (3) that its food sourcing methods hinder already weak local food markets. The organization buys most food supplies on the global market, and development experts have complained that it offers contracts to major donors — like the United States — in what has come to be known as "tied aid," or the practice of purchasing food only from the donor countries. In response, it has pledged to eventually get 10% of its supplies from smaller local farms. Its employees have, at times, also been accused of violations such as stealing and selling food that is meant to be distributed for free. In a major operation in Uganda, where the organization tried to feed thousands of refugees, four died and hundreds became sick, leading to internal investigations.

The program's workers also risk their lives to carry out the program's mission, however, and several lost their lives — sacrifices that António Guterres, the United Nations secretary general, noted after the award was announced. "The women and men of the World Food Program face danger and travel long distances to deliver lifesaving nutrition to those devastated by conflict, to people suffering because of disaster, to children and families uncertain about their next meal," he said in a statement. Mr. Guterres also said there was "a hunger in our world for international cooperation," noting that the program relies on contributions from U.N. member states and the public.

One of the program's key messages is that, in most cases, hunger is the result of human actions rather than nature's unpredictability. Yemen is a case in point: Food exists, but poor economic conditions and conflict make it almost (4) to those who need it most, including children. In a telephone interview, David Beasley, the program's executive director, said the prize had placed an important spotlight on the millions who go hungry around the world and on the devastating consequences of conflict. He added that it was both wonderful and bad news to receive, because it highlighted not only the work being done but also the depth of the need for it. According to Mr. Beasley, it says a lot about the selfishness of humanity that anyone could want for food "in a time when there is so much wealth in the world." "It's a call to action," he said of the prize, "the world is suffering more than in any time period, and we literally will be facing famines greater than anyone has ever seen if we don't act."

1．Which best fits blank (1)?

a．assume

b．intensify

c．proceed

d．suspend

2．Which best fits blank (2)?

a. disrupted

b. disputed

c. enhanced

d. sourced

3. Which best fits blank (3)?

a. applause

b. criticism

c. neglect

d. recognition

4. Which best fits blank (4)?

a. abundant

b. indifferent

c. troublesome

d. unavailable

5. According to the article, which of the following is true?

a. An estimate by the World Food Program said the number of people facing deadly hunger could rise more than 100% in 2020.

b. In many countries around the world, the pandemic has caused a sharp rise in hunger and conflict.

c. The work by the World Food Program has brought peace to countries that were suffering from war.

d. Under President Trump, the United States reduced its financial support for the World Food Program.

6. According to the article, which of the following is true?

a. A large cash award that is paid in U.S. dollars is received by the winner of the Nobel Peace Prize.

b. Because of organizations such as the World Food Program, humanity has avoided the possibility of a global hunger disaster.

c. Food provided to the hungry by the World Food Program comes mostly from global markets rather than local ones.

d. The World Food Program was started at the suggestion of a number of United Nations leaders.

7. According to the article, which of the following is <u>not</u> true?

a. After many refugees became ill during its activities in Uganda, the World Food Program began investigations.

b. António Guterres, the United Nations secretary general, has identified a lack of cooperation between nations.

c. Despite the good work that the World Food Program does, some of its employees may have done terrible things.

d. Working for the World Food Program is generally considered safe, as few workers have ever been put into dangerous situations.

8. According to the article, which of the following is <u>not</u> true?

a. David Beasley believes that if nothing is done to prevent it, the world will soon face the biggest hunger crisis in history.

b. Funding for the World Food Program greatly depends on donations not only from members of the U.N. but also from ordinary people.

c. The reason for hunger in most countries is climate change and the extreme weather it causes that destroys food supplies.

d. The World Food Program winning the Nobel Peace Prize has helped call attention to how large the problem of hunger is.

9. Which title best suits the article?

a. Future of food security reviewed by United Nations

b. Nobel Prize awarded for tackling world hunger

c. Ongoing funding crisis for World Food Program

d. Skyrocketing global starvation rates due to coronavirus pandemic

から選び、符号で答えなさい。

A うそをついた後悔　B 出家の願望　C 死への不安　D 作者との再会　E 家族への感謝

〔問五〕 傍線⑽の和歌で掛詞になっている部分を含む句を左の中から選び、符号で答えなさい。

A 袖ぬらす　B 嘆きのもとを　C 来て訪へば　D 過ぎにし春の　E 梅のした風

〔問六〕 この文章の主題としてもっとも適当なものを左の中から選び、符号で答えなさい。

A 無二の友情　B 約束の虚《むな》しさ　C 旅の醍醐味《だいごみ》　D 風雅な贈答　E 人の世の無常

(9)　心ざしのゆくところを

A　将来の自分の願いを
B　あふれる感謝の気持ちを
C　家主の思いにこたえた歌を
D　気持ちのおもむくままを

〔問二〕　傍線(2)「世を厭ひそめける」、(5)「今日七日の法事行ふ由答へし」、(7)「さしもねんごろに頼めし」の主語をそれぞれ左の中から選び、符号で答えなさい。

A　作者　　B　家主　　C　跡の人々

〔問三〕　傍線(3)「あらましのみにて今日まで過ぐし侍りつる」の説明としてもっとも適当なものを左の中から選び、符号で答えなさい。

A　日々の暮らしに満足してばかりで、今日まで旅の機会を逃してきたこと
B　将来出家したいと思うばかりで、今日まで実行できずに過ごしてきたこと
C　将来出世したいと思うだけで何もせず、今日まで漫然と過ごしてきたこと
D　出家をしたつもりになっているだけで、今日までひっそり生きてきたこと
E　家族と一緒にいたいという一念で、今日まで上京の機会を見送ってきたこと

〔問四〕　傍線(8)「今はの時までも申し出でしものを」とあるが、家主は何を口に出していたのか。もっとも適当なものを左の中

〔問一〕傍線(1)(4)(6)(9)の解釈としてもっとも適当なものを左の各群の中から選び、それぞれ符号で答えなさい。

(1)　さる方に住みなしたるも

A　都にいるように住んでいるのも
B　そんな田舎に住むようにしたのも
C　調和のとれた様子で住んでいるのも
D　松竹梅を植えて住むようにしたのも

(4)　かの行方もおぼつかなくて

A　あの家主が行方不明だと聞いて
B　あの家主のその後も気にかかって
C　あの家の所在がわからなくなって
D　あの家がまだあるか不安になって

(6)　あへなさも言ふ限りなき心地して

A　あっけなさといったら言葉にできない気持ちがして
B　家主と会えなかったことも言いようもなく悲しくて
C　間の悪いことといったら言い表しがたいくらいで
D　驚きあきれて何とも言えない感じがして

三　次の文章は宗久『都のつと』の一節である。これを読んで、後の問に答えなさい。（30点）

春になりしかば、上野国《かうづけのくに》へ越え侍《はべ》りしに、思はざるに、一夜の宿を貸す人あり。三月の初めの程なりしに、軒端《ば》の梅のややう散り過ぎたる木の間に霞《かす》める月の影も雅《みや》びかなる心地して、所のさまも、松の柱、竹編める垣《かき》し渡して、田舎びたる、(1)さる方に住みなしたるも由《よし》ありて見えしに、家主《いへあるじ》出であひて、心あるさまに旅の愁《うれ》へをとぶらひつつ、(2)世を厭《いと》ひそめける心ざしの程など細かに問ひ聞きて、「われも常なき世の有様を思ひ知らぬにはあらねども、背かれぬ身の絆《ほだし》のみ多くてかかづらひ侍る程に、(3)あらましのみにて今日まで過ぐし侍りつるに、今夜《こよひ》の物語になむ、捨てかねける心の怠《おこた》りも今さら驚かれて」など言ひて、「しばしはここに留《とど》まりて、道の疲れをも休めよ」と語らひしかど、末に急ぐ事ありし程に、秋の頃必ず立ち帰るべき由、契りおきて出でぬ。

その秋八月ばかりに、(4)かの行方《ゆくゑ》もおぼつかなくて、わざと立ち寄りて訪《と》ひ侍りしかば、その人は亡くなりて、(5)今日七日の法事行ふ由答へしに、(6)あへなさも言ふ限りなき心地して、などか今少し急ぎて訪ねざりけん、(7)さしもねんごろに頼めしに、偽りのある世ながらも、いかに空頼《そらだの》めと思はれけんと、心憂くぞ侍りし。さて終はりの有様など尋ね聞きしかば、(8)「今はの時までも申し出でしものを」とて、跡の人々泣きあへり。さてもこの人は、万《よろづ》に好ける心のありし中にも、和歌の浦波に心を寄せ侍りしと、人々語りしかば、昔の素意《そい》を尋ねて、(9)心ざしのゆくところをいささか宿の壁に書きつけて、出で侍りぬ。

(10)袖ぬらす嘆きのもとを来て訪へば過ぎにし春の梅のした風
夕風よ月に吹きなせ見し人の分け迷ふらん草の陰をも

（『都のつと』による）

注　上野国……今の群馬県あたり。
和歌の浦波……歌道のこと。
昔の素意……故人のかねてからの願い。

いのだから、価値観や所属の差異を超えて、また社会の構造との関係において、道徳を考えることが重要である。

B　道徳教育がこれまで注目してきたのは、日常生活における家族や友人たちとの人間関係であった。とはいえ成長とともに行動範囲が広がれば、それでは不十分なことは明らかである。また、個人の姿勢や行動を問うだけでは様々な社会問題に対処できず、かえって政治や経済などの構造的な問題に起因する可能性が排除されてしまう点で問題である。

C　道徳教育の主な目的は、比較的限られた範囲の人間関係を維持するために、心遣いや礼儀作法を習得することであった。だが人間は見知らぬ他者ともつながりを持ち、影響を及ぼし合っていることにも留意するべきである。自らの何気ない発言や振る舞いが、社会においてどう受け止められるのか、多角的な視点から考えることが不可欠である。

D　道徳教育のなかでは、普段の暮らしのなかでの心構えやマナーが教えられてきた。しかし一見善人に思える人が実は悪事に手を染めている可能性もあり、様々な社会問題は、目に見えるかたちで現れる行為への注意喚起で改善することは難しい。そこには、政治や経済などの社会構造、およびそれを担う人々についての問題提起が不足している。

E　道徳教育でこれまで教えられてきたのは、自分が所属する組織や集団の規範を身につけて行動することで、社会における多様性についての想像力や、政治への批判的姿勢は養われてこなかった。その帰結である植民地主義や侵略戦争の歴史と真摯に向き合い、政治や経済のあり方と現在の社会問題とを関連付けて検討する視点を補う必要がある。

E　どのような善良な人物でも、仲間のしたことの責任はとれないからだ。

〔問三〕傍線(3)「社会のなかの道徳的問題は、個々人のふるまいの問題へと矮小化され、その責任も個人化する」の説明としてもっとも適当なものを左の中から選び、符号で答えなさい。

A　社会で生じる問題の解決を目指す過程で、ひとりひとりが自らの内面や行動を反省することに注力してしまうために、政治、経済、社会制度に関係する重要な問題が後回しになること。

B　社会で生じる問題に対応するため、自分はどのように考え、行動したらよいかということに集中するあまり、困難な状況に直面している人に寄り添って思考する余裕が持てなくなること。

C　社会で生じる問題を直視することを避けようと各自が自分の気持ちや行動についてばかり考えているために、政治の不正を監視する姿勢や、身近でない人々への寛容さが養われないこと。

D　社会で生じる問題は政治や経済と関係する構造的なものであるのに、それぞれの個人が感情や行為のあり方を見直していくことが重要だというかたちで責任が転嫁されてしまうこと。

E　社会で生じる問題に対処するには、ひとりひとりが自分ごととして考え行動していくことが不可欠であるのに、自分は社会のために何ができるかという問題意識が不足しがちであること。

〔問四〕この文章の趣旨としてもっとも適当なものを左の中から選び、符号で答えなさい。

A　道徳教育はこれまで、身近な人々に対する親切や気配りを身につけることを重視してきた。しかしそうした態度は、特定の組織や集団の外側での不公正の助長にもつながる。様々な社会問題の原因を個人の心がけに帰することはできな

〔問一〕傍線(1)「従来の道徳教育のイメージは、徳目の教育であった」の説明としてもっとも適当なものを左の中から選び、符号で答えなさい。

A　これまでの道徳教育は、生活のなかで接する人々とより良い関係を築くことを重視してきたが、そうした個人による善意の試みも、組織や集団による悪行を抑止する力とはならなかった。

B　これまでの道徳教育は、目立った問題が生じていない状況のもとでの個人の感情や振る舞いを取り上げることで、あくまで限られた環境で公正さや実直さを発揮することを評価してきた。

C　これまでの道徳教育は、身の回りの人々に対する行動や心構えを問題にしており、それぞれの想像が及ぶ範囲の外側での差別や格差については容認してしまう姿勢にもつながってきた。

D　これまでの道徳教育は、家族、友人、隣人など顔の見える範囲への気遣いが中心であったため、同じ人物が普段見知っているのとは異なる状況でどう振る舞うかは十分考慮できていなかった。

E　これまでの道徳教育は、日常生活における気配りや親切な行動について主に指導してきたため、素行に問題があっても人物としては優れている場合があることが見過ごされやすかった。

〔問二〕空欄(2)に入れるのにもっとも適当なものを左の中から選び、符号で答えなさい。

A　どのような凶悪な犯罪者も、一人で悪事を行うわけではないからだ。

B　どのような善良な人物でも、国家の犯罪を止めることはできないからだ。

C　どのような善良な人物でも、常に公平な態度ではいられないからだ。

D　どのような凶悪な犯罪者も、自分の仲間には親切かもしれないからだ。

の種の政治家によって統制される社会が、その経済的病弊のために刻々として危機に近づいて行くのを見ても」、我関せずを決め込む無政治的な態度を乗り越えようとする努力である。

現代は、和辻が批判した時代に劣らず、無政治的な態度が横行しているのではないだろうか。投票率の低さや弱年層の無関心、一貫性のないマスコミ報道など危惧すべき現象が目につく。また、何人かの社会学者たちは、現代の日本における心理主義化の傾向を指摘している。

心理主義とは、あらゆる社会の問題を、個人の心の問題に還元してしまう態度をいう。つまり、社会のなかで何か問題が生じれば、それはそれを引き起こした個人の心の問題であり、その個人の心のあり方を改善し、そうならないように、個人の教育を変えていかねばならないとする考え方である。

心理主義からは、社会の問題が、社会構造や経済、政治に起因する可能性がすっかり排除される。心理主義化された人間は、つねに自分の内面と自分の行動に注意を集中することになり、政治や社会制度や経済の諸問題が視野に入らなくなってしまう。そして、社会を運営している権力を持った人びとを批判することなく、弱い人びととの問題行動ばかりを攻撃するようになる。徳育が道徳教育として問題なのは、それが心理主義的だからである。心理主義的な道徳観は、道徳的問題をすべて個人の心情に還元する。そこでは、(3)社会のなかの道徳的問題は、個々人のふるまいの問題へと矮小化《わいしょうか》され、その責任も個人化する。道徳性と政治や社会制度、経済の問題とは、無関係であることになる。

（河野哲也『道徳を問いなおす』による）

注　和辻……和辻哲郎（1889～1960）。日本の倫理学者。

その人物の方が道徳的にはるかに高度である。

和辻《わつじ》の批判した「洋館に住むほどの新しい人」は、家族に対しては不正を行うなと言い、良き家族の一員であることを求めていた。おそらく、彼・彼女らは、近隣の人びとや友人、同僚にとっても、良き人物たちだったに違いない。しかし、公共心に欠け、政治的に無気力である彼・彼女たちは、当時、貧富の差が拡大しつつあったこと、農村がとくに疲弊していたこと、女性が決定的に差別されていたこと、階級差別や部落差別が厳然として存在していたこと、国際的には植民地主義が横行し、政治的に抑圧された人びとが大勢いたこと、これらのことに無頓着であっただろう。それだけではなく、おそらく、自分たちもそれらの悪に、意図的であるなしを問わずに加担していたはずである。

徳性とは、概して、狭い範囲での行動に関して問われるものである。しかし、私たちの行動は大きく広い範囲の他者に関係しており、自分の行動が見知らぬ他者にどのような影響をもたらしているのかについての認識が、道徳的に不可欠である。グローバル化する現代社会ではなおさらである。

従来の道徳教育の徳目では、個人が社会に貢献することが強調され、社会が個人に対して為《な》すべきことについてはほとんど触れられていない。こうした教育指導では、どうしても、自分の帰属集団への忠誠心ばかりを養うことになる。そこから、「組織あっての個人」「帰属する社会のためにこそ、個人が存在する」という全体主義的な価値観が植えつけられても不思議ではない。その場合には、その社会の外にいる人びとの利益はすっかり忘却され、先に述べたような異質な人びとへの非道徳的振る舞いを生じさせるであろう。自分の帰属する集団の価値を相対化し、より広い視野を獲得できない人びとは、和辻の批判した当時の日本人を超えることは決してない。

これまでの道徳教育に決定的に欠けているものとは何か。それは、政治性である。より具体的には、和辻の言うように、「こ他方において、従来のイメージでいう「道徳的な」人を育てるような教育は、不足である。

道徳的であることが、ある種の良好な人間関係のあり方を指していることには、多くの人が同意するであろう。(1)従来の道徳教育のイメージは、徳目の教育であった。徳とは、道徳的に善いといわれる心理的特性や行動傾向を身につけることである。まじめ、誠実、思いやり、やさしさといったものは、主に、その人が直接に関わる身の回りの人びとへの態度や心理状態を指している。これらの態度が、一般的にいって、道徳的に善いものである可能性を、私は否定しない。しかし、こうした身の回りの人びとへの配慮に富んだ「好人物」が悪《あ》しきことに加担しているということは、多いにありうるのだ。

たとえば、近年の日本では、官公庁や大企業の組織的な不正がマスコミをにぎわせている。個人としては些細《ささい》な窃盗すら犯さない人たちが、組織的な行動では大きな不正に加担し、個人の犯罪のレベルではありえないような数の人びとに危害を与え、ときに人の命さえ奪ってしまう。

国家が犯す過ちは、それが暴力装置を伴っているために、被害はさらに大きくなる可能性がある。侵略戦争や国家による民族虐殺、差別や排除がその例である。だが、そうした集団的な悪に加担してしまった人びとの多くも、しつけやその社会での常識に欠けた人物ではなかったのではないだろうか。彼・彼女らのほとんどは、自分の帰属する集団内ではまじめであり、誠実であり、ある範囲において思いやりのある人びとであったのではないか。

しかし、彼・彼女らが示す普段のまじめさや誠実さ、やさしさは、集団行動としての邪悪を相殺できない。［(2)］自分の身の回りの人びとへの配慮、あるいは、自分の帰属集団への貢献だけでは、道徳的に不足なのである。

ご近所や友人に対してやさしい振る舞いをする「人の良い」人物が、植民地主義を支持するかもしれない。そういう人は、植民地の人びとにとっては過酷な侵略者のひとりなのであり、やさしい人物ではまったくない。逆に、映画『シンドラーのリスト』の主人公のように、やや不良じみた「人の悪い」人物であっても、多くのユダヤ人をナチスの虐殺から逃がしたのであれば、なしてきたが、ラトゥールによればその理解は不十分である。両者は互いにつながり影響しあうことで新しいものを生み出し、想定外の帰結をもたらすため、注目するべきはその相互作用なのである。

二　次の文章を読んで、後の問に答えなさい。（20点）

道徳教育が、唯一のあるべき人生の姿を教えるものだとすれば、それは恐るべきものであり、そのような道徳教育などはない方がよい。なぜなら、ひとつの生きるべき仕方を学校教育で示すということは、人間の生き方に上下の階層をつけることであり、学校や教師が信じる価値から外れるものは、排除されてしまうからだ。

旧弊な道徳を語る人は、しばしば、自分の信じる価値や善が、特定の狭い文脈の中でしか通用しないことが理解できていない。たとえ、それに準じて生きることが自分にとってフィットしていても、他の人にはそうではないことが理解できないでいる。そのような視野の狭い人物は、子どもと自分の価値が異なった場合には、自己の信念を問い直そうとはせずに、その異質性を取り除こうとするだろう。

道徳教育の分野で独善的な価値や善が語られるたびに、人びとは道徳への不信感を高め、若い人にいたっては道徳などまったく不要なのだと勘違いしてしまうかもしれない。自分の価値や善を過剰に人に強要する態度は、多様な人びとの集まる価値の多元的な社会では、かえって道徳に反するものとなる。善の多様性を認め、異質な人びとと共存することは、他者への寛容と他者の自律性の承認という現代社会におけるきわめて重大な道徳的価値の実現である。これまでの道徳教育には、こうした異質なものの受容と他者の自律性の尊重が欠けていたのである。

った既読通知機能と、実際の利用者の目的が影響しあったことによる予想外の現象なのである。

E　「既読スルー」はＬＩＮＥの利用者が実際にメッセージをやりとりする過程で生まれたもので、設計者の当初の想定とは違う状況で使われたために、以前は必要なかった配慮が求められるようになった。

〔問六〕この文章の趣旨としてもっとも適当なものを左の中から選び、符号で答えなさい。

A　技術と社会の関係の分析においては、技術決定論と社会的構成論という異なる立場からの議論が行われてきたが、ラトゥールによればどちらも、人間と非人間が切り分けられるという出発点を共有している。技術は社会なしには発展できず、逆もまた然《しか》りであるため、両者をどのようにつなげていくかが重要である。

B　技術と社会の関係をとらえる試みとして技術決定論と社会的構成論があるが、両者は異なるようでいて、技術と社会を区別して議論するという前提を共有している。これに対してラトゥールは、人間と非人間の双方が変化して別の何かを生み出すという視点から、技術をいかに取り入れ使いこなしていくかを問題にしている。

C　技術と社会の関係をめぐる議論では、技術決定論にせよ社会的構成論にせよ、技術の発展による負の影響をどう回避するかについて意見が対立してきた。しかしラトゥールは、人間と非人間の影響関係に注目して、ある技術の普及による変化を把握したり、その向かう先を管理したりすることはできないと主張している。

D　技術と社会の関係については、技術決定論および社会的構成論がそれぞれの観点から、技術の発展は何のためなのか、社会のなかで技術をどう制御するか検討してきた。これに対してラトゥールの議論は、人間と非人間が操作したりされたりするのではなく、互いに関わり合いながら変容する過程を考察の対象にしている。

E　技術と社会の関係を考えるにあたって、技術決定論と社会的構成論はどちらも人間と非人間とを分けられるものと見が、技術の普及による長期的な影響が見過ごされている。

〔問四〕　空欄(7)(8)に入れるのにもっとも適当な語句の組み合わせを左の中から選び、符号で答えなさい。

A　(7)　社会的機能　(8)　文化的傾向
B　(7)　自律的発展　(8)　潜在的需要
C　(7)　技術的特徴　(8)　社会的性質
D　(7)　基本的設計　(8)　常識的思考
E　(7)　視覚的構成　(8)　同期的対話

〔問五〕　傍線(10)「人々がLINEと結びつくことで『既読スルー』という新たな行為が生まれた」の説明としてもっとも適当なものを左の中から選び、符号で答えなさい。

A　「既読スルー」は現在では避けるべき行為として定着しているが、もともと災害対応を視野に入れて導入された既読通知機能についての誤解が広がった結果で、LINEの設計者の意図したものではない。
B　「既読スルー」に失礼な行為としての位置付けが与えられたことで、利用者は相手に悪い印象を与えないように注意を払う必要が生じており、LINEの普及は当初予想できなかった問題をもたらしている。
C　「既読スルー」を会話の流れを乱す行為ととらえるかどうかには個人差があり、相手がメッセージを目にしたことだけを伝えるはずの既読通知機能は、LINEの普及の過程で多様に解釈されることになった。
D　「既読スルー」が人間関係を損なう行為として注目されるようになったのは、LINEの設計段階では別の目的があ

C　ＡＩをめぐる議論には、技術が発達し利便性が向上することを、当然の成り行きとして受け入れる見方と、ある目的を達成するために社会のなかでやりとりを重ねた結果ととらえる見方がある。

D　ＡＩをめぐる議論を分析すると、社会の発展のため技術の発達に尽力することが重要という理解と、ある技術の具体的形態は社会における折衝や駆け引きで決まるという理解の両方が含まれている。

E　ＡＩをめぐる議論の前提には、発達する技術そのものに備わっている特徴によって社会が変化するととらえる態度と、むしろ社会から技術への働きかけを重視する態度の両方が存在している。

〔問三〕　傍線(4)「いずれにおいても、さまざまな現象が人間の側か非人間の側に還元して理解される」の説明としてもっとも適当なものを左の中から選び、符号で答えなさい。

A　階段は「垂直移動を可能にする装置」であるが、同時に「車椅子移動を妨げる設備」でもあり、どちらの立場にも、技術と社会の相互作用に注目する視点が欠如している。

B　「銃の所持には規制が必要」という主張と「問題は銃を持つ人間」という主張は対立しているようだが、技術か社会の一方が他方に影響を与えるととらえる点は共通している。

C　「スマートフォンのほうが便利だ」「ガラケーのほうが便利だ」という主張は相いれないようにみえるが、技術と社会は分けてとらえるべきだという前提を共有している。

D　「銃は危険である」のか、「善良な市民は銃を持っても発砲しない」のかという議論が行われているが、技術と社会の相互作用によって技術には異なる目的が生み出されている。

E　「スマートフォンは新しいつながりを生み出す」あるいは「スマートフォンへの依存は社会問題」という論争がある

(6)　キヒ

A　キビキの連絡をする
B　仕事がキドウにのる
C　恩師がキセキに入る
D　キイの感に打たれる
E　訴えをキキャクする

(9)　タンテキ

A　タンチョウな毎日が続く
B　紛争解決のタンショを開く
C　タンザクに思いを込める
D　ヘイタンな道を行く
E　タンネンに作品を仕上げる

〔問二〕　傍線(2)「この二種類の論調は、科学技術をめぐる二〇世紀の思想を二分してきた『技術決定論』と『技術の社会的構成論』の発想に対応している」の説明としてもっとも適当なものを左の中から選び、符号で答えなさい。

A　AIをめぐる議論で注目するべき論点には、新しい技術の発達が社会に急激な変容をもたらしていること、そしてその発展の程度や変容の方向性が、集団や社会の影響を受けていることがある。

B　AIをめぐる議論のなかには、技術の発達が社会に与える影響を肯定的にとらえる立場と、それとは逆に、技術をコントロールすることが必要であり可能でもあるととらえる立場が混在している。

(1) チケン

A ケンキョに反省する

B 効果がケンチョに現れる

C ケンジャの言葉に耳を傾ける

D ケンゲンを与える

E ケンブンを広める

(3) ショウヘキ

A 労使間でセッショウする

B 他人の生活にはカンショウしない

C 労働者の権利をホショウする

D 原因と結果がショウオウする

E 戦争でフショウする

(5) キョウハク

A 景気の悪化にハクシャがかかる

B 権利をハクダツする

C 実力がハクチュウする

D ハクシンの演技をする

E 各省庁のハクショを参照する

術は人間社会から自律して社会に一方的な影響を与えるものとなる。だが、ラトゥールによれば、これらの二項対立は諸領域を切り離しそれぞれに「純化」する近代的発想の産物に他ならない。人間から非人間を切り離すことでテクノロジーはそれ自体に固有の機能や利便性をもつものとされ、非人間から人間を切り離すことでテクノロジーを用いる人間はそれ自体に固有の意志をもつことになる。だが、表向きの純化を維持すると同時に、近代社会は両者を暗黙裡《あんもくり》に混ぜあわせることで、たがいがたがいを「翻訳」しながら人間にも非人間にも還元できない新たな行為を生みだす運動を促進してもいる。ちょうど、(10)人々がＬＩＮＥと結びつくことで「既読スルー」という新たな行為が生まれたように。

特定の最新技術が広く用いられるようになるのは、それが「便利」だからではない。むしろ、多くの人々がその技術と結びつきながら自らのあり方を変容させていくことで、それは便利なものとなる。スマートフォンのユーザーには不便に見えるガラケーは、そのユーザーにとっては依然として便利な道具である。彼／彼女らをスマホへと誘うためには、絶えずアップデートされるアプリやＯＳを活用し、対面的会話の最中にもスマホをいじってオンラインの対話に参加し、ＳＮＳに日常の断片を投稿してシェアするといった、「スマホ人間」としての生きかたを魅力的に示さなければならない。新たな技術が人々を魅了していくプロセスは、その技術と人間が結びついた第三のエージェントへと人々が変化していくプロセスなのである。

（久保明教『機械カニバリズム　人間なきあとの人類学へ』による）

注　ディストピア……反理想郷。暗黒世界。

〔問一〕　傍線(1)(3)(5)(6)(9)の漢字と同じ漢字を含むものを、左の各群の中から一つずつ選び、符号で答えなさい。

いる人間同士が対面的な会話のようにやりとりする「疑似同期型」のコミュニケーションが生みだされている。そこにおいて、既読マークが出ているのに返信しない、同期的な対話の進展を阻害する行為が「既読スルー」として対象化され、キヒされるようになったと考えられる。

　既読スルーという行為は、ＬＩＮＥの〔(7)〕によっても、それを使うユーザーの〔(8)〕によっても完全には説明できない。ＬＩＮＥユーザーの中には、既読マークが出ればメッセージが伝わったと考えてそれ以上の発言をやめるものもいるだろう。会話のノリを重視する人々であっても目の前の人に話しかけられて返事をしないのは(9)タンテキに「無視する」ことであり、ＬＩＮＥとの結びつきがなければ「既読スルー」にはならない。既読スルーは、ＬＩＮＥと人々が結びつくことで生みだされた「ＬＩＮＥ人間」という第三のエージェントにおいて、はじめて実行可能な行為となったのである。

　私たちは自律的なテクノロジーに操られているわけではない。だが、自律的な私たちがテクノロジーを操っているわけでもない。私たちはテクノロジーを制御などしていない。むしろ、私たちはテクノロジーへと生成している。ただし、ここでいう「生成」とは、そのものと同一になることを意味するわけではない。市民が銃になるわけでもないし、若者がＬＩＮＥになるわけでもない。市民は「市民＋銃」になり、若者は「若者＋ＬＩＮＥ」になる。「テクノロジーへの生成」とは、私たちは技術と結びつくことで以前とは異なる存在へと変化するのであり、その変化をあらかじめ完全に理解することも制御することもできないし、現にしていない、ということである。

　テクノロジーをめぐる道具説と自律説の対立を支えているのは、「社会と自然」、「人間と非人間」、「主体と客体」を明確に区別し、両者を一方による他方の制御という非対称的なしかたで関係づける近代社会の根幹をなす発想である。前者が後者を制御するとき、自然を解明し改変する科学技術は人間社会が目的を達成するための道具となり、後者が前者を制御するとき、科学技のかを、人間は完全には制御できない。それを規定するのは人間であると同時に銃であり、より正確には、両者が織りなす相互作用である。

この例は、いささか形式的で抽象的であるように思われるかもしれない。私たちにとってより身近な事例を挙げよう。

日本国内で七三〇〇万人を超えるユーザーに利用されているメッセージアプリ「ＬＩＮＥ」では、相手のメッセージを読んだことを伝える既読マークがついていながら返信しない行為が「既読スルー」と呼ばれ、一〇〜二〇代の若者同士のコミュニケーションにおいて大きな問題となっている。それは円滑なコミュニケーションを阻害する行為として(6)キヒされるために、「既読スルー」と感じられないようにメッセージのやりとりをいかに続け、終わらせるかに常に気を使わなければならない。

しかしながら、「既読スルー」は、「ＬＩＮＥ」というアプリに技術的に実装されている機能ではないし、ユーザーがＬＩＮＥを使う以前からそのような行為のあり方を望んでいたわけでもない。ＬＩＮＥは、二〇一一年の東日本大震災の三ヵ月後にサービスを開始している。アプリ開発中に生じた震災でスタッフの安否確認をしている際に、メッセージへの返信はなくても読んだことさえわかればいいのではないか、という発想から既読通知機能が作られたという。

スカイプのチャット機能やインスタントメッセンジャーなど、先行する類似のサービスにおいては、一つの枠組みに会話者の一方のメッセージが現れ、それが交互に連なっていくデザインとなっている。これに対してＬＩＮＥのチャット画面は、ユーザーの発言がふきだしに包まれたものが一つの画面の左右に連なっていき、スタンプマークや写真はふきだしの外に表示される。その画面デザインは、一つの対話空間をユーザーがともに作りあげていくことを強調するものであり、こうしたデザインが、フィーチャーフォン（「ガラケー」）とは異なり常時ネットに接続して情報を更新するスマートフォンと結びつくことで、流れるようにメッセージがやりとりされるタイムラインが可能になっている。こうした技術的特徴と、会話の内容以上に会話が同期しながら続いていく「ノリ」を重視するコミュニケーションスタイルが結びつくことで、空間的にも時間的にもバラバラに行動してに内在する意図（目的①）に完全に従うと考えると、「善良な市民は銃をもっていても発砲などしない」という道具説的な説明になる。一方、銃という第二のエージェントに内在する「人を殺す」という機能（目的②）に完全に従うと考えると、「善良な市民でも銃をもてば殺人を犯しかねない」という自律説的な説明になる。

　しかし、より一般的には第三の可能性が実現される。二つのエージェントがたがいにたがいの媒介として働くとき、それぞれが元々もっていた目的が「翻訳」される。たとえば、相手を殺すつもり（目的①）で銃（エージェント2、その殺傷能力＝目的②）を手にした人（エージェント1）であっても、手にした銃の重さに我にかえって、殺人をやめるかもしれないし、銃をキョ(5)ウハクに使って相手を屈服させようとするかもしれないし、銃で人を撃とうと考えた自分に嫌気がさして自殺してしまうかもしれない。こうして、あらかじめ存在する目的①、②とは異なる新しい目的③（殺人の中止／キョウハク／自殺など）が生みだされる。ラトゥールのいう「翻訳」は、言語の翻訳になぞらえて行為者同士の相互作用を捉えるものであるが、その相互作用は、原語と訳語が一対一で対応しているという言語翻訳の一般的なイメージとは著しく異なる。言うなればそれは、翻訳を通じて原語と訳語の意味が共に変化していくような過程である。異なる行為者がたがいに結びつくことによって、それぞれの行為の向かう先があらかじめ確定できない仕方で変化する。その過程をラトゥールは「翻訳」と呼んでいるのだ。

　こうしたラトゥールの発想は、一見すると道具説（社会的構成論）と自律説（技術決定論）の折衷案のように思われるだろう。だが、そこには前二者とは決定的に異なる要素が含まれている。道具説や自律説では、行為を規定する最終的な根拠があらかじめ技術と人間のどちらかに与えられている。だが、アクターネットワーク論（ＡＮＴ）において行為を規定するのは技術と人間が結びついて生みだされる第三のエージェント、人間と非人間のハイブリッドである。したがって、ＡＮＴの発想を正面から受けとめれば、そもそも人間は技術を制御できないし、制御などしていないことになる。もちろん、技術的人工物と結びついたハイブリッドとしての「人間＋銃＝銃人間」は、銃を制御している。だが、そもそも、どのような仕方で人間が「銃人間」となるネットワーク論（ANT：Actor Network Theory）である。

アクターネットワーク論の主な推進者の一人である哲学者・人類学者ブルーノ・ラトゥールは、技術をめぐる従来の議論を、人間と非人間の関係を一方による他方の支配という図式に還元するものとして批判する。

図式的に整理すれば、科学技術を中立的な道具とみなす社会的構成論では、技術的人工物がいかに作られ使用されるかは人間の欲求や意図によって規定されると考える。これに対して、科学技術をそれ自体の推進力をもった自律的な営為とみなす技術決定論では、技術的装置がいかに作られ配置されるかによって人間の行為や意図自体が規定されると考える。前者の発想では、技術は人間が自らの目標を実現するための単なる仲介項となり、社会関係に対して副次／従属的なものとなる。後者の発想では、人間は技術が特定の目標を実現するための単なる仲介項となり、科学技術が外部から社会を変化させる。(4)いずれにおいても、さまざまな現象が人間の側か非人間の側に還元して理解される。人間と技術の接続を通じて生じる状況を両者のどちらかを主語として捉えることは、私たちの日常においても頻発する語り口であろう。たとえば、「私たちはＩＣＴでビジネスの未来を切りひらきます」といった企業広告や「ゲームが子供を中毒にする」といった警告に見られるように。だが、ラトゥールによれば、技術によって生じるのは、むしろ人間と非人間がたがいの性質を交換しあいながら共に変化するという事態であり、両者はたがいの媒介となることで新たな行為のかたちを生みだしていく。そこにおいて、人間以外の存在者もまた、固有の形態や性質をもった行為者（「エージェント」「アクター」「アクタント」等と呼ばれる）として、人間を含む他の行為者と関係しながら特定の現実を構成している。

ラトゥールの挙げる次のような例を考えてみよう。市民（人間）と銃（非人間）という二つのエージェントが結びつくとき、両者が合成されて新たなエージェント「市民＋銃」が現れる。この第三のエージェントの働きが、第一のエージェント（人間）

ず、社会が技術のあり方を決定するのではなく、技術が社会のあり方を決定するということだ。科学技術を進展させているのは結局のところ社会に生きる人間なのだから自律的ではないはずだ、と反論したくなる人もいるだろう。だが、現に私たちは自動車の最高速度が上がり、スマートフォンの通信網が拡充し、コンピュータの計算速度が速くなることをなかば自動的な現象として捉えており、「より便利になるのだから当然だ」と考えている。技術決定論を否定することは簡単ではない。

　技術決定論に対する批判的立場として二〇世紀後半に台頭した社会的構成論は、技術の非自律説、道具説とも呼ばれ、技術は特定の社会（集団）が特定の目的を達成するための中立的な手段であるとみなす立場である。人間が何らかの目的を達成するための道具や手段として技術を捉える考え方は常識的なものであるが、社会的構成論は、その手段＝目的関係が社会的な交渉や合意を通じて構成されるという点を特に強調するものであった。テクノロジーの発展は技術に内在する論理によって方向づけられるのではなく、社会的・文化的な要因によって決定されるものであり、具体的な技術の有り様は、関連する社会集団のあいだの対立や交渉の結果、その技術をめぐる「解釈の柔軟性」が次第に縮減されることによって構成される。技術が社会のあり方を決定するのではなく、社会が技術のあり方を決定する。たとえば、階段は多くの人々にとってすみやかに高所や低所に移動できる便利な装置として捉えられるが、車椅子に乗る人々にとってはそこから先に進めなくなる(3)ショウヘキとして解釈される。現在の公共施設や鉄道駅の多くに見られるスロープが併設された階段は、「バリアフリー」という、より多くの人々が許容できる仕方で階段をめぐる解釈の柔軟性が縮減された結果だといえるだろう。

　ただし、技術決定論と社会的構成論は、技術と社会を別個の領域として捉えたうえで両者のどちらかに私たちが生きる世界の状態を生みだす最終的な根拠を置く、という点では同型である（いずれに根拠を置くかの違いにすぎない）。両者の対立は、技術／社会という二項対立のどちらの領域がもうひとつの領域の上位に立ち、それを規定するのかをめぐって生じる。これに対して、そもそも科学技術と社会という二項対立を前提とすること自体を批判したのが、一九八〇年代から提唱されてきたアクター

国語

（九〇分）

一 次の文章を読んで、後の問に答えなさい。（50点）

現在、新聞や雑誌、ネットメディアや一般書で流通しているＡＩをめぐる言説の多くは、二つの論調の組み合わせによって構成されている。第一に、著名な研究者や企業家の(1)チケンや実用化の例を挙げることで、ＡＩの開発が急速に進んでいることを強調するものであり、第二に、ＡＩの発展が引きおこす失業者の増大や経済的混乱などのリスクを列挙し、ディストピアを避けるために必要になるだろう規制や対策について考察するものである。前者では、先端テクノロジーによって社会が変わっていくプロセスが強調され、後者では先端テクノロジーが良い影響をもたらすように社会的な合意に基づいて制御していくプロセスが強調される。

(2)この二種類の論調は、科学技術をめぐる二〇世紀の思想を二分してきた「技術決定論」と「技術の社会的構成論」の発想に対応している。技術決定論は、技術の本質主義、自律説、自立的存在論とも呼ばれ、技術をそれ自体に内在する論理や推進力をもった自律的な存在とみなす立場である。とりわけ産業革命以降の技術は、自動性、唯一性、空間的時間的な普遍性、自律的な拡張性をもって世界のすべてを管理の対象として支配するものであるとされる。その影響がポジティブかネガティブかにかかわら

解答編

英語

I

解答　A. 1－e　2－a　3－b　4－c　5－d
B. 1－a　2－e　3－d　4－c　5－b
C. 1－c　2－b　3－d　4－a　5－e

◀解　説▶

A. 1.「私たちが乗ろうとしている列車はあと5分で出発する」
in five minutes「(今から) 5分のうちに」 in＋時間・期間「(今から)～のうちに」 普通，未来の文で用いる。正解は，eのin。
2.「私たちの総会は，いつもどおり今日の午後3時に始まる」
時刻を表す前置詞を選ぶ。正解はaのat。
3.「手荷物が5キロ重量超過していたので，飛行機にのせられなかった」
aboard「乗車して，搭乗して」 overweight「重量超過の」 差を示すbyで「～の分だけ」の意味を表す。正解は，bのby。 by five kilograms「5キロ分」
4.「きみは新しいスマートフォンを10万円以上で買ったと言ったが，高すぎないか？」
交換を表すforで「～と引き換えに」の意味。ある金額で購入するということは，その金額（のお金）と交換して買うということである。正解は，cのfor。
5.「あれは私が受付のところでペンを借りた女の子だ，彼女にペンを返さなくては」
borrow *A* from *B*「*A*を*B*から借りる」 正解はdのfrom。
B. 1.「私にあまりたくさんのことを期待しないで」
expect *A* (out) of *B*「*B*に*A*を期待する」 正解はaのexpect。
2.「車を運転する際には，あなた自身や他人の安全のために交通ルールに違反してはいけない」

violate「(法律など) に違反する」という意味で，正解は e。

3．「これらの写真は，私に楽しかった高校時代を思い出させる」

remind *A* of *B*「*A* に *B* のことを思い出させる」 正解は，d の remind。

4．「私の姉は，彼女自身のレストランを開くという夢をもうまもなく実現する」

realize には「～を実現する」という意味があり，正解は c。 realize には「～を悟る，わかる」という意味以外にも，この「実現する」という意味もあることに注意。

5．「今日は一日中公園にいて，研究のために人々の行動を観察するつもりだ」

observe「～を観察する」で，正解は b。 observe には「(法律など) を守る」という意味もある。

C．1．「外から帰った後に手を洗うことは，公衆衛生のために極めて重要だ」

public hygiene で「公衆衛生」という意味で，正解は c。public health ともいう。

2．「私たちは，どんな犠牲を払ってでも今月末までに私たちのプロジェクトを終わらせなければならない」

at any cost「どんな犠牲を払っても」 正解は b。

3．「私は，以前に歯科医の待合室で読んだ雑誌の古い号を見つけた」

issue「問題点，流出，出版物，(雑誌などの) 号」など多くの意味をもつが，ここでは，「(雑誌などの) 号」の意味。正解は d。

4．「私の一番の気がかりは遠足の日の天気だ」

concern「関心事・心配事，関係」などの意味があるが，ここでは「関心事・心配事」の意味。正解は a。

5．「採用の際に少数派の人たちを差別することは，私たちの会社の多様性受け入れに関する方針に反する」

少数派を差別しない採用方針はどういう方針か考えると，適切なのは e の inclusion「多様性の受け入れ」。inclusion は「包括」という意味だが，ここでは，障害の有無や性別，国籍，文化などさまざまな多様性を受け入れることを表す。discriminating「差別すること」 minority groups「少数派集団」 policy on ～「～に関する方針」

Ⅱ 解答

1－a　2－a　3－d　4－b　5－d　6－d
7－c　8－b　9－b　10－d

◀解　説▶

1.「それらの二つのグループの恐ろしいけんかのきっかけとなったのは交通渋滞だった」
trigger「引き金，きっかけ」 a.「原因」 b.「効果，影響」 c.「側面，プロフィール」 d.「責任」 最も近いのは，a の cause。

2.「政府は，人々の基本的人権を守る義務がある」
obligation「義務」 a.「義務」 b.「可能性」 c.「意志」 d.「能力」 最も近いのは，a の a duty。

3.「私は，あなたがあのように私の兄の悪口を言うのに耐えられない」
tolerate「～に耐える，我慢する」 a.「～に答える」 b.「～を正しくする」 c.「～を要求する」 d.「～を我慢する」 最も近いのは，d の stand。stand には，他動詞では「立たせる，置く」の意味に加え，否定文や疑問文で多く用いられる「～を我慢する」の意味もある。

4.「兵士たちは，今年の年末までに最前線から撤退させられるだろう」
withdrawn は withdraw「～を撤退させる」の過去分詞。a.「戦われて」 b.「移動されて，追い出されて」 c.「送られて」 d.「歓迎されて」 最も近いのは b の removed。

5.「教育は人の精神や能力をみがくのに重要な役割を果たす」
cultivating「～をみがくこと，育成すること」 a.「～を混乱させること」 b.「～を管理すること」 c.「～を分けること」 d.「～を豊かにすること」 最も近いのは，d の enriching。

6.「非常に重要でない限りは，他人の会話に割り込むべきではない」
cut in on「～に割り込む，じゃまをする」 a.「互いに影響しあう」 b.「～の興味を引く」 c.「～を解釈する」 d.「～のじゃまをする」 最も近いのは d の interrupt。

7.「私は昨日，駅で偶然あなたのお母さんに会った」
by chance「偶然」 a.「実際に」 b.「喜んで」 c.「思いがけなく」 d.「残念なことに」 最も近いのは，c の unexpectedly。

8.「私たちの店の売り上げ減少を説明する要素がたくさんある」
account for「～を説明する」 a.「～を認める」 b.「～を説明する」

c．「～を生産する」 d．「～を研究する」 最も近いのは，b の explain。

9．「彼女本人にその物音の文句を言うのは私にはほとんど不可能なことだ」

next to「ほとんど～」 a．「絶対的に」 b．「ほとんど」 c．「極端に」 d．「十分に」 最も近いのは，b の almost。

10．「私たちは非常に慎重に新しいプロジェクトに取りかかった」

set about「～に取りかかった」 a．「～を見捨てた」 b．「～を続けた」 c．「～を定めた，確立した」 d．「～を始めた」 最も近いのは d の started。

Ⅲ　**解答**　1―d　2―a　3―a　4―b　5―c

◀解　説▶

1．d．are→is

主語は，The variety of animals「動物の多様性」であり，variety は単数であるので，動詞は is になる。よく似た表現に a variety of があるが，これは「たくさんの～」という意味で，動詞は「～」にくる複数名詞を受けることになるので，混同しないように。

2．a．has become→became

「高校生になった時から」という意味で，高校生になったのは，過去のある時点であることから，動詞は過去形を使う。

3．a．watching→(to) watch

all I wanted to do was「私がしたいことは～だけだった」の後ろに動詞が来る時は，不定詞（to *do*）または to を省略した原形（*do*）の形がくる。

4．b．during→while

during は「～の間に，～の間中」の意味であるが，通常，後ろには，定冠詞などで導かれた特定の期間を表す名詞（例：during the summer vacation）がくる。walking など分詞や節を使う場合は，while を使う。

5．c．that→those

that は eye を意味しているが，目は二つあるので，単数名詞を受ける that ではなく，複数名詞を受ける those を使う。

Ⅳ 解答

1－d　2－d　3－d　4－c　5－c　6－d
7－d　8－a

◀解　説▶

1.「(今) こんなにたくさんの宿題がなければ，あなたの重要なテストの準備を手伝うのに」
If I didn't have … とあれば，まず仮定法過去である。仮定法過去は，If S *did* ～, S' would [might, could, should] *do* …「もし (今)～であれば，…するのに」の形となるのが基本であるので，それを当てはめると，正解は d の would help であることがわかる。

2.「研究者たちは人々を二つのグループに分けた。一つのグループは，人が行う語学のレッスンを受け，一方，残りのグループはスクリーンでレッスンを見た」
二つのグループに分けたという前提がポイントとなる。二つあるもののうち，「一つは」を表すのは one で，「もう一つは」を表すのは the other である。二つしかないもののうち，まず一つを取れば，残るものは限定されるため，定冠詞の the が付く。正解は，d の the other。another は任意の数の中から「もう一つ」を対照させるときに用いるので不可。

3.「ゲストのスピーチのトピックが興味深かったので，かなり多くの人たちが彼の特別講演に参加した」
選択肢を一つずつ考えてみると，a の a handful people は，people がなければ「厄介な人」という意味になるが，それでも意味が通らない。なお，a handful of people であれば「一握りの人々」という意味になる。また，b の any more people は，more people であれば「もっと多くの人々」という意味になり，文法的には正しい文になるが，any more people では，意味をなさない。さらに，c の hardly any people は「～する人がほとんどいない」という意味になり，文脈に合わない。正解は，d の quite a few people。quite a few で「かなり多くの」の意味。a few とあるが，少ないのではなく，多いことを表すので要注意である。

4.「本日午後のミーティングで議論される問題は，私たちの計画を延期すべきか完全にキャンセルすべきかということである」
問題文の述語動詞は，whether の前の is であると判断できるため，空所から is の前までの部分は The question を後置修飾している。まず，述語動詞の形であるbのis discussedは不適である。次に，the questionは自分で能動的にdiscussするものではないため，能動的な意味を表すaのdiscussingとdのto be discussingも不適である。正解は，cのto be discussed。the questionは「議論される」のであるから，受動的な形となる。

5．「75歳の年齢で，私の祖母は毎週土曜日に卓球をするほど依然として活動的である」

3つの単語の並べ替えの問題である。enoughは，名詞を修飾する場合は名詞の前から（例：enough space），形容詞や副詞を修飾する場合は形容詞・副詞の後ろから（例：large enough），それぞれ修飾する。問題文では，active「活動的な」を修飾するものと考えられ，enoughが後ろからactiveを修飾しているものを探せばよい。正解は，cのstill active enough。

6．「科学技術の発達のおかげで，社会が変化する速度が上がりつつある」

ポイントは，空所の直後にあるisである。isであるということは，その主語は単数名詞でなければならない。まず，bのsocieties which are changing at the speedでは，isの主語がsocietiesと複数名詞になってしまい，不適である。また，aのchanging societies at the speed whichやcのthe changing societies which at the speedでは，isがwhichで始まる関係代名詞節の動詞となり，述語動詞が無くなってしまうため，文として成立せず，どちらも不適である。正解は，dのthe speed at which societies are changing。

7．「人々が一緒に困難を何度も乗り越えれば越えるほど，彼らの間の感情的なつながりはいっそう強くなる」

The more often people overcome … とあるので，The＋比較級SV, the＋比較級S′V′「SがVすればするほど，いっそうS′がV′する」の形の表現であることがわかる。後半部も，the＋比較級となるはずであるから，まず，the＋比較級で始まらないaとbは不適となる。次に，the＋比較級の後ろはSVの順になるものだが，cは，the＋比較級VSの順となっていて，不適である。正解は，dのthe stronger emotional connections between them become。

8．「食品科学者は，私たちのほとんどがあまり考えたりしないが，本当は非常に驚くべきことである物事を成し遂げた人たちである」
長くて意味のわかりづらい選択肢が並んでいるため，答えを出すのに時間がかかったかもしれない。しかし，よく見てみれば，簡単な文法の間違いが見つけられるであろう。まず，b については，thought の後ろの that 節の主語 accomplishment は単数名詞であるのに動詞が are になっており，文法的な間違いのある文である。また，c は接続詞 but でつながれた節の主語が that であるのに動詞は are になっていて，これも文法的な間違いがある文である。さらに，d は accomplishment の後ろの that は accomplishment を先行詞とする関係代名詞であると判断できるが，that は accomplishment（単数名詞）を受けているのにもかかわらず，動詞は gives ではなく give になっているため，これも文法的な間違いのある文である。文法的な間違いのない文は a のみとなり，正解は a。

V 解答

1－c　2－a　3－c　4－a　5－b　6－d
7－a　8－d　9－a　10－c

◆全　訳◆

≪和紙の利点とこれからの可能性≫

ときには数日間にわたって長距離を走る耐久走のランナーである町田吉広は，長距離走の後，足が痛くて湿っぽく汗まみれになるのに慣れていた。彼が小川を渡ったり水たまりに入ったりすると，彼の足は濡れて冷えるのだった。しかし，58 歳の町田は，約 10 年前，いつもの靴下を日本の紙である和紙でできた 5 本指の靴下に取り換えた。「最初，その靴下はゴワゴワして硬く少し不快な感触だった。砂の上を歩いているような感じだった」と町田は思い出す。しかし，彼はこう付け加えた，「何日間も走った後でも足は痛くはならなかった」と。いつものランニング用の靴下と比べて，ITOI LSR という日本の会社によって ITOITEX というブランドで作られた和紙の靴下は，軽くもあり，素早く乾いた。

和紙の服であれば，ただそれらを脱いで数時間放置しておく必要があるだけで，不思議なことに，「においがなくなる」と町田は言い，さらに，彼の和紙のアンダーシャツは，日本の蒸し暑い夏に 30 時間走った後でも，彼を無臭状態にしてくれると付け加えている。軽量で薄いが，強くて吸収力に優れ長持ちするため，和紙は，天然繊維と人工繊維の双方の持続可能

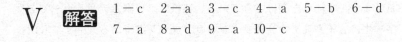

で環境にやさしい代替物としてますます注目を浴びている。日本では，和紙生地は障子（スライドする仕切り戸）から提灯や傘に至るまで主に家庭用品に使われている。紙の服という意味の紙衣《かみこ》として知られる衣装は，何世紀間も侍や商人，僧侶たちによって着用されていた。今日になっても，関西地方の昔の都であった奈良にある有名な東大寺の僧侶たちは，毎年3月初めに開かれる1,200年前にさかのぼる伝統の修二会《しゅにえ》の間，紙衣の職服を着用している。

しかし，王子ファイバーの取締役員の一人であるヤマウチヒロシによると，技術の発達と持続可能な衣服への高まる需要が日常の服やその他製品に和紙を使おうという努力を復活させたのは，わずか20年前だった。王子ファイバーは，OJO＋という和紙の糸を生産している。今や，アウトドア衣料メーカーや最新の服を売る高級服飾メーカーさえも，下着やジーンズからタオルや靴にさえ至るまでの製品の持続可能で機能的な素材として和紙にますます注目を向けてきている。和紙は，日本人デザイナーである三宅一生にもイタリアの高級ファッションブランドであるTod's にも使われていて，Tod's は2018年にドライブ用シューズの内側にITOITEX の和紙を使った。ドイツの靴会社であるWildling は，ポルトガルの工場で一年に100,000足のITOITEX の和紙の靴を作っているし，また，いくつかの日本の会社では，下着やシャツからタオルや動物のぬいぐるみにわたるさまざまな種類の和紙の製品を作っている。

和紙は，特に人間の肌に接触して使われる製品に理想的となる幅広い特徴をもっている，とITOI LSR の取締役である久保田大三は指摘する。その一つに，和紙は自然と湿気，汚染物質，バクテリア，においや紫外線まで吸収することがある。同じく木や植物から生まれる炭と同様に，和紙には何兆個もの微生物が住んでいる小さな穴がいくつもある。これらの微生物が湿気，汚染物質，においやその他の空気中の物質を吸収するのであるが，この活動の裏にあるメカニズムは依然として謎である，とヤマウチは説明する。和紙は綿の約2倍の水を吸収するとも言われているし，また多くの小さな穴があるため湿気を素早く発散もする。したがって，和紙でできた靴下や衣服は非常に速く乾き，スポーツやアウトドア用の服にとって理想的なものとなるのである。和紙はまた摩擦を最小限にするため肌に心地よく感じるのである。

これらすべての理由から，多くのランナーたちが既に知っているように，和紙の靴下を履くと，長距離の山歩きの後でさえ足が比較的清潔で汗が残らないようになる。Wilding の CEO であり創始者でもあるアンナ=ヨナによると，和紙は軽くて通気性がよく，そのため足に熱がこもったり汗をかいたりはしないので，靴には良い素材でもある。和紙は，たとえ水の中を歩いても湿気を素早く発散するので，和紙製の靴は急速に乾き，あらゆるものを無臭状態にするのだ，とヨナは説明し，和紙の靴を履くことは裸足でいる感覚に近いと表現している。また同時に，和紙は熱伝導率が低く，比較的涼しい気候で身体の熱を保つのである。

和紙は木やその他の植物からできているため環境に優しく，環境保全のためには持続可能性が不可欠である時代において魅力的な素材となっている。王子ファイバーによる試験で，33％の湿気を含む摂氏 30 度に保たれた土に埋められた OJO＋の和紙の糸は 9 日後に分解を始めた。その一方で，ポリエステルの糸は変化がないままであった。衣服製造会社に使用されている和紙の原料の中心はバナナの木と近い関係にあるアバカで，フィリピン原産でマニラ麻としても知られているものである。アバカはインドネシアやエクアドルにも生えていて 3 年で成熟し，桑の木の一種であるコウゾや東洋の紙の原料木であるミツマタのような伝統的な和紙の原料が供給減であるため，ますますそれらに取って代わりつつある。

しかし，和紙の多くの利点にもかかわらず，着用可能な和紙のさらに幅広い活用は，依然としていくつかの障害に直面している。日本では，和紙の生地は，中国や東南アジアから輸入される綿の 5 倍から 6 倍の値段がする。和紙の生産には手間と時間がかかり，高いレベルの技術を必要とする。アバカの植物は刈り取られた後，硬い繊維がはぎ取られ，そのあとパルプへと加工されていく。そしてそのパルプは非常に薄い紙のシートに加工され，それが細いテープへと裁断される。「和紙のシートは非常に薄いため，この作業には時間と努力が必要で，もし速く切りすぎると和紙が破れてしまい，機械全体を停止しなければならない」とヤマウチは言う。和紙のテープは，その後ねじられて糸になるが，その糸が生地を作るのに使われるのである。

その複雑な製作過程のため，和紙で作られた製品は長い間，手工芸品の分野に限られてきた，と久保田は説明し，さらに，工業化することが和紙を衣服やその他着用に適した製品の材料として利用しやすくするキーである，と付け加えている。もう一つの欠点は，和紙は革ほど強くないし，また，多くの人工生地ほど柔らかくないことである。和紙は耐久性があり，何千回も洗うことができるが，靴に使うためにはさらなる強度が必要である。そのため，ITOI LSR は足が触れない靴の側面にポリエステルを混ぜている。アウトドア製品を作っている大阪拠点のモンベルは，そのブランド生地に綿とともに和紙を使っており，それはジーンズのように見えても夏にはより涼しいズボンを作るのに使われている。これらの譲歩が，和紙の利用を製造者や消費者にますます人気のあるものにする手助けをしている。それでも久保田は，一番良い選択肢は和紙生地をできる限り自然な形のままで使うことだ，と言っている。

◀解　説▶

1．当該部分は，町田氏の和紙の靴下を履いた当初の感想の部分で，「(　　)で少し不快な感触だった」とあり，さらに，その次の第1段第5文（It felt like …）に，「砂の上を歩いているような感じがした」とある。a．「重い」，b．「べとべとした」，c．「ごわごわ硬い」，d．「分厚い」の意味で，砂の上を歩いている感触といえるのは，c の stiff である。

2．当該部分は，和紙が注目を集めている点について述べているところで，「和紙は，軽量で薄いが，強くて吸収力に優れ，長持ちするため，天然繊維と人工繊維の両方への持続可能で環境にやさしい（　　）としてますます注目を浴びている」とある。a．「代わりとなるもの」，b．「関心事」，c．「布地」，d．「製品」の意味であるが，「天然繊維と人工繊維への（　　)」に入る内容となるのは，a の alternative である。

3．第1段（As an endurance … dried more quickly.），第2段（With washi clothes, … back 1,200 years.）と衣料としての和紙の利点や日本での和紙の利用について述べられてきたが，当該部分は But で始まり，「技術の発達や持続可能な衣服への需要によって，和紙を衣服などに使う努力が（　　）したのは，わずか20年前だ」という内容になっていて，文脈を考えると和紙を衣服などに使うことへの肯定的な語が入るものと予測される。a．「中止した」，b．「休止した」，c．「復活した」，d．「耐え忍んだ」の意味で，肯定的な語は，c の revived である。

4．当該部分の前の第4段第5文（Washi is also …）に「和紙は綿の約

2倍の水を吸収し，多くの小さな穴があるため湿気を素早く発散もする」とあり，空所後ろ（… socks and apparel …）には「和紙の衣服などはよく乾き，スポーツやアウトドア用の服にとって理想的」とある。湿気を素早く発散するから，よく乾くのであり，二つの文章をつなぐのに最適なのは，a．Consequently「したがって」。b．「一般的に」 c．「しかしながら」 d．「驚くことに」

5．当該部分は，「しかし，和紙には多くの利点があるにもかかわらず，和紙の幅広い利用はいくつかの（　　）に直面している」という内容である。a．「方向，指示」，b．「障害」，c．「反対，抵抗」，d．「解決策」のうち，ここの文脈を考えると，内容的に否定的な意味を示すbとcが候補として残る。しかし，当該部分の後ろ，第7段第2・3文（In Japan, … of technical skill.）を読むと，高いコストなど和紙の幅広い利用をじゃまする要素が書かれており，抵抗勢力や反対意見があったとは書かれていないため，適切なのはbの hurdles である。

6．「本文によれば，次のうちで正しいのはどれか」

a．「特別な5本指の靴下を10年以上使っているにもかかわらず，町田はトレーニングのために和紙の靴下に替えた」 switch「替える」 第1段第3文（But about 10 years …）で，5本指の靴下は和紙でできたものであることがわかり，正しくない。

b．「和紙の衣服からにおいを除去するためには，乾かす前にまず水で洗うことが必要である」 remove「～を取りのぞく」 第2段第1文（With washi clothes, …）に，放置しておくだけでにおいがなくなると書かれており，正しくない。

c．「町田は慣れるまでは和紙の靴で走っているとき足が痛くなった」 get sore feet「足が痛くなる」 become used to ～「～に慣れる」 第1段第6文（But, he adds, …）に，何日間も走った後でも足が痛くならなかったと町田は言っており，正しくない。

d．「奈良のある有名な寺の僧侶たちは毎年特別な行事の間，紙製の衣服を着用し続けている」 monk「僧」 garment「（ドレス・上着などの）衣服」 第2段第5文（To this day, …）に，奈良の東大寺の僧侶たちが現在も修二会に紙の職服を着ていることが書かれており，正しい。

7．「本文によれば，次のうちで正しいのはどれか」

a．「特別な性質のため，和紙は人の肌に触れる製品にとって優れたものである」 第４段（Washi has a wide … it minimizes friction.）に，人間の肌に触れる製品には理想的な特徴を持っていると書かれており，正しい。

b．「和紙から作られた製品は，いくつかの外国に輸出はされているが，日本でのみ製造されている」 manufacture「～を製造する」 第３段第３・４文（Washi has been … stuffed animal toys.）に，外国でも和紙を使った製品が製造されていることが書かれており，正しくない。

c．「和紙は綿ほどたくさんの湿気は吸収しないが，バクテリアやにおいといったものも吸収するのでより役にたつ」 absorb「～を吸収する」 odor「におい」 第４段第５文（Washi is also …）に，和紙は綿の約２倍の水を吸収すると書かれており，正しくない。

d．「和紙はよく日常の衣服を作るのに使われてきたが，ファッションのブランドやデザイナーには無視され続けている」 ignore「～を無視する」 第３段第３文（Washi has been …）に，デザイナーの三宅一生やファッションブランドの Tod's にも使われていることが書かれており，正しくない。

8．「本文によれば，次のうちで正しくないのはどれか」

a．「和紙のさらなる利点は，比較的涼しい天候の時に身体の熱を保つ手助けをすることである」 benefit「利点」 第５段第４文（At the same time, …）に，和紙は熱伝導率が低く，比較的涼しい気候では身体の熱を保持すると書かれており，正しい。

b．「ある実験で王子ファイバーは，和紙は暖かくて多湿な地面の中に置くと簡単に分解すると証明した」 break down「分解する」 第６段第２文（In a test by …）に，33％の湿気の摂氏 30 度に保たれた土に埋められた和紙の糸は９日後に分解を始めたと書かれており，正しい。

c．「和紙製の靴を履いた感覚は足に何もつけていない感覚に似ている」 第５段第３文（Because washi releases …）で，Wildling の CEO であるヨナが和紙の靴を履くのは裸足でいる感覚に近いと言っており，正しい。

d．「和紙の靴は汗は素早く乾くが，水の中に浸されると乾くのにかなりの時間がかかる」 第５段第３文（Because washi releases …）に，水に入っても素早く乾くと書かれており，正しくない。

9．「本文によれば，次のうちで正しくないのはどれか」

a.「和紙を作るのは簡単な工程であるので，多くの会社が自分たちの製品にこの素材を使うことができる」 material「素材」 第7段第3文（Producing washi is …）に，和紙の生産は手間と時間がかかると書かれており，正しくない。

b.「今日では，衣服に使われる和紙の大部分はアバカからできていて，それはコウゾやミツマタに取って代わりつつあるものである」 replace「～に取って代わる」 第6段第3・4文（The main source … to declining supplies.）に，衣服の製造会社に使われている和紙の原料の中心がアバカであり，供給が減少しているコウゾやミツマタに取って代わりつつあることが書かれており，正しい。

c.「和紙製造の工程の一部には，植物から繊維を取り除き，パルプへと変えることがある」 turn *A* into *B*「*A* を *B* に変える」 第7段第4文（After the abaca …）に，アバカは刈り取られた後，堅い繊維がはぎ取られ，パルプへと加工されると書かれており，正しい。

d.「中国や東南アジアから輸入された綿は日本の和紙生地のせいぜい20%の値段である」 fabric「布地，生地」 第7段第2文（In Japan, washi fabric …）に，和紙生地は中国や東南アジアからの輸入綿の5～6倍の値段であると書かれており，正しい。

10.「本文によれば，次のうちで正しいのはどれか」

a.「大阪の会社がジーンズの一部に使う生地を作るのに和紙とポリエステルを組み合わせている」 combine *A* with *B*「*A* を *B* と結びつける」 第8段第4文（Osaka-based Montbell, which makes …）に大阪を拠点とするモンベルが，ジーンズのような生地に綿と和紙を使っていると書かれており，和紙と一緒に使っているのは綿でポリエステルではないため，正しくない。

b.「和紙の信じられないほどの強度のおかげで，ITOI LSR は他の人工素材を使わず和紙から靴を作ることができる」 incredible「信じがたい」 第8段第3文（Washi is durable …）に，和紙は靴に使うにはさらなる強度が必要で，ITOI LSR は靴の側面にポリエステルを混ぜていると書かれており，正しくない。

c.「和紙がさらに幅広く衣服に使われる素材となる手助けをするには，工業化が必要である」 industrialization「工業化」 第8段第1文

（Because of the complex …）の後半に，久保田が工業化することが和紙を衣服などの材料としてもっと利用しやすくするキーだと述べており，正しい。

d.「和紙は革ほどは柔らかくないため，革の代わりとしてはまだ使われていない」 replacement「交換」 第 8 段第 2 文（Another drawback is that …）に，和紙は革ほど強くないし，多くの人工生地ほど柔らかくないと書かれており，革ほどは柔らかくないという記述ではないため，正しくない。

VI 解答

1－b　2－a　3－b　4－d　5－a　6－c
7－d　8－c　9－b

◆全　訳◆

≪世界の飢餓との闘いに対し授与されたノーベル賞≫

世界食糧計画は，壊滅的な影響とともに世界中に広まったコロナウイルスのパンデミックの間に全世界で起こった飢餓の急激な増加と闘った努力に対し，2020 年 10 月にノーベル平和賞を授与された。ノーベル委員会は，国際連合の一機関であるその組織による飢餓に焦点を当てた働きが，戦争によって破壊された国々の平和への基礎を築いてきたと述べた。「パンデミックに直面して，世界食糧計画はその取り組みを強化するというすばらしい能力を示してきた」と，ノルウェーのノーベル委員会委員長であるベリット=ライス-アンデルセンはオスロで賞を発表する際に言った。「暴力的な紛争とパンデミックの組み合わせが，餓死に瀕して生きている人々の数の劇的な増加を導いた」と彼女は付け加えた。

地球規模的なパンデミックの影響が 2020 年の春に始まった際，世界食糧計画は，生命を脅かすレベルの食糧不安を経験している人の数は 2020 年末までに 2 倍以上の 2 億 6,500 万人になる可能性があると見積もった。飢餓に焦点を当て，国際的に食糧安全保障を推進している最大の人道主義組織である世界食糧計画は，2019 年には 88 カ国のおおよそ 1 億人に手を差し伸べた。

国連の一機関へのノーベル委員会の注目は，トランプ大統領の政権下でアメリカ合衆国が国連への支援を公然と減じた際に始まった。2017 年にトランプ大統領が就任した後，アメリカによる世界食糧計画への貢献は増加したものの，アメリカはいくつかの国連機関から手を引き，その他の機関には資金提供を削減した。トランプ氏は，アメリカは他の国に比べ世界的な組織に対して提供している財政的な責任が大きすぎると主張した。2020年春，トランプ氏は，パンデミックに対する全世界的な対応を調整してきた国連の一機関である世界保健機関への資金提供を停止した。

世界食糧計画は，1961年にドワイト=D.アイゼンハワー大統領の提案で設立され，1980年代のエチオピアでの飢饉，1990年代のユーゴスラビアでの戦争，2004年のインド洋の津波や2010年のハイチの地震をはじめとする世界で最も壊滅的な人道的災害のいくつかに影響を受けた人々を助けている大きな裏方役である。国連や世界食糧計画の何人かのリーダーたちはノーベル平和賞に対する彼らの反応の中で，世界食糧計画がその働きを実行できるようになるためには，任意の資金提供に頼っていることに言及した。

世界食糧計画は，季節雨や紛争が長期間にわたって食糧の確保を中断させてきた南スーダンでの活動のような，いくつかの非常に大きな活動への資金調達上の問題にしばしば直面してきた。ごく最近では，長い紛争が世界で最悪の人道的危機へと進展したイエメンでの活動に対し資金調達をする運動を始めた。「世界食糧計画や他の食糧支援団体が要請している財政的な支援を受けられないのなら，世界は想像を絶するような規模の飢餓の難局を経験する危機に瀕することになる」とノーベル委員会は言った。

ノーベル平和賞は，1,000万スウェーデンクローナ，米ドルでは約110万ドルになる賞金が授与される。しかし，世界食糧計画はその食糧調達方法が，もともと弱い地元の食料市場の邪魔をしているという批判を受けてきた。世界食糧計画は，たいていの供給食糧を世界市場で購入しているが，開発の専門家たちは，その組織はアメリカのような中心的な寄付者たちに「ひも付き援助」として知られる，寄付してくれる国からのみ食糧を購入するというやり方での契約を提供しているのだ，と不平を言ってきた。それに対して，世界食糧計画は，地元の比較的小さな農場が供給する食糧のうち最終的に10パーセントを購入すると約束をした。その組織の職員がときおり無料で配布されるはずの食糧を盗んだり販売したりするような違反行為で訴えられることもあった。組織が何千人という難民に食糧を提供しようとしたウガンダでの大きな活動では，4人が亡くなり，何百人もの人が病気になったため，内部調査をすることになった。

しかし，世界食糧計画の職員たちも，組織の使命を実行するために命を危険にさらすこともあり，何人かが命を落としている——それは，受賞が発表された後に国連事務総長であるアントニオ=グテーレスが言及した犠牲である。「世界食糧計画の女性も男性も，紛争で打ちひしがれた人たちに，災害のため苦しんでいる人たちに，そして次の食事に不安をもつ子どもたちや家族たちに命を救う栄養のあるものを配るため，危険に直面して遠い所へ出かけているのだ」と，彼は声明の中で言った。グテーレス氏は，世界食糧計画は国連加盟国や一般の人々からの出資に頼っていることに言及し，「私たちの世界には国際的な協力への飢え」があるとも言った。

世界食糧計画の主要なメッセージの一つは，多くの場合，飢餓は自然の予測不能性の結果ではなく，人間の活動の結果だということである。イエメンが適切な例である。イエメンでは，食糧は存在しているが，貧しい経済状況と紛争が，子どもも含め食糧を最も必要とする人たちにほとんど手に入れられなくしているのである。電話インタビューで，世界食糧計画の事務局長であるデイビッド=ビーズリーは，ノーベル平和賞は，世界中で飢餓状態になっている何百万人もの人たちや紛争の壊滅的な結果に重要なスポットライトを当てたと言った。受賞することは素晴らしい知らせでもあり，悪い知らせでもある，というのは，それはすでにされた仕事だけでなく，その必要性の深刻さにも光を当てたからである，と彼は付け加えた。ビーズリー氏によると，「世界にこんなにもたくさんの富がある時代に」どんな人であれ食糧が足りないということは，人類の身勝手さについて大いに語っているのである。彼は賞について，「それは行動への要請であり，世界はこれまでのどんな時期より大きく被害を受けていて，もし私たちが行動しなかったら，私たちは文字通りこれまでに誰も見たことがないくらいの大きな規模の飢饉に直面することだろう」と言った。

◀解　説▶

1．当該部分は，ノルウェーのノーベル委員会の議長が世界食糧計画の功績について語っているところで，「パンデミックに直面して，世界食糧計画はその取り組みを（　　）するというすばらしい能力を示してきた」という内容である。a．「～を想定する，引き受ける」，b．「～を強める」，c．「続ける」，d．「～を一時停止する」で，aとdは文脈に合わないので不適。残るは b と c で，迷った受験生も多いかと思うが，c の proceed は自動詞で，直後に目的語の its efforts はこないため，入るのは b の intensify。

2．世界食糧計画が活動の対象としている南スーダンの状況を述べている箇所である。「季節雨や紛争が，長期間にわたって食糧の獲保を（　）してきた」という意味で，文脈から考えると，困難にするとか不可能にするといった意味の語が入ると推測できる。a．「～を中断する」，b．「～に反論する」，c．「～を増す」，d．「～の供給先が見つかる」で，適切なのは a の disrupted。

3．ここのキーとなるのは，文頭の Yet「しかし」と空所直後の that its food sourcing methods hinder already weak local food markets「その食糧調達方法がもともと弱い地元の食料市場の邪魔をしていること」という内容である。前文で賞金額が述べられているが，Yet で次にあまり良くないことが述べられることが推測され，さらに that 以下も良い内容ではない。a．「拍手喝采」，b．「批判」，c．「無視」，d．「承認」で，a と d は肯定的な意味であり，不適である。c については，文脈から「無視」をしているわけではないとわかるため，これも不適である。適切なのは，b の criticism。なお，空所直後の that は同格を表すもので，空所の語の内容を表し，「～という」と訳すことが多い。

4．前文の第 8 段第 1 文（One of the …）には，飢餓は自然の予測不能性の結果ではなく，人間の活動の結果であると述べられている。当該文は，その例として，イエメンの状況が書かれているところで，「食糧は存在しているが，貧しい経済状況と紛争が食糧を最も必要とする人たちにほとんど（　）にしている」という意味である。a．「豊富な」，b．「無関心な」，c．「やっかいな」，d．「手に入れられない」で，文脈に合うのは，d の unavailable。

5．「本文によれば，次のうちで正しいのはどれか」

a．「世界食糧計画の試算では，命にかかわるような飢餓に直面している人の数は 2020 年には 100 パーセント以上増える可能性がある」 estimate「見積り，推定」 第 2 段第 1 文（As the effects from …）に，生命を脅かすレベルの食糧不安を経験している人は 2020 年末までに 2 倍以上になる可能性があると書かれており，100 パーセント以上増える＝2 倍以上になるということであり，正しい。

b.「世界中の多くの国で，パンデミックが飢餓と紛争の急激な増加の原因となった」 第1段第4文（“The combination of violent …）に，紛争とパンデミックの組み合わせが，餓死に瀕して生きている人々の数の劇的な増加をもたらしたと書かれており，パンデミックが飢餓と紛争を増やしたのではないため，正しくない。

c.「世界食糧計画の働きが，戦争で被害を被った国々に平和をもたらした」 第1段第2文（The Nobel committee …）に，飢餓に焦点を当てた働きが戦争によって破壊された国々の平和への基礎を築いてきたとはあるが，平和そのものをもたらしたとは書かれていないため，正しくない。

d.「トランプ大統領の政権下で，アメリカ合衆国は世界食糧計画への財政的支援を削減した」 第3段第2文（After he took …）に，トランプ政権下のアメリカ合衆国が，世界食糧計画への資金提供を増やしたと書かれており，正しくない。

6.「本文によれば，次のうちで正しいのはどれか」

a.「米ドルで支払われる多額の賞金が，ノーベル平和賞の受賞者に受け取られる」 第6段第1文（The Nobel Peace Prize …）に，米ドルに換算して約110万ドルである1,000万スウェーデンクローナの賞金が現金で授与されるとあり，米ドルで渡されるのではないため，正しくない。

b.「世界食糧計画のような組織のおかげで，人類は全世界的な飢餓災害を回避してきた」 humanity「人類」 本文全体で，世界食糧計画が取り組んでいるのは，全世界的な飢餓災害で苦しんでいる人たちを支援することであると書かれている。飢餓災害を回避してきたのではないため，正しくない。

c.「空腹な人たちに対し世界食糧計画によって供給された食糧は，地元の市場よりもむしろ大部分が全世界的な市場からきている」 第6段第3文（The organization buys …）に，たいていの供給食糧を世界市場で購入している，と書かれており，さらに批判を受けて，同じく第4文（In response, it has …）に，10パーセントを地元の農場から購入すると約束したと書かれているが，それでも大部分は世界市場であるため，本文内容に合っている。

d.「世界食糧計画は，国連の多くのリーダーたちの提案で始められた」

第4段第1文（The World Food Program, …）に，アメリカのアイゼンハワー大統領の提案で設立されたと書かれており，正しくない。

7．「本文によれば，次のうちで正しくないのはどれか」

a．「ウガンダでの活動の間に多くの難民たちが病気になった後，世界食糧計画は調査を開始した」 refugee「難民」 investigation「調査」 第6段第6文（In a major operation …）に，難民たちに食糧を提供しようとしたウガンダでの活動で，4人が亡くなり，何百人もの人が病気になって，内部調査をしたことが書かれてあり，正しい。

b．「国連事務総長のアントニオ=グテーレスは，国家間の協力不足があることを確認している」 secretary general「事務総長」 identify「～の存在をつきとめる」 lack「欠乏，不足」 第7段第3文（Mr. Guterres also said …）に，世界には国際的な協力への飢え（＝満たされていないこと）があるとグテーレス氏が述べたと書かれており，正しい。

c．「世界食糧計画のおこなう良い働きにもかかわらず，職員の中にはひどいことをする人がいたかもしれない」 第6段第5文（Its employees have, …）に，組織の職員がときおり無料で配布されるはずの食糧を盗んだり販売したりするような違反行為で訴えられることもあったと書かれており，正しい。

d．「世界食糧計画で働くことは，これまでに危険な状況に置かれた職員はほとんどいないため，概して安全だと考えられている」 第7段第1文（The program's workers …）に，従業員たちも，組織の使命を実行するために命を危険にさらすこともあり，何人かが命を落としていると書かれており，正しくない。

8．「本文によれば，次のうちで正しくないのはどれか」

a．「デイビッド=ビーズリーは，もし防ぐために何もされなかったら，世界はまもなく史上最大の飢餓の危機に直面するだろうと信じている」 hunger crisis「飢餓の危機」 第8段第6文（"It's a call to …）に，もし行動しなかったら，これまでに誰も見たことがないくらいの大きな規模の飢饉に直面するだろうとビーズリーが言っていると書かれており，正しい。

b．「世界食糧計画への資金提供は，国連のメンバーからだけでなく普通の人々からの寄付に大きく依存している」 第7段第3文（Mr. Guterres also said …）で，グテーレス氏が世界食糧計画は国連加盟国や一般の人々からの出資に頼っていることに言及していることが書かれており，正しい。

c.「大部分の国の飢餓の理由は，気候変動とそれに起因する食糧供給を破壊するような異常気象である」 climate change「気候変動」 extreme weather「異常気象」 第8段第1文（One of the program's key …）に，多くの場合，飢餓は自然の予測不能性の結果ではなく，人間の活動の結果だと書かれており，異常気象のせいとは書かれておらず，正しくない。

d.「世界食糧計画はノーベル平和賞を受賞して，飢餓問題がどれほど大きいかということに注意を引く手助けをした」 call attention to ～「～に注意を引く」 第8段第3文（In a telephone interview, …）に，ノーベル平和賞は，世界中で飢餓状態になっている何百万人もの人たちや紛争の壊滅的な結果に重要なスポットライトを当てたと書かれており，正しい。

9.「本文に最適なのはどのタイトルか」

a.「国連が概観する食糧安全保障の将来」

b.「世界の飢餓との闘いに対し授与されたノーベル賞」

c.「世界食糧計画の進行中の資金調達危機」

d.「コロナウイルスのパンデミックにより急激に増加する全世界規模の飢餓率」

第1段第1文（The World Food Program …）に世界の飢餓と闘う世界食糧計画に対してノーベル平和賞が授与されたことが書かれており，続く第2段（As the effects … countries in 2019.）で受賞の理由となった功績，第3段（The Nobel committee's … to the pandemic.）でノーベル委員会に注目されるようになった経緯，第4～6段（The World Food … to internal investigations.）で賞金額や受賞に対する世界食糧計画やノーベル委員会のコメントを交えた世界食糧計画の活動内容が説明され，第7段以降（The program's workers … we don't act."）で受賞の意義が国連や世界食糧計画から語られている。よって，本文の内容は，世界食糧計画のノーベル平和賞受賞とその理由や経緯，受賞に対する関係者のコメントやその意義であり，適切な主題はbの「世界の飢餓との闘いに対し授与されたノーベル賞」である。

❖講　評

例年どおり，全問マークシート方式で試験時間100分であるが，問題の構成には若干変更がある。前置詞補充，基本動詞補充，名詞補充，同意表現選択，誤り指摘，文構造問題が各1題，長文読解問題2題は変わらないが，500語程度の長文補充問題2題が出題されず，設問数は，2021年度までの全66問から全57問へと減っている。また，各問題の選択肢数が2021年度まではａ～ｅの5つであったのが，Ⅰ以外はａ～ｄの4つに減っている。しかし，読解問題は2題とも変わらず1,000語前後のかなりの長文で，試験時間内に読みこなせるスピードのある読解力が要求される。

一つの大問にまとめられたⅠの前置詞補充，基本動詞補充，名詞補充，Ⅱの同意表現選択，Ⅲの誤り指摘は，基本的なものがほとんどで，これまでの学習の成果を発揮できる問題である。

Ⅳの文構造問題は，8を除いては，文構造の理解を確認する問題である。並べ替え的な要素のある問題も含まれているので，意味だけでなく，英語としての組み立てを把握しておく必要があり，解答に苦労した受験生もいるかもしれない。

Ⅴの長文読解問題は，和紙の利点と可能性を題材にした1,000語を超える長文で，空所補充5問，内容真偽5問が出題されているのは例年と変わらない。英文としてはそれほど難しいものではなく設問も難問はないが，文章自体が長いので，トピックセンテンスを捉えながら，パラグラフごとの話の流れを十分につかんで読み進めるといいだろう。

Ⅵの長文読解問題は，世界食糧計画のコロナ禍における活動に対するノーベル平和賞授賞を題材にした1,000語程度の長文で，空所補充4問，内容真偽4問，主題選択1問と，2021年度までより，内容真偽問題が1問増えている。英文としては，一文の長さがかなり長いものがあったり，飢餓に関連する世界的な諸問題やそれに対する米国の動向が取り上げられたりしていて，国際問題にある程度の知識がないと読みづらかったかもしれないが，パラグラフごとの話の流れをしっかりつかみながら，読んでいけば十分に対応できる内容である。

(5)「家主」亡き後、法事のことを答えるのはC以外にない。

(7)傍線部前後から、作者が「家主」との約束を守れなかったことに後悔を覚えていることを読み取る。また、傍線部の「頼め」が下二段活用で〝頼みに思わせる〟の意となることを押さえ、作者が「家主」にあてにさせたと判断する。

〔問三〕「あらまし」は〝こうありたいという願い〟の意。「あらまし」の内容については、傍線部直前に「背かれぬ身の絆《ほだし》のみ多くてかかづらひ侍る」とあること、作者に「世を厭ひそめける心ざしの程」を尋ねていることから判断する。

〔問四〕第二段落冒頭から、作者が再会の約束を果たせなかったことに焦点を当てて書いていることに着目する。

〔問五〕和歌に「梅」が詠まれ、一行目に梅の木の記述があることに着目する。「嘆きのもと」と「きのもと（＝木のもと）」が掛けられている。

〔問六〕作者は約束を守れなかったことを嘆いてはいるが、その原因は相手があっけなく亡くなってしまったことにある。

❖講　評

一　論旨はわかりやすいが、設問に答えるためには論の展開を丁寧に追う必要がある。配点が全体の半分を占め、本文も長いので、四十分程度はかけてじっくり取り組みたい。内容説明問題では、単に傍線部の意味ではなく、それが具体的にはどういうことかが問われているので、筆者の考え方をきちんと理解するように心がけたい。漢字は標準レベルなので、ここでの取りこぼしは避けたい。

二　一に比べると文章も短めで、論旨もつかみやすい。設問数は多くないが、取りこぼさないように気を付けたい。

三　出典の『都のつと』はあまり馴染みがないかもしれないが、採用箇所はストーリー性があるのでそれほど難しくはない。ただし、丁寧に読まないと主語の把握を誤ることになる。単に単語や文法の知識が問われているのではなく、それに基づいた総合的な読解力が求められている。その意味ではオーソドックスな設問であり、日ごろの学習の積み重ねの多寡が問われるものとなっている。

し語ったが、この先に急ぐことがあったために、秋の頃必ず戻ってくるつもりだという次第を、約束を交わして出立した。
その秋の八月ごろに、あの（家主の）その後も気にかかって、わざわざ立ち寄って訪ねましたところ、その人は亡くなって、今日が初七日の法事を行うという次第を（跡の人々が）答えたので、あっけなさといったら言葉にできない気持ちがして、どうしてもう少し急いで訪ねなかったのだろうか、あれほど心を込めて（私が家主に）期待させたのに、（人の言葉に）偽りのある世ではあるが、どんなに当てにならないことを期待させることかと思われただろうと、嘆かわしく思いました。さて（家主の）臨終の様子などを尋ね聞いたところ、「いまわの際までも（あなたのことを）申し上げたのに」と言って、跡の人々は互いに泣いた。それにしてもこの人は、何事にも風流心があった中でも、歌道に心を寄せましたと、人々が語ったので、故人のかねてからの願いを尋ねて、気持ちのおもむくまま（に詠んだ和歌）を少し宿の壁に書き付けて、出立しました。

　袖を濡らす嘆きのところに来て訪ねると、過ぎてしまった春に梅の木のもとに風が吹いたところであるなあ

夕風よ、ことさらに月（の下）で吹きなさい。（昨年）会った人が迷っている草葉の陰をも

▲解　説▼

〔問一〕(1)「住みなす」は〝〜のように住む〟〝好みのように整えて住む〟という意味。そのため、ここの「さる方」は、〝方法〟や〝慣例〟といった意味で取るのが妥当。以上より、選択肢を絞り込む。

(4)傍線部の後に「その人は亡くなりて」とあることから、「かの」が「家主」を指していることを読み取る。また、「おぼつかなし」が〝気がかりだ、不安だ〟の意であることから答えを決める。

(6)「あへなさ」は、〝あっけない、張り合いがない〟の意の形容詞「あへなし」が名詞になったものである。

(9)「心ざし」は〝心持ち〟の意。壁に書き付けた和歌の内容が、作者の故人への思いであることを読み取る。

〔問二〕(2)傍線部前後の文脈を押さえる。「家主」が「出《い》であひて」、「問ひ聞きて」と読めるので、作者の「心ざしの程」を聞いたと判断できる。

〔問四〕本文が従来の道徳教育における問題点について述べていることを読み取る。具体的には、異質性の排除の問題、自分の帰属集団外への視点の不足、心理主義との関わりにおける政治性の欠如であり、それらの課題に向き合うことの重要性を筆者が説いていることを押さえて判断する。

三

出典　宗久『都のつと』

解答

〔問一〕(1)―C　(4)―B　(6)―A　(9)―D
〔問二〕(2)―A　(5)―C　(7)―A
〔問三〕B
〔問四〕D
〔問五〕B
〔問六〕E

◆全　訳◆

春になったので、上野国へ（向かって国境を）越えましたが、思いがけないことに、一夜の宿を貸す人がいる。三月の初めの頃であったので、軒先の梅が次第に散り終わった木の間に霞んでいる月の光も雅やかな心地がして、場所柄も、松の柱、竹を編んだ垣根を渡して、田舎びており、調和のとれた様子で住んでいるのも由緒があって見えたが、家主が対面して、思いやりがある様子で旅のつらさなどを尋ねながら、（私が）世を厭《いと》いはじめた心持ちの程などを細かに尋ね聞いて、「私も無常の世の有様を理解しないわけではないが、出家できない（我が）身の妨げばかりが多くてかかわりますうちに、出家したいという願いばかりで今日まで過ごしましたが、今夜の（あなたとの）お話に、（この世を）捨てかねた心の怠りも今さらはっと気づいて」などと言って、「しばらくはここに留まって、道中の疲れをも休めなさい」と繰り返

二

出典　河野哲也『道徳を問いなおす―リベラリズムと教育のゆくえ』〈序章　これまでの「道徳」〉（ちくま新書）

解答

〔問一〕C　〔問二〕D

〔問三〕D

〔問四〕A

◆要　旨◆

従来の道徳教育は、生き方や価値等を人々に過剰に強要し、多様性や異質性を排除してきた。また、やさしさ、思いやりといった徳目の教育は、その人が帰属する集団への貢献を強調し、その集団外への視点を欠くものであった。さらに徳育は道徳的問題の原因を個人へと還元し、結果として政治性の欠如を生み出してきた。こうした課題に向き合って今後の道徳を考えていくことが重要である。

◆解　説◆

〔問一〕　傍線部直後の文が「徳目の教育」の説明になっていることを読み取る。また、第十三段落冒頭で「従来の道徳教育の徳目」では、自分の帰属集団への忠誠心ばかりが強調され、それ以外の世界への視点が欠けてしまうと述べられていることから判断する。

〔問二〕　選択肢の末尾がすべて「…からだ」となっていることから、空欄は直前の文の理由説明であることを押さえる。また、直後の文で「自分の帰属集団への貢献だけでは、道徳的に不足なのである」、つまり、集団行動としての悪を止めることはできないと述べられていることに目をつけ、狭い範囲での善良さについて書いている選択肢を選ぶ。

〔問三〕　傍線部を含む文の「そこ」が「心理主義的な道徳観」を指していることを押さえる。心理主義とその弊害について説明している直前の二段落の内容を踏まえて判断する。

◀解　説▶

〔問二〕　傍線部の「二種類の論調」は第一段落で説明されている。また、これに対応する二〇世紀の思想、「技術決定論」は、「技術が社会のあり方を決定する」（第二段落）、「技術の社会的構成論」は「社会が技術のあり方を決定する」（第三段落）とある。

〔問三〕　傍線部の「いずれ」がそれまでに述べられた「社会的構成論」と「技術決定論」を指していることを押さえる。また、傍線部の内容が直後の一文で言い換えられていること、その後に「たとえば…」と例が挙げられていることに着目して判断する。

〔問四〕　空欄を含む一文が、「既読スルーという行為」の誕生は、ＬＩＮＥという技術が主導したわけでも、ユーザーという人間の側が主導したわけでもないと言っていることを押さえる。また、第十二段落冒頭の一文（「しかしながら…」）が、ほぼここの言い換えになっていることをヒントにして考える。

〔問五〕　傍線部を含む一文が「ちょうど…ように」となっていて、ラトゥールのＡＮＴの例であることを押さえる。また、既読スルーについて述べている第十四段落末尾に、既読スルーは人間と技術が結びついた第三のエージェントにおいて実行可能な行為となったと説明されていること、第十五段落にその結びつきで私たちは「以前とは異なる存在へと変化する」とあることをヒントに判断する。

〔問六〕　本文の論の展開に従って選択肢が作られているので、順番に内容を検討するとよい。筆者は、まず技術と社会の関係について、近代社会の発想である「技術決定論」と「社会的構成論」を紹介している。ラトゥールの立場については、第四段落末尾、第八・九段落に述べられている内容に基づいて判断する。

一

出典　久保明教『機械カニバリズム―人間なきあとの人類学へ』〈第一章　現在のなかの未来〉（講談社）

解答

〔問一〕　(1)―E　(3)―C　(5)―D　(6)―A　(9)―B

〔問二〕　E

〔問三〕　B

〔問四〕　C

〔問五〕　D

〔問六〕　E

◆要　旨◆

技術と社会の関係については、二〇世紀の思想を二分してきた「技術決定論」と「技術の社会的構成論」とがある。前者は、技術が社会のあり方を決定するものであり、後者は社会が技術のあり方を決定するという考え方である。いずれも近代社会の根幹をなす二項対立の発想である点には共通性がある。これに対する批判がラトゥールを中心とするアクターネットワーク論である。銃と人間、ＬＩＮＥと人間の例からわかるように、単に主従の関係性ではなく、相互作用によって第三のエージェントが生み出され、それが予想もできない新たな帰結をもたらすという考え方であり、この相互作用こそが注目すべき点なのである。

////////////////////// · memo · //////////////////////

////////////////////// · memo · //////////////////////

////////////////////// · memo · //////////////////////

教学社 刊行一覧

2025年版 大学赤本シリーズ

374大学556点 全都道府県を網羅

国公立大学（都道府県順）

全国の書店で取り扱っています。店頭にない場合は，お取り寄せができます。

1 北海道大学（文系－前期日程）
2 北海道大学（理系－前期日程） 医
3 北海道大学（後期日程）
4 旭川医科大学（医学部〈医学科〉） 医
5 小樽商科大学
6 帯広畜産大学
7 北海道教育大学
8 室蘭工業大学／北見工業大学
9 釧路公立大学
10 公立千歳科学技術大学
11 公立はこだて未来大学 総推
12 札幌医科大学（医学部） 医
13 弘前大学 医
14 岩手大学
15 岩手県立大学・盛岡短期大学部・宮古短期大学部
16 東北大学（文系－前期日程）
17 東北大学（理系－前期日程） 医
18 東北大学（後期日程）
19 宮城教育大学
20 宮城大学
21 秋田大学 医
22 秋田県立大学
23 国際教養大学 総推
24 山形大学 医
25 福島大学
26 会津大学
27 福島県立医科大学（医・保健科学部） 医
28 茨城大学（文系）
29 茨城大学（理系）
30 筑波大学（推薦入試） 医 総推
31 筑波大学（文系－前期日程）
32 筑波大学（理系－前期日程） 医
33 筑波大学（後期日程）
34 宇都宮大学
35 群馬大学 医
36 群馬県立女子大学
37 高崎経済大学
38 前橋工科大学
39 埼玉大学（文系）
40 埼玉大学（理系）
41 千葉大学（文系－前期日程）
42 千葉大学（理系－前期日程） 医
43 千葉大学（後期日程） 医
44 東京大学（文科） DL
45 東京大学（理科） DL 医
46 お茶の水女子大学
47 電気通信大学
48 東京外国語大学 DL
49 東京海洋大学
50 東京科学大学（旧 東京工業大学）
51 東京科学大学（旧 東京医科歯科大学） 医
52 東京学芸大学
53 東京藝術大学
54 東京農工大学
55 一橋大学（前期日程）
56 一橋大学（後期日程）
57 東京都立大学（文系）
58 東京都立大学（理系）
59 横浜国立大学（文系）
60 横浜国立大学（理系）
61 横浜市立大学（国際教養・国際商・理・データサイエンス・医〈看護〉学部）
62 横浜市立大学（医学部〈医学科〉） 医
63 新潟大学（人文・教育〈文系〉・法・経済科・医〈看護〉・創生学部）
64 新潟大学（教育〈理系〉・理・医〈看護を除く〉・歯・工・農学部） 医
65 新潟県立大学
66 富山大学（文系）
67 富山大学（理系） 医
68 富山県立大学
69 金沢大学（文系）
70 金沢大学（理系） 医
71 福井大学（教育・医〈看護〉・工・国際地域学部）
72 福井大学（医学部〈医学科〉） 医
73 福井県立大学
74 山梨大学（教育・医〈看護〉・工・生命環境学部）
75 山梨大学（医学部〈医学科〉） 医
76 都留文科大学
77 信州大学（文系－前期日程）
78 信州大学（理系－前期日程） 医
79 信州大学（後期日程）
80 公立諏訪東京理科大学 総推
81 岐阜大学（前期日程） 医
82 岐阜大学（後期日程）
83 岐阜薬科大学
84 静岡大学（前期日程）
85 静岡大学（後期日程）
86 浜松医科大学（医学部〈医学科〉） 医
87 静岡県立大学
88 静岡文化芸術大学
89 名古屋大学（文系）
90 名古屋大学（理系） 医
91 愛知教育大学
92 名古屋工業大学
93 愛知県立大学
94 名古屋市立大学（経済・人文社会・芸術工・看護・総合生命理・データサイエンス学部）
95 名古屋市立大学（医学部〈医学科〉） 医
96 名古屋市立大学（薬学部）
97 三重大学（人文・教育・医〈看護〉学部）
98 三重大学（医〈医〉・工・生物資源学部） 医
99 滋賀大学
100 滋賀医科大学（医学部〈医学科〉） 医
101 滋賀県立大学
102 京都大学（文系）
103 京都大学（理系） 医
104 京都教育大学
105 京都工芸繊維大学
106 京都府立大学
107 京都府立医科大学（医学部〈医学科〉） 医
108 大阪大学（文系） DL
109 大阪大学（理系） 医
110 大阪教育大学
111 大阪公立大学（現代システム科学域〈文系〉・文・法・経済・商・看護・生活科〈居住環境・人間福祉〉学部－前期日程）
112 大阪公立大学（現代システム科学域〈理系〉・理・工・農・獣医・医・生活科〈食栄養〉学部－前期日程） 医
113 大阪公立大学（中期日程）
114 大阪公立大学（後期日程）
115 神戸大学（文系－前期日程）
116 神戸大学（理系－前期日程） 医
117 神戸大学（後期日程）
118 神戸市外国語大学 DL
119 兵庫県立大学（国際商経・社会情報科・看護学部）
120 兵庫県立大学（工・理・環境人間学部）
121 奈良教育大学／奈良県立大学
122 奈良女子大学
123 奈良県立医科大学（医学部〈医学科〉） 医
124 和歌山大学
125 和歌山県立医科大学（医・薬学部） 医
126 鳥取大学 医
127 公立鳥取環境大学
128 島根大学 医
129 岡山大学（文系）
130 岡山大学（理系） 医
131 岡山県立大学
132 広島大学（文系－前期日程）
133 広島大学（理系－前期日程） 医
134 広島大学（後期日程）
135 尾道市立大学 総推
136 県立広島大学
137 広島市立大学
138 福山市立大学 総推
139 山口大学（人文・教育〈文系〉・経済・医〈看護〉・国際総合科学部）
140 山口大学（教育〈理系〉・理・医〈看護を除く〉・工・農・共同獣医学部） 医
141 山陽小野田市立山口東京理科大学 総推
142 下関市立大学／山口県立大学
143 周南公立大学 新 総推
144 徳島大学 医
145 香川大学 医
146 愛媛大学 医
147 高知大学 医
148 高知工科大学
149 九州大学（文系－前期日程）
150 九州大学（理系－前期日程） 医
151 九州大学（後期日程）
152 九州工業大学
153 福岡教育大学
154 北九州市立大学
155 九州歯科大学
156 福岡県立大学／福岡女子大学
157 佐賀大学 医
158 長崎大学（多文化社会・教育〈文系〉・経済・医〈保健〉・環境科〈文系〉学部）
159 長崎大学（教育〈理系〉・医〈医〉・歯・薬・情報データ科・工・環境科〈理系〉・水産学部） 医
160 長崎県立大学 総推
161 熊本大学（文・教育・法・医〈看護〉学部・情報融合学環〈文系型〉）
162 熊本大学（理・医〈看護を除く〉・薬・工学部・情報融合学環〈理系型〉） 医
163 熊本県立大学
164 大分大学（教育・経済・医〈看護〉・理工・福祉健康科学部）
165 大分大学（医学部〈医・先進医療科学科〉） 医
166 宮崎大学（教育・医〈看護〉・工・農・地域資源創成学部）
167 宮崎大学（医学部〈医学科〉） 医
168 鹿児島大学（文系）
169 鹿児島大学（理系） 医
170 琉球大学 医

2025年版　大学赤本シリーズ

国公立大学 その他

171 〔国公立大〕医学部医学科 総合型選抜・学校推薦型選抜※ 医 総推
172 看護・医療系大学〈国公立 東日本〉※
173 看護・医療系大学〈国公立 中日本〉※
174 看護・医療系大学〈国公立 西日本〉※
175 海上保安大学校／気象大学校
176 航空保安大学校
177 国立看護大学校
178 防衛大学校 総推
179 防衛医科大学校(医学科) 医
180 防衛医科大学校(看護学科)

※No.171～174の収載大学は赤本ウェブサイト(http://akahon.net/)でご確認ください。

私立大学①

北海道の大学(50音順)

201 札幌大学
202 札幌学院大学
203 北星学園大学
204 北海学園大学
205 北海道医療大学
206 北海道科学大学
207 北海道武蔵女子大学・短期大学
208 酪農学園大学(獣医学群〈獣医学類〉)

東北の大学(50音順)

209 岩手医科大学(医・歯・薬学部) 医
210 仙台大学 総推
211 東北医科薬科大学(医・薬学部) 医
212 東北学院大学
213 東北工業大学
214 東北福祉大学
215 宮城学院女子大学 総推

関東の大学(50音順)

あ行(関東の大学)

216 青山学院大学(法・国際政治経済学部ー個別学部日程)
217 青山学院大学(経済学部ー個別学部日程)
218 青山学院大学(経営学部ー個別学部日程)
219 青山学院大学(文・教育人間科学部ー個別学部日程)
220 青山学院大学(総合文化政策・社会情報・地球社会共生・コミュニティ人間科学部ー個別学部日程)
221 青山学院大学(理工学部ー個別学部日程)
222 青山学院大学(全学部日程)
223 麻布大学(獣医、生命・環境科学部)
224 亜細亜大学
226 桜美林大学
227 大妻女子大学・短期大学部

か行(関東の大学)

228 学習院大学(法学部ーコア試験)
229 学習院大学(経済学部ーコア試験)
230 学習院大学(文学部ーコア試験)
231 学習院大学(国際社会科学部ーコア試験)
232 学習院大学(理学部ーコア試験)
233 学習院女子大学
234 神奈川大学(給費生試験)
235 神奈川大学(一般入試)
236 神奈川工科大学
237 鎌倉女子大学・短期大学部
238 川村学園女子大学
239 神田外語大学
240 関東学院大学
241 北里大学(理学部)
242 北里大学(医学部) 医
243 北里大学(薬学部)
244 北里大学(看護・医療衛生学部)
245 北里大学(未来工・獣医・海洋生命科学部)
246 共立女子大学・短期大学
247 杏林大学(医学部) 医
248 杏林大学(保健学部)
249 群馬医療福祉大学・短期大学部
250 群馬パース大学 総推
251 慶應義塾大学(法学部)
252 慶應義塾大学(経済学部)
253 慶應義塾大学(商学部)
254 慶應義塾大学(文学部) 総推
255 慶應義塾大学(総合政策学部)
256 慶應義塾大学(環境情報学部)
257 慶應義塾大学(理工学部)
258 慶應義塾大学(医学部) 医
259 慶應義塾大学(薬学部)
260 慶應義塾大学(看護医療学部)
261 工学院大学
262 國學院大學
263 国際医療福祉大学 医
264 国際基督教大学
265 国士舘大学
266 駒澤大学(一般選抜T方式・S方式)
267 駒澤大学(全学部統一日程選抜)

さ行(関東の大学)

268 埼玉医科大学(医学部) 医
269 相模女子大学・短期大学部
270 産業能率大学
271 自治医科大学(医学部) 医
272 自治医科大学(看護学部)／東京慈恵会医科大学(医学部〈看護学科〉)
273 実践女子大学 総推
274 芝浦工業大学(前期日程)
275 芝浦工業大学(全学統一日程・後期日程)
276 十文字学園女子大学
277 淑徳大学
278 順天堂大学(医学部) 医
279 順天堂大学(スポーツ健康科・医療看護・保健看護・国際教養・保健医療・医療科・健康データサイエンス・薬学部) 総推
280 上智大学(神・文・総合人間科学部)
281 上智大学(法・経済学部)
282 上智大学(外国語・総合グローバル学部)
283 上智大学(理工学部)
284 上智大学(TEAPスコア利用方式)
285 湘南工科大学
286 昭和大学(医学部) 医
287 昭和大学(歯・薬・保健医療学部)
288 昭和女子大学
289 昭和薬科大学
290 女子栄養大学・短期大学部 総推
291 白百合女子大学
292 成蹊大学(法学部ーA方式)
293 成蹊大学(経済・経営学部ーA方式)
294 成蹊大学(文学部ーA方式)
295 成蹊大学(理工学部ーA方式)
296 成蹊大学(E方式・G方式・P方式)
297 成城大学(経済・社会イノベーション学部ーA方式)
298 成城大学(文芸・法学部ーA方式)
299 成城大学(S方式〈全学部統一選抜〉)
300 聖心女子大学
301 清泉女子大学
303 聖マリアンナ医科大学 医
304 聖路加国際大学(看護学部)
305 専修大学(スカラシップ・全国入試)
306 専修大学(前期入試〈学部個別入試〉)
307 専修大学(前期入試〈全学部入試・スカラシップ入試〉)

た行(関東の大学)

308 大正大学
309 大東文化大学
310 高崎健康福祉大学
311 拓殖大学
312 玉川大学
313 多摩美術大学
314 千葉工業大学
315 中央大学(法学部ー学部別選抜)
316 中央大学(経済学部ー学部別選抜)
317 中央大学(商学部ー学部別選抜)
318 中央大学(文学部ー学部別選抜)
319 中央大学(総合政策学部ー学部別選抜)
320 中央大学(国際経営・国際情報学部ー学部別選抜)
321 中央大学(理工学部ー学部別選抜)
322 中央大学(5学部共通選抜)
323 中央学院大学
324 津田塾大学
325 帝京大学(薬・経済・法・文・外国語・教育・理工・医療技術・福岡医療技術学部)
326 帝京大学(医学部) 医
327 帝京科学大学 総推
328 帝京平成大学 総推
329 東海大学(医〈医〉学部を除くー一般選抜)
330 東海大学(文系・理系学部統一選抜)
331 東海大学(医学部〈医学科〉) 医
332 東京医科大学(医学部〈医学科〉) 医
333 東京家政大学・短期大学部 総推
334 東京経済大学
335 東京工科大学
336 東京工芸大学
337 東京国際大学
338 東京歯科大学
339 東京慈恵会医科大学(医学部〈医学科〉) 医
340 東京情報大学
341 東京女子大学
342 東京女子医科大学(医学部) 医
343 東京電機大学
344 東京都市大学
345 東京農業大学
346 東京薬科大学(薬学部) 総推
347 東京薬科大学(生命科学部) 総推
348 東京理科大学(理学部〈第一部〉ーB方式)
349 東京理科大学(創域理工学部ーB方式・S方式)
350 東京理科大学(工学部ーB方式)
351 東京理科大学(先進工学部ーB方式)
352 東京理科大学(薬学部ーB方式)
353 東京理科大学(経営学部ーB方式)
354 東京理科大学(C方式、グローバル方式、理学部〈第二部〉ーB方式)
355 東邦大学(医学部) 医
356 東邦大学(薬学部)

2025年版　大学赤本シリーズ

私立大学②

357 東邦大学（理・看護・健康科学部）

358 東洋大学（文・経済・経営・法・社会・国際・国際観光学部）

359 東洋大学（情報連携・福祉社会デザイン・健康スポーツ科・理工・総合情報・生命科・食環境科学部）

360 東洋大学（英語〈3日程×3カ年〉）

361 東洋大学（国語〈3日程×3カ年〉）

362 東洋大学（日本史・世界史〈2日程×3カ年〉）

363 東洋英和女学院大学

364 常磐大学・短期大学 総推

365 獨協大学

366 獨協医科大学（医学部） 医

な行（関東の大学）

367 二松学舎大学

368 日本大学（法学部）

369 日本大学（経済学部）

370 日本大学（商学部）

371 日本大学（文理学部〈文系〉）

372 日本大学（文理学部〈理系〉）

373 日本大学（芸術学部〈専門試験併用型〉）

374 日本大学（国際関係学部）

375 日本大学（危機管理・スポーツ科学部）

376 日本大学（理工学部）

377 日本大学（生産工・工学部）

378 日本大学（生物資源科学部）

379 日本大学（医学部） 医

380 日本大学（歯・松戸歯学部）

381 日本大学（薬学部）

382 日本大学（N全学統一方式－医・芸術〈専門試験併用型〉学部を除く）

383 日本医科大学 医

384 日本工業大学

385 日本歯科大学

386 日本社会事業大学 総推

387 日本獣医生命科学大学

388 日本女子大学

389 日本体育大学

は行（関東の大学）

390 白鷗大学（学業特待選抜・一般選抜）

391 フェリス女学院大学

392 文教大学

393 法政大学（法〈Ⅰ日程〉・文〈Ⅱ日程〉・経営〈Ⅱ日程〉学部－A方式）

394 法政大学（法〈Ⅱ日程〉・国際文化・キャリアデザイン学部－A方式）

395 法政大学（文〈Ⅰ日程〉・経営〈Ⅰ日程〉・人間環境・グローバル教養学部－A方式）

396 法政大学（経済〈Ⅰ日程〉・社会〈Ⅰ日程〉・現代福祉学部－A方式）

397 法政大学（経済〈Ⅱ日程〉・社会〈Ⅱ日程〉・スポーツ健康学部－A方式）

398 法政大学（情報科・デザイン工・理工・生命科学部－A方式）

399 法政大学（T日程〈統一日程〉・英語外部試験利用入試）

400 星薬科大学 総推

ま行（関東の大学）

401 武蔵大学

402 武蔵野大学

403 武蔵野美術大学

404 明海大学

405 明治大学（法学部－学部別入試）

406 明治大学（政治経済学部－学部別入試）

407 明治大学（商学部－学部別入試）

408 明治大学（経営学部－学部別入試）

409 明治大学（文学部－学部別入試）

410 明治大学（国際日本学部－学部別入試）

411 明治大学（情報コミュニケーション学部－学部別入試）

412 明治大学（理工学部－学部別入試）

413 明治大学（総合数理学部－学部別入試）

414 明治大学（農学部－学部別入試）

415 明治大学（全学部統一入試）

416 明治学院大学（A日程）

417 明治学院大学（全学部日程）

418 明治薬科大学 総推

419 明星大学

420 目白大学・短期大学部

ら・わ行（関東の大学）

421 立教大学（文系学部－一般入試〈大学独自の英語を課さない日程〉）

422 立教大学（国語〈3日程×3カ年〉）

423 立教大学（日本史・世界史〈2日程×3カ年〉）

424 立教大学（文学部－一般入試〈大学独自の英語を課す日程〉）

425 立教大学（理学部－一般入試）

426 立正大学

427 早稲田大学（法学部）

428 早稲田大学（政治経済学部）

429 早稲田大学（商学部）

430 早稲田大学（社会科学部）

431 早稲田大学（文学部）

432 早稲田大学（文化構想学部）

433 早稲田大学（教育学部〈文科系〉）

434 早稲田大学（教育学部〈理科系〉）

435 早稲田大学（人間科・スポーツ科学部）

436 早稲田大学（国際教養学部）

437 早稲田大学（基幹理工・創造理工・先進理工学部）

438 和洋女子大学 総推

中部の大学（50音順）

439 愛知大学

440 愛知医科大学（医学部） 医

441 愛知学院大学・短期大学部

442 愛知工業大学 総推

443 愛知淑徳大学

444 朝日大学 総推

445 金沢医科大学（医学部） 医

446 金沢工業大学

447 岐阜聖徳学園大学 総推

448 金城学院大学

449 至学館大学 総推

450 静岡理工科大学

451 椙山女学園大学

452 大同大学

453 中京大学

454 中部大学

455 名古屋外国語大学 総推

456 名古屋学院大学 総推

457 名古屋学芸大学 総推

458 名古屋女子大学 総推

459 南山大学（外国語〈英米〉・法・総合政策・国際教養学部）

460 南山大学（人文・外国語〈英米を除く〉・経済・経営・理工学部）

461 新潟国際情報大学

462 日本福祉大学

463 福井工業大学

464 藤田医科大学（医学部） 医

465 藤田医科大学（医療科・保健衛生学部）

466 名城大学（法・経営・経済・外国語・人間・都市情報学部）

467 名城大学（情報工・理工・農・薬学部）

468 山梨学院大学

近畿の大学（50音順）

469 追手門学院大学 総推

470 大阪医科薬科大学（医学部） 医

471 大阪医科薬科大学（薬学部） 総推

472 大阪学院大学 総推

473 大阪経済大学 総推

474 大阪経済法科大学 総推

475 大阪工業大学 総推

476 大阪国際大学・短期大学部 総推

477 大阪産業大学 総推

478 大阪歯科大学（歯学部）

479 大阪商業大学 総推

480 大阪成蹊大学・短期大学 総推

481 大谷大学 総推

482 大手前大学・短期大学 総推

483 関西大学（文系）

484 関西大学（理系）

485 関西大学（英語〈3日程×3カ年〉）

486 関西大学（国語〈3日程×3カ年〉）

487 関西大学（日本史・世界史・文系数学〈3日程×3カ年〉）

488 関西医科大学（医学部） 医

489 関西医療大学 総推

490 関西外国語大学・短期大学部 総推

491 関西学院大学（文・法・商・人間福祉・総合政策学部－学部個別日程）

492 関西学院大学（神・社会・経済・国際・教育学部－学部個別日程）

493 関西学院大学（全学部日程〈文系型〉）

494 関西学院大学（全学部日程〈理系型〉）

495 関西学院大学（共通テスト併用日程〈数学〉・英数日程）

496 関西学院大学（英語〈3日程×3カ年〉） 新

497 関西学院大学（国語〈3日程×3カ年〉） 新

498 関西学院大学（日本史・世界史・文系数学〈3日程×3カ年〉） 新

499 畿央大学 総推

500 京都外国語大学・短期大学 総推

502 京都産業大学（公募推薦入試） 総推

503 京都産業大学（一般選抜入試〈前期日程〉）

504 京都女子大学 総推

505 京都先端科学大学 総推

506 京都橘大学 総推

507 京都ノートルダム女子大学 総推

508 京都薬科大学 総推

509 近畿大学・短期大学部（医学部を除く－推薦入試） 総推

510 近畿大学・短期大学部（医学部を除く－一般入試前期）

511 近畿大学（英語〈医学部を除く3日程×3カ年〉）

512 近畿大学（理系数学〈医学部を除く3日程×3カ年〉）

513 近畿大学（国語〈医学部を除く3日程×3カ年〉）

514 近畿大学（医学部－推薦入試・一般入試前期） 医 総推

515 近畿大学・短期大学部（一般入試後期） 医

516 皇學館大学 総推

517 甲南大学 総推

518 甲南女子大学（学校推薦型選抜） 新 総推

519 神戸学院大学 総推

520 神戸国際大学 総推

521 神戸女学院大学 総推

522 神戸女子大学・短期大学 総推

523 神戸薬科大学 総推

524 四天王寺大学・短期大学部 総推

525 摂南大学（公募制推薦入試） 総推

526 摂南大学（一般選抜前期日程）

527 帝塚山学院大学 総推

528 同志社大学（法、グローバル・コミュニケーション学部－学部個別日程）

2025年版　大学赤本シリーズ　No. 319

中央大学（総合政策学部－学部別選抜）

2024年7月10日　第1刷発行
ISBN978-4-325-26378-4
定価は裏表紙に表示しています

編　集　教学社編集部
発行者　上原 寿明
発行所　教学社
〒606-0031
京都市左京区岩倉南桑原町56
電話　075-721-6500
振替　01020-1-15695
印　刷　太洋社